竞攀系列教材

上海市高校085内涵发展专业建设资助项目

体育赛事市场开发

刘清早　主编

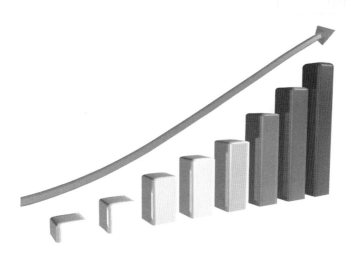

复旦大学出版社

内容提要

本书是我国第一本关于体育赛事市场开发的专业教材，在充分整合国内高等体育院校相关专业优秀师资力量的基础上，注重理论与实践紧密结合，首次全面系统地实现了对我国当前体育赛事市场开发实践经验和最新理论研究成果的梳理与总结，着力突出体育赛事市场开发的本土化、实用性与创新性，务求使学生能够学以致用，全面提升其体育赛事市场开发的实践能力。

本书共分为三大部分。首先，对体育赛事市场开发进行全面概述，阐述了体育赛事市场开发主体、利益相关者以及策划的一般规律。其次，重点从体育赛事的赞助、门票、媒体、特许产品、彩票、主题活动共6个方面系统阐述了体育赛事各领域所蕴藏的资源、市场开发的作用和意义、原则和策略，以期能够全面认识体育赛事可供开发的各类资源，全面提升体育赛事市场开发效益。再次，从市场开发管理的视角阐述了体育赛事市场开发面临的风险及市场开发效益评估。

本书可作为高等院校体育经济管理类专业教材，也可作为体育赛事市场开发培训教材。同时还可供相关专业研究生、体育赛事运作管理者、体育赛事市场开发实践者参考。

编　　委
（按姓氏笔画排列）

王笑梅（天津体育学院）
刘　英（成都体育学院）
刘清早（上海体育学院）
朱洪军（上海体育学院）
沈　佳（上海体育学院）
宋　昱（上海体育学院）
杨　涛（西安体育学院）
张春萍（北京体育大学）
武胜军（北京体育大学）
钟天朗（上海体育学院）

前言

自1984年第23届洛杉矶奥运会通过市场化运作获得成功以来,体育赛事市场开发已成为炙手可热的话题。在中国,2008年北京奥运会、2010年广州亚运会、2011年深圳大学生运动会等各类体育大赛相继举办。1979年5月由我首创的全国首个单项赛事——全国田径分区赛冠名实现收入3万元。自1979年第4届全国运动会开始的市场开发直至第11届全国运动会的不断积累与提升,体育赛事市场开发取得了不俗的成绩。在国内外体育赛事市场开发成功经验的指引下,全国城市运动会、全国体育大会等各类各级体育赛事的市场开发也风起云涌,这一切令所有体育赛事组织与运作者兴奋不已。但目前国内外体育赛事市场开发仍处于起步与初级发展阶段,培养体育赛事市场开发专业人才十分迫切。因此,为适应当前体育赛事市场开发实际工作的需要,编写一本高水平的体育赛事市场开发教材已势在必行。

与此同时,体育赛事市场开发在全国许多体育院校也得到了普遍重视。上海体育学院办学治校方略严谨、学术氛围浓厚,成为我国第一个体育赛事运作硕士点的建设单位,并在全国各类体育院校中为本科生和研究生率先开设了体育赛事市场开发专业课程。这一课程已成为"上海市精品课程"。为适应当前体育赛事市场开发教学发展的需要,通过联合北京体育大学、天津体育学院和成都体育学院等全国高等体育院校的力量,在总结国内外各类体育赛事市场开发成功经验后,我们编写了这本教材,意在进一步认识体育赛事可供开发的各类资源,反映体育赛事市场开发的最新成果,为培养专业人才服务,也为各类赛事运作者服务。

本教材共分8章,其中我撰写了第一章的第一节;杨涛撰写了第一章的第二节;张春萍撰写了第一章的第三节和第八章的第一节;刘英撰写了第二章;钟天朗撰写了第三章;宋昱撰写了第四章;王笑梅撰写了第五章;朱洪军撰写了第六章;沈佳撰写了第七章;武胜军撰写了第八章第二节。朱洪军对全书的格式和文字进行了编辑和修正,我的助手孙心玲对全书进行了部分补充与完善,我对全书进行了统编定稿。

为使本教材更准确、全面地反映当前体育赛事市场开发的成果,我们在编写过程中广泛参阅了相关文献书籍,引用了有关媒体的新闻或专题报道,借鉴了若干体育赛事市场开发方案,并将主要参考文献附录于后。这些成果启迪了我们的智慧,丰富了本教材的内容,在此表示诚挚的感谢!感谢北京体育大学肖淑红教授、沈阳体育学院曹亚东教授在本教材前期的写作中给予的大力支持与指导!最后,我要衷心地感谢上海体育学院经济管理学院院长、我的老师张林教授以及学院的各位同事,衷心感谢学院教务处、体育赛事研究中心给予的大力支持,正是因为他们的鼓励与鞭策,使我们克服许多压力与困难完成了本教材的编写,在此我要向他们表示深深的感谢!

我们深知,虽然我们一直很努力,但体育赛事市场开发在目前仍是一个崭新的领域,加之时间仓促,本教材中的某些观点和一些内容难免有失偏颇之处。我们真诚地期望读者能对本书的不足之处提出宝贵意见,以便时机成熟时,作为我们对本教材进行修订时的参考。

刘清早

2012 年 10 月

于上海、河南南阳

目录

第一章　体育赛事市场开发导论 ……………………………………………… 1
第一节　体育赛事市场开发概述 ……………………………………………… 1
第二节　体育赛事市场开发主体及利益相关者 …………………………… 20
　　案例分析1 ……………………………………………………………………… 26
第三节　体育赛事市场开发策划 ……………………………………………… 29
　　本章小结 ………………………………………………………………………… 37
　　案例分析2 ……………………………………………………………………… 38
　　案例分析3 ……………………………………………………………………… 40

第二章　体育赛事赞助市场开发 ………………………………………………… 45
第一节　体育赛事赞助市场开发概述 ………………………………………… 45
第二节　体育赛事赞助市场开发的原则与策略 ……………………………… 52
　　本章小结 ………………………………………………………………………… 58
　　案例分析 ………………………………………………………………………… 59

第三章　体育赛事门票市场开发 ………………………………………………… 64
第一节　体育赛事门票市场特征 ……………………………………………… 64
第二节　体育赛事门票市场开发的原则与策略 ……………………………… 75
　　本章小结 ………………………………………………………………………… 81
　　本章案例 ………………………………………………………………………… 82

第四章　体育赛事媒体市场开发 ………………………………………………… 85
第一节　体育赛事媒体市场特征 ……………………………………………… 85
第二节　体育赛事媒体市场开发的原则与策略 ……………………………… 94
　　本章小结 ………………………………………………………………………… 100
　　案例分析 ………………………………………………………………………… 100

第五章　体育赛事特许产品市场开发 …………………………………………… 103
第一节　体育赛事特许产品市场开发概述 …………………………………… 103
第二节　体育赛事特许产品市场开发的原则与策略 ………………………… 111
　　本章小结 ………………………………………………………………………… 122
　　案例分析 ………………………………………………………………………… 123

第六章　体育赛事彩票市场开发 ………………………………………………… 127
第一节　体育赛事彩票市场特征 ……………………………………………… 127
第二节　体育赛事彩票市场开发的原则与策略 ……………………………… 134

本章小结 …………………………………………………………………… 138
　　案例分析 …………………………………………………………………… 139

第七章　体育赛事主题活动市场开发 …………………………………………… 142
　第一节　体育赛事主题活动概述 ………………………………………………… 142
　第二节　体育赛事主题活动市场开发的资源和对象 …………………………… 145
　第三节　体育赛事主题活动市场开发的策略 …………………………………… 152
　　本章小结 …………………………………………………………………… 154
　　案例分析 …………………………………………………………………… 155

第八章　体育赛事市场开发管理 ………………………………………………… 161
　第一节　体育赛事市场开发风险管理 …………………………………………… 161
　第二节　体育赛事市场开发效益评估 …………………………………………… 168
　　本章小结 …………………………………………………………………… 175
　　案例分析 …………………………………………………………………… 176

参考文献 ………………………………………………………………………… 180

第一章 体育赛事市场开发导论

本章内容提要
- 体育赛事市场开发的概念、环境、资源及意义
- 国内外大型体育赛事市场开发的历程
- 体育赛事市场开发的流程
- 体育赛事市场开发的主体及相关利益者
- 体育赛事市场开发的策划程序
- 体育赛事市场开发策划方案的核心及具体内容

第一节 体育赛事市场开发概述

一、体育赛事市场开发的相关概念

(一)体育赛事

体育赛事是体育运动的核心要素。近几年,随着奥运会、亚运会、大运会相继在我国成功举办,我国体育赛事呈现蓬勃发展态势,人民群众对体育赛事的关注度有较大幅度提升。体育赛事在提高城市关注度、知名度、美誉度,促进城市建设与经济发展及提高人民群众健康水平等多个方面发挥着越来越重要的作用。体育赛事俨然已经成为一种"社会事件"。

长期以来,国内将体育赛事与运动竞赛概念交替使用。有关运动竞赛的概念,国内学者有以下几种观点。田麦久提出运动竞赛的定义为:"在裁判员的主持下,按统一的规则要求,组织与实施运动员个体或运动队之间的竞技较量"。原国家体委训练竞赛综合司在《运动竞赛学》中指出:"运动竞赛是在裁判员主持下,依据统一的规则而组织与实施的运动员个体或团队之间的竞技较量"。还有学者提出:"运动竞赛是人类的实践活动,它是一个特殊的过程,有明确的目的性,有鲜明的竞技特征,有完善的规则和一整套竞赛办法及决定竞赛胜负的'法律依据'"。从以上几个对运动竞赛的定义来看,前两个实际是对体育运动竞赛的狭义解释,并未包含体育运动竞赛所涉及的赛场之外的因素。后一个定义指出了运动竞赛是一个过程,有特殊性,是人类的一种实践活动,但还是未能超出赛场之外,并未对体育运动竞赛所涉及的众多因素进行概括。因此,国内学者对运动竞赛的认识大多集中在对赛场意义上的认识,还没有全面反映体育运动竞赛的现今变化和发展趋势。

国外对体育赛事的认识和实践明显不同。国外认识体育赛事的普遍切入角度是把体育赛事看成是特殊事件。国外开始意识和认识事件较早,对事件的研究基本趋于成熟,有专门的学科理论,即事件管理理论。从国外对事件内涵的认识来看,大卫·C.瓦特(David C. Watt)认为一个特殊事件是一次性发生的事情,在任何给定的时间里迎合特殊的需要,当地

社区事件可以描述为一个活动,旨在涉及当地人口分享有利双边利益的经历。约翰尼·艾伦(Johnny Allen)则指出特殊事件包括国庆日和一些庆典、重要社会集会、独特的文化表演、大型体育比赛、团体典礼、贸易促销和产品发布。特殊事件似乎无处不在,并成为朝阳产业。盖茨(Getz)在类型学研究中突破性地建议特殊事件最好从其所处的上下关系来进行定义。他对此提供了两个定义:一是从组织者的角度来看,"特殊事件是一次性的或很少发生的事件,不同于惯常的节目或赞助商组织的主体活动";二是从消费者或者顾客的角度来看,"对于消费者或者顾客,特殊事件是一种休闲、社会或文化经历的机会,不同于惯常范围的选择,并超出了日常经历"。特殊事件的特征包括节日情绪、独特性、品性、真实性、传统、好客、主旋律和象征主义等。

从以上对特殊事件的各种定义可以看出,特殊事件是一个非常广泛的领域,它既可以是社会集会、庆典,也可以是大型体育活动。特殊事件的基本内涵为:独特的、有时间限制的一次活动,有主体存在的外在表现形式,有目的和目标的要求,并有可能存在社会、文化、休闲等经历的分享过程。

近年来,随着国内对体育赛事认识的不断加深,国内也有部分学者从"特殊事件"角度对体育赛事的定义进行了界定。王守恒、叶庆晖在分析体育赛事属性的基础上,对体育赛事的内涵、外延与作用进行了界定,将体育赛事定义为是一种提供竞赛产品和相关服务产品的特殊事件;其规模和形式受竞赛规则、传统习俗等多种因素的制约,具有项目管理特征、组织文化背景和市场潜力;能够迎合不同参与者分享经历的需求,达到多种目的与目标,对社会和文化、自然和环境、政治和经济、旅游等多个领域发生冲击影响;能够产生显著的社会效益、经济效益和综合效益。易剑东认为,体育赛事的英文称谓为 sporting event,是以提供体育竞赛为核心产品及相关服务的一种特殊活动。

结合国内外对体育赛事的不同认识,我们对现代社会体育赛事的概念进行了归纳,做出了相应的界定。体育赛事的概念包括一般概念和特殊概念。

1. 一般概念

体育赛事通常是指:在竞赛规程、规则约定下,人们以体育为主题内容,以竞赛的方式和以技能展示、交流和锦标为目标的集众性活动。

2. 特殊概念

赛事的本质是一类活动,必须具备两个关键特征:以运动竞赛为核心内容;具有特定的社会意义。

(二)体育赛事市场

经济学家认为,市场是一个商品经济范畴,是商品内在矛盾的表现,是商品交换关系的总和,是通过交换反映出来的人与人之间的关系。人口、购买力和购买意向是决定市场规模大小的3个要素。20世纪60年代,在美国等西方国家,随着运动员逐渐被社会认可,并通过其自身卓越的表现获取相应的报酬和奖励,体育运动不知不觉地进入了经济领域,体育市场这一新的商业模式被启动。陈清斌认为,体育市场就是指体育服务产品的经营、交换场所和交换关系;当代市场学意义的体育市场就是指个人或组织对体育服务产品既有购买力又有购买欲望的现实和潜在需求。杨介帅认为,体育市场从本质上说是对体育产品和服务以及生活产品和服务进行交换和推广的市场,并分别从体育赛事市场主体和客体进行陈述,认为体育市场包含情感性产品和功能性产品两个层次。由上可见,体育市场的产品是体育产品与体育服务,是一种体育领域内交易双方之间的产品交换行为。

20世纪后,体育赛事与经济的联姻确立了体育赛事蕴藏着巨大的商业价值,并催生了一个新的经济领域,即"赛事经济"。刘超等认为,体育赛事市场是体育产业中最活跃、最具有生命力的因素,是为了满足体育赛事需求而参与或准备参与购买体育赛事产品的消费者群体。体育赛事市场是体育市场的下位概念,是体育市场的重要组成部分,通过对市场、体育市场的了解与分析,可以认为体育赛事市场是在体育市场领域内对体育赛事产品进行交换活动与交换关系的行为,产品是体育赛事。体育赛事市场价值的大小取决于赛事组织者、营销者对体育赛事产品的精心策划以及与赞助商、媒体的合作,体育赛事的成功需要对体育赛事市场进行充分的调查研究与分析。

(三)体育赛事市场开发

市场开发即开发市场,从市场经济学的角度来说,体育赛事的市场开发是一个商品交换的过程,外在表现形式为体育赛事的运作管理机构通过组织运动员进行高水平竞技体育表演为公众提供具有特殊观赏价值的服务产品。万鸿亮认为,体育赛事市场化的本质就是体育赛事的组织者通过采用各种手段,对体育比赛的体育服务产品和无形资产进行营销活动,使体育赛事的观赏价值和商业媒介价值通过市场实现其商品价值的过程。结合本教材作者从事大型体育赛事市场开发的实践经验,我们认为,体育赛事市场开发是指:体育赛事的各种资源在特定的市场背景下,在一定的理论指导下,通过市场进行开发和经营并产生经济效益的过程。用最简单直接的语言来说,体育赛事市场开发是指体育赛事运作管理机构立足于赛事所拥有的各种资源,通过市场交换行为,尽一切可能增加赛事收入的过程。

二、体育赛事市场开发的环境与资源

(一)体育赛事市场开发的环境

体育环境是指与体育相互联系、相互制约、相互促进的一切自然环境和社会环境条件的总称。体育是一个复杂的系统,在这个系统内部,各种体育因素相互作用、相互依赖,共同影响着体育的内容、形式、性质和发展过程。体育赛事市场开发存在于体育环境之中。体育赛事市场环境是指给体育赛事造成市场机会和威胁的主要社会力量,主要包括体制环境、经济环境、法制环境、社会文化环境等。我国体育赛事市场开发的环境与我国整个大的市场环境是密不可分的。

1. 体制环境

体制环境是影响体育赛事市场开发的一个最直接的重要因素。体育赛事主要属于竞技体育的范畴,任何形式的竞技体育体制都是一定时期内社会政治、经济、文化等因素制约下的产物,是由社会发展因素综合决定的。

我国还处在经济体制转型时期,市场经济体制还没有完全确立,纯粹的市场经济运作条件尚不成熟。我国体育竞赛管理体制正处于一个由传统的计划经济管理体制向社会主义市场经济管理体制转型的过程。在此过程中,体育竞赛管理体制带有明显的自身发展特性。体育赛事的组织管理原来由各级政府体育主管部门负责,现已转变为由政府部门分化出的体育项目协会或项目管理中心负责。各种体育中介组织也应运而生,并在体育赛事筹办过程中扮演着越来越重要的角色。随着市场经济的不断深化,我国体育赛事市场管理机构的角色也发生了根本改变。计划经济时期,政府是体育赛事唯一的管理机构,其角色只是管理没有经营,且管理是以行政管理方式出现,只负责体育赛事本身的组织工作。现阶段,虽然我国体育赛事市场呈现主体多元化的特征(政府体育部门、事业单位、民间组织、企业组成的多元主体),但政府仍然是体育赛事的主要管理机构,并依靠其掌握和操纵体育赛事资源的权力优势,从中获取经济利益。在很多赛事的市场开发上,政府都扮演一个主导者的角色。我国体育赛事的市场开发环境无疑深深地打上了政府的烙印。这致使体育赛事市场非政府以外的市场参与者的利益比较难得到满足,如职业体育俱乐部和商业性体育赛事经营者。

体育赛事的市场化进程是一个系统而复杂的制度变迁过程。目前的体制环境决定了还处在起步阶段的我国体育赛事市场开发离不开政府的支持与管控。因此,应充分发挥政府规划、统筹和管理的主导作用,争取政府对市场开发给予必要的扶持政策,以弥补或修正市场在体育赛事资源配置中的固有缺陷,同时让市场机制充分发挥作用,从而为体育赛事市场开发提供有利的环境。

2. 经济环境

自改革开放以来,我国经济迅速发展,居民生活水平不断提高,中国体育产业也随着经济的发展而得到发展,尽管与发达国家相比差距还比较大,但快速增长的经济给体育赛事市场发展带来了契机。

(1) 经济增长状况　改革开放以来,我国 GDP 一直保持着高速增长的态势。从 1978 年的 3 645 亿元(合 2 164 亿美元),到 2006 年突破 20 万亿元,2008 年突破 30 万亿元。2011 年 GDP 达 47.156 4 万亿元,工业生产、投资和消费均保持较高增长。我国经济的高速发展为体育竞赛市场的培育与发展奠定了坚实的经济基础,同时也推动了体育竞赛市场所需的基本供给增多和需求水平的提高。

(2) 产业结构状况　产业结构是指各产业的构成及各产业之间的联系和比例关系。产业结构合理化有利于实现社会总供给和总需求的平衡,促进经济效益的提高,充分利用人力、物力和财力,从而保持国民经济持续、健康、快速发展。为加快转变经济发展方式,推动产业结构调整和优化升级,完善和发展现代产业体系,2011 年 3 月国家发改委修订并发布了新的《产业结构调整指导目录(2011 年本)》。这是政府引导投资方向,管理投资项目,制定和实施财税、金融、土地、进出口等政策的重要依据,是从宏观政策方面对产业结构的调整加以引导。新目录特别强调对战略性新兴产业与现代服务业的支持。较之《产业结构调整指导目录(2005 年本)》(仅在"第一类鼓励类"中的"二十五条、其他服务业中"的"16. 文化艺术、新闻出版、广播影视、大众文化、科普、体育设施建设及产业化运营"中提到了体育,且并非单列),2011 年本在"第一类鼓励类"中,体育服务业首次被单独提出,且有两条内容("三十六条、教育、文化、卫生、体育服务业","33. 体育竞赛表演、体育场馆设施建设及运营、大众体育健身休闲服务;34. 体育经纪、培训、信息咨询服务"),体育产业尤其是体育竞赛表演业被摆在了非常重要的位置。这种产业结构的不断优化为我国体育赛事市场的发展提供了良好条件。

(3) 居民收入与消费状况　改革开放以来,我国城乡居民收入水平大幅提高,生活水平连续跨上新台阶。中国城乡居民消费结构明显优化,恩格尔系数显著下降,发展和享受型消费比重不断上升。据国家统计局公布的中华人民共和国 2011 年国民经济和社会发展统计公报,2011 年城镇居民人均总收入 23 979 元。其中,城镇居民人均可支配收入 21 810 元,比上年名义增长 14.1%,扣除价格因素,实际增长 8.4%。全年农村居民人均可支配收入 6 977 元,比上年名义增长 17.9%,扣除价格因素,实际增长 11.4%。发达地区已经有相当多的一部分人开始率先进入"追求生活质量阶段",他们具有的高出平均水平许多的货币支付能力和巨大消费能力是促进中国体育赛事市场开发乃至推动体育赛事发展的重要力量。

3. 法制环境

随着我国市场经济体制改革的不断深入,市场力量的逐渐成长壮大,政府职能的逐步转变,各项关于体育赛事的法律法规开始逐步建立和完善,我国体育行政部门也越来越重视运用法律手段来裁决与规范体育事务。体育赛事市场开发作为市场经济条件下的一种商业经济行为,应该由法律法规和经济手段来制约和调节,同时也应该受到相应的保护。没有健全的法律法规,就没有健康发展的体育赛事市场。全国人民代表大会1995年颁布的《中华人民共和国体育法》是我国体育层次的最高立法,其中涉及体育市场的内容,对规范全国体育赛事市场起到了宏观指导作用。20世纪90年代,国家体委(现为国家体育总局)就颁布了一些规范体育市场的法规,如《关于国家体委各直属企业单位、体育协会通过体育广告、社会赞助所得资金、物品管理暂行规定》、《进一步加强体育经营活动管理的通知》、《关于加强体育市场管理的通知》、《国家体委关于深化体育改革的意见》(其中附件五:关于培育体育市场、加速体育产业化进程的意见)、《社会捐赠(赞助)运动员、教练员奖金、奖品管理暂行办法》等。2009年,国家体育总局颁布了《中国体育产业发展纲要》,提出了发展体育产业的基本措施,明确规定要"加快体育市场的立法进程,推动体育产业健康、有序、规范的发展",指出"要加强体育市场的立法管理,加紧制定和出台《体育市场管理法》、《体育竞赛表演市场管理办法》、《体育健身娱乐市场管理办法》、《关于实行〈体育经营许可证〉制度的规定》、《关于体育无形资产的管理办法》、《社会赞助体育事业的管理办法》、《关于体育彩票发行的管理办法》等有关法规",还规定"体育行政部门要根据各地实情和体育市场的状况制定相应的地方性法规"。2010年,国务院办公厅颁布了《关于加快发展体育产业的指导意见》(国办发〔2010〕22号),提出了"加强体育无形资产开发保护"、"加快体育市场法制化、规范化建设"等主要政策与措施,意见指出要"建立、健全相关法规,完善监督管理机制,明确监管主体及其管理职能和各类市场主体的权利义务,规范体育市场主体行为,维护市场秩序,促进体育市场规范发展"。这些法规的制定有助于建立和维护社会主义市场经济条件下的体育市场秩序,为培育和完善社会主义市场经济条件下的体育竞赛市场环境提供良好的法制环境。当然,随着我国市场化程度的进一步加深,随着体育赛事市场的进一步活跃,各项相关法律制度还需进一步健全和完善。

4. 社会文化环境

社会文化是某一特定人类社会在其长期历史发展过程中形成的,它主要是由特定的价值观念、行为方式、伦理道德、审美观念、宗教信仰及风俗习惯等内容构成,影响和制约着人们的消费观念、需求欲望及特点、购买行为和生活方式。社会主义市场经济的建立,人们的思想、性格、观念正在逐步转变。这种变化影响了人们的生活方式、价值观、道德观以及审美观。在社会文化大环境的影响下,体育的民族心理结构、思维方式和价值体系以及发展规律等都在不断变化发展。体育在现代生活中的地位也不断地被人们所认识和提高,对体育赛事的关注度与认知度(如对竞技体育金牌含金量的认识)大幅提升。人们参与和投身体育的热情不断增强(包括相关企业与专业机构介入体育赛事市场)。体育锻炼在人们追求健康长寿理念中的分量逐步加重,而且是发自内心的主动的自我需要,这也是人民群众体育观念和体育行为发生历史性变化的一个重要特征,进而带动了体育消费市场的活跃,促进了体育赛

事市场的繁荣。

（二）体育赛事市场开发的资源

关于"资源"的解释见仁见智。从自然物角度来讲，其定义为："所谓资源，特别是自然资源，是指在一定的时间、地点条件下能够产生经济价值，以提高人类当前和将来福利的自然环境因素和条件。"但从经济学的角度看，资源需要具备的条件：一是有用性；二是现实或潜在的能作为生产要素进入生产过程的条件和要素。体育赛事市场开发资源符合经济学视角所需要的两个条件。体育赛事市场开发的资源按照不同的分类方式，可以划分为不同的资源种类。在资源属性上，体育赛事市场开发的资源可以分为有形资产资源、无形资产资源、政府资源及衍生资源。

1. 体育赛事的有形资产资源

体育赛事的有形资产资源是指：体育赛事本身以及所涉及的区域内拥有的，由有形物质组成并可以通过经营创造经济效益的资源。主要包括：①特许经营产品（纪念币、纪念钞、纪念牌、纪念邮品、纪念衫等特许经营产品）；②比赛场馆广告资源；③比赛印刷品广告资源（宣传画册、票证、秩序册、成绩册、竞赛指南、记者手册、导游手册、纪念册等印刷品广告）；④举办体育赛事场馆内用于商品销售的区域；⑤开幕式、闭幕式及比赛门票等。

2. 体育赛事的无形资产资源

体育赛事的无形资产资源是相对于有形资产资源来说的，是指：体育赛事本身拥有的、没有实物形态的资产或者可以产生经济效益的资源。主要包括：①排他性营销权；②视觉识别系统使用许可权（赛事名称、会徽及吉祥物等）；③赛事比赛项目冠名权；④奖杯奖项冠名权；⑤赛事相关活动冠名权；⑥赛事专用产品专有权；⑦赛事比赛场馆冠名权；⑧赛事组委会名誉职位；⑨赛事合作伙伴、各等级赞助商、供应商、服务商的授予权；⑩电视转播权等。

3. 体育赛事的政府资源

我们通常将政府资源称为"市长资源"、"权利资源"，主要是通过领导者的权力、影响力、公信力，以及对社会公共资源的分配权来体现。主要包括：①举办地的户外广告；②举办地政府特许专卖区域；③举办地政府市场准入支持；④税收优惠政策；⑤举办地政府支持和扶持的其他资源。此类资源可以是有形资产资源，也可以是无形资产资源。

4. 体育赛事的衍生资源

衍生资源是借助体育赛事的举办衍生出来的资源。在体育赛事运作中，对这些资源进行延伸开发也能产生良好的经济与社会效应。如果将衍生资源与体育赛事的主要资源进行良好的整合，将会产生综合效益。体育赛事衍生资源主要包括：①社会文化资源；②旅游资源；③特色资源；④相关活动经营权（文体、娱乐、展会及经济贸易等活动）；⑤体育彩票发行与经营。

在体育赛事的市场开发中，资源往往不是以其属性形式单独存在，通常是以多种资源属性之间互相整合的形式体现。本教材将重点阐述体育赛事中比较常见的体育赛事资源的市场开发，如体育赛事赞助、门票、媒体、特许产品、彩票、主题活动等资源。

三、体育赛事市场开发的意义

（一）丰富市场营销学理论

市场营销学是以市场营销活动及其规律为研究对象，即研究企业如何识别、分析、评价、选择和利用市场机会,从满足目标市场顾客需求出发,有计划地组织企业的整体活动,通过交换,将产品从生产者手中转向消费者手中,以实现企业营销目的。市场营销学自 20 世纪初从美国诞生以来,经历了从萌芽阶段到分化和扩展时期 6 个发展阶段,已日益广泛地应用于社会各领域。市场营销观念和理论首先被引进生产领域,先是快消费品生产领域,继而被耐用消费品领域,接着被重工业生产领域所运用。其次,从生产领域引入服务业领域,先是被引入航空公司、银行,继而引入保险、证券金融公司。后来,又被专业团体,诸如律师、会计师、医生和建筑师所运用。市场营销学也从基础市场营销学扩展为工业市场营销学、服务市场营销学、社会市场营销学、政治市场营销学及国际市场营销学。随着体育产业的蓬勃发展,体育市场日趋活跃,体育与市场营销碰撞出火花,市场营销学理论越来越多地被运用到体育领域,尤其是体育赛事领域,衍生出体育营销学、体育赛事经济学、体育赛事营销学等相关学科,丰富了市场营销学理论,具有重要的理论意义。

(二)为体育赛事成功运作提供支持

体育赛事作为一个特殊的社会事件,成功举办需要凭借一定的人力、物力、财力等支撑。大型综合性体育赛事更需要投入巨额的人力、物力与财力,如场馆的建设与维修、改造,接待设施的维修改造,赛事举办地城市环境整治,竞赛组织费用,竞赛设备、器材等采购,赛事宣传费用,开、闭幕式文体表演等活动组织及人力成本等,而这些巨额资金的来源往往是赛事运作管理者在决定举办赛事之前必须要考虑的一个重要问题。对体育赛事的资源进行市场开发,是解决赛事筹办所需资金的重要途径。体育赛事市场开发是指:体育赛事的各种资源在特定的市场背景下,在一定的理论指导下,通过市场进行开发和经营并产生经济效益的过程。从体育赛事市场开发的定义可以看出,对体育赛事运作管理者来说,体育赛事市场开发的最终目的是获取经济效益,主要表现形式为赞助资金(即现金),还包括赞助物资(如设备、器材、生活用品等)、技术有偿转让(如通信、网络等)、服务(如提供设备与技术服务、交通运输服务、场馆及宾馆服务)等形式。体育赛事市场开发是一种市场交换行为。体育赛事运作管理机构作为赛事资源的拥有者,将赛事的资源与企业的资金、物资、技术、服务进行交换,双方各取所需,从而使体育赛事运作管理者拥有了一定的举办体育比赛的经费与物资、技术、服务等支持。

(三)为企业市场运作提供平台

体育赛事市场开发的这种交换行为,在使赛事运作管理者获取资金、物资、技术、服务等支持的同时,也满足了企业的需求。通过出让赛事资源,为企业与体育赛事构建了良好的合作平台,使企业有机会与体育赛事形成良好的契合互动,借助体育赛事的公益性和影响力达到扩大企业产品与品牌影响的目的。企业的标志(logo)可以与赛事标志形成组合标志,以提升企业的影响力与关注度。企业可以为赛事冠名,企业产品可以在赛事举办区域进行展示与售卖,企业可以结合赛事举办自行组织一些营销活动。另外,企业高级代表还可以出席赛事开、闭幕式,在贵宾区域就座,获赠比赛门票。企业的标志可以印制在开、闭幕式与比赛门票上,既体现了企业的产品与品牌的公益性(由体育赛事的公共产品属性决定),又增加了企业产品的销售,提升了企业的关注度与知名度,进而提升了企业的品牌。

四、国内外大型体育赛事市场开发的历程

奥林匹克运动会(奥运会)是全球最大规模、最高规格的大型综合性体育赛事,是国外体育赛事的代表,也是竞技体育最高水平的展示。全国运动会(全运会)是与奥运会项目、赛

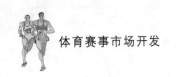

制、赛程全面接轨的全国最大规模、最高规格的大型综合性体育赛事,代表着我国竞技体育的最高水平。该部分将重点阐述奥运会与全运会市场开发的历程。

（一）奥运会市场开发历程

奥运会市场开发的过程并非一帆风顺,它经历了一个长时间的发展变迁过程。其变迁的主体先是奥运会的各届组委会,之后才是国际奥委会。现代奥林匹克市场开发过程根据市场开发的效果和规模,以1984年洛杉矶奥运会为节点,奥运会市场开发历程可以分为两个阶段。1896~1984年为奥运会市场开发的萌芽阶段,而1984年以来的奥运会为奥运会市场开发的发展阶段。

1. 萌芽阶段(1896~1984年)

现代奥林匹克运动为了维护奥运会的纯洁性和参赛运动员的业余性,严格规定举办奥运会的一切费用只能来自政府拨款、社会捐赠、发行彩票和增值邮票,以及门票的收入,禁止一切商业行为。但办赛资金的问题从第1届开始就困扰着奥运会的发展。

1896年,第1届奥运会就面临严重的经济困难,靠捐赠完成了体育场的修建,利用奥运会成绩册上的广告,为奥运会取得了一定的财政收入。1908年的伦敦奥运会确定了奥林匹克的组织体系和框架,使奥运会的市场开发组织机构得到了发展,并为下一步形成完善合理的组织机构奠定了基础。1900年、1904年和1908年3届奥运会都是通过与世界博览会在一起举办以抵消奥运会的开支;1912年斯德哥尔摩奥运会第一次发行了彩票,同时也出售奥运会纪念品的"专有权",没有出现经济赤字。

1924年,巴黎奥运会第一次在场馆出现了广告,虽然在很大程度上提升了市场开发的程度,但影响了奥运会的非商业性质。1928年,奥运会广告被禁止出现在运动场和建筑上,阿姆斯特丹奥运会组委会(奥组委)第一次对奥运会及相关的标志进行了注册,通过接受国内外捐赠、出售门票和奥运会相关产品营销权获得的收入占到了开支的60%。

1936年,奥运会第一次进行了电视转播,并进行了第一次奥林匹克火炬传递活动;1948年,伦敦奥组委建立了电视转播付费的原则;1952年,赫尔辛基奥运会第一次尝试了"全球营销计划",并成立了专门负责出售奥运会各种权利的部门,出现了大量的实物赞助,并在1956年墨尔本奥运会期间进行了第一次电视转播权的谈判,提高了电视转播权的营销力度,同时实现了奥运会的实况转播。经过这次尝试,奥组委更加注重电视转播权的营销,1958年,对电视转播权作了相关规定,并作为第49款写入了《奥林匹克宪章》,即电视转播权由奥组委出售,经国际奥委会批准,根据国际奥委会的指示分配所得的收入。到1960年的罗马奥运会,奥组委已经拥有了一定的赞助商/供应商计划,其商品涉及食品、生活用品、比赛相关产品等各个方面。1966年,国际奥委会开始调整奥运会的收入,向各国奥委会和单项体育联合会分配其收入。

1972年,私人广告代理机构开始进入奥运会的营销范围,第一次成为奥运会的特许机构。慕尼黑奥运会第一次出现了官方吉祥物,并将吉祥物的形象作为特许使用权出售给私人公司,但还是欠债6亿美元。到了1976年蒙特利尔奥运会已经有了628个赞助商和供应商参与,赞助计划也已经形成了相对完善的体系,并成功地为奥组委筹得了700万美元的收入,其中赞助级别被分为官方赞助商、官方支持商和官方推广商,但由于实际开支远远超过了预算,最后还是亏损10亿美元。随着奥运会的影响越来越大,国际奥委会的身份得到了确认,成为具有法人身份的组织。1980年,莫斯科奥运会受到了抵制,亏损更大,总体耗资

90亿美元,从而导致了奥运会从竞相申办到无人申办的局面。

从上述现代奥运会市场开发的历史可以看出,1984年以前的奥运会,尽管遍布营销的痕迹,但其营销行为处于零散、无序的状态。1896~1984年的奥运会市场开发都是以奥组委为主体,奥运会市场开发没有形成统一的市场开发计划,同时国际奥委会在奥运会市场开发方面没有形成有效的控制和管理,各届奥运会市场开发处于相对混乱状态,不具备现代营销观念的属性。此外,此期间国际奥委会对奥运会的整体市场开发程度还不高,各届奥运会都自行开发,市场开发的所得收入也仅够支付奥运会的开支。

奥运会一直都受到资金的困扰,是由于奥运会所有者——国际奥委会受历史的局限性,一方面是他们一开始不可能认识到奥运会具有巨大的商业价值;另一方面《奥林匹克宪章》规定了他们不允许将商业化理念全面引入奥运会领域。受到这两个原因的长期困扰,1984年以前的奥运会市场开发在各个阶段都有一定的开拓和进展,但都没有太大的突破。在奥运会需要耗资巨大的支出压力下,政府的财政支持已经不能满足奥运会举办的需求,进而导致了奥运会无人申办的局面。这段时间奥运会市场开发无论是从资源的开发分类、市场开发的政策规定,还是从市场开发的策略都是处于不断变化中,市场开发的效果不明显,因此称为奥运会市场开发的萌芽阶段。

2. 发展阶段(1984年至今)

在1980年萨马兰奇开始担任国际奥委会主席时,奥运会处于无人申办的尴尬时期,而1984年奥运会采取了把赞助商的总数严格限制为34个,并规定每个行业只能吸收一个赞助商的排他性原则使奥运会扭亏为盈,从此奥运会走上了顺利发展的道路,成为各国竞相申办的项目。

在国际奥委会的指导下,1988年汉城奥组委、卡尔加里奥组委和许多国家奥委会的合作努力下,世界范围赞助商计划(奥林匹克伙伴,TOP计划)开始执行。在世界范围内,TOP计划的9个类别的商务限定在特别的产品和服务领域。奥组委独立开展市场营销计划,第一次国际奥委会要求奥组委和举办国家的国家奥委会联合进行市场开发。因为限定了赞助商的数量,所以奥林匹克赞助商能够免于竞争,每一个赞助商都可以获得很大的利润。

1992年巴塞罗那奥运会总共有12个世界级赞助商,情况更为复杂。在奥林匹克转播历史上首次在若干国家采用多层次结构的电视营销方案,主要广播公司可向有线或者卫星广播电视发放许可证,持续扩大体育报道的范围。一项在美国、西班牙和英国的调查表明,有90%的人观看了巴塞罗那奥运会。

1996年亚特兰大奥运会暨百年奥运会完全依靠社会集资,主要的来源是电视转播权、商业赞助和门票收入。为了保证更多的观众可以观看奥运会,国际奥委会承诺支付非洲的转播费用。潜在观众35亿,而全球观看电视直播的观众达到32亿,累计观众估计有196亿,电视转播覆盖214个国家。亚特兰大奥运会收入的26%来源于门票的销售,总共售出1 100万张门票,销售额超出洛杉矶和巴塞罗那奥运会门票的总和。由于亚特兰大城市缺乏对街头商贩和其他未经许可市场开发活动的控制,举办城市出现了过度商业开发的问题,国际奥委会在未来缩减商业开发。百周年亚特兰大奥运会是第一个设立官方网站的奥运会。

2000年悉尼奥运会采用混合型的筹资模式,国际奥委会和悉尼奥委会在奥运会前后共创造了26亿美元的收入,成为"最成功的奥运会"。利润大部分直接来源于电视转播权的一系列销售、商业赞助、门票出售和标志特许权。

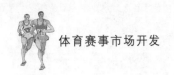

2004年雅典奥运会采用政府的模式，本届奥运会是拒绝商业性做得最严格的一届奥运会。国际奥委会和雅典奥组委创造了34.3亿美元的收入，大部分都是由电视转播权和TOP计划收入组成。虽然本届奥运会在总开支上大大超过了总收入，但由于其他部门的支出都是用于政府基础性建设，因此本届奥运会仍然具有很高的经济带动和促进城市发展的意义。

2008年北京奥运会的市场开发是在奥林匹克营销的架构下，拓展现有市场和开辟新市场。它侧重于市场开拓，即分析市场、确定目标市场和开发市场。审计署公布的"北京奥运会财务收支和奥运场馆建设项目跟踪审计结果"显示，北京奥运会收入达到205亿元。其中，国际奥委会开发的市场收入和电视转播权收入中按协议分配给主办城市的部分，约占北京奥组委收入总额的40%[出售电视转播权，仅美国全国广播公司（NBC）一家就向国际奥委会支付了8.94亿美元，其中49%为北京奥组委所有]。北京奥组委根据主办城市合同，在国际奥委会授权下实施的市场开发收入达98.7亿元，主要包括合作伙伴、赞助商、供应商等不同级别的赞助收入以及特许经营收入，另外门票收入12.8亿元，市场开发收入规模保证了筹办赛事的需要，并且大大超过了预期。

纵观1984年以来的奥运会历程，市场开发的程度不仅得到了很大的提高，通过市场开发收入的比例越来越高，到2000年悉尼奥运会已经高达总收入的67%以上，奥运会市场开发工作更加有序化。奥运会通过市场开发所得收入的比例不断攀升。

1984～2008年奥运会的发展期间，虽然时间相对较短，但奥运会迅速发展成为各国竞相申办的国际性综合性赛事，同时也变成世界上最知名的品牌之一。1984～2008年奥运会市场开发工作主要发生了以下变化。

（1）奥运会市场开发的程度提高，市场开发所形成的收入在总收入中的比例不断升高。

（2）由原来奥组委为市场开发主体转变为国际奥委会统一领导，采取了国际奥委会、奥组委和国家奥委会共同参与的市场开发机制。

（3）奥运会市场开发走品牌的路线，市场价值不断升高。奥林匹克品牌已经发展成为世界上最知名的品牌之一。作为奥林匹克运动最核心的组成部分，奥运会的市场价值也随之不断升高。

（4）市场开发进一步完善与发展，国际奥委会对与奥运会市场开发工作的管理和控制进一步提高，使奥运会作为整体开发，奥运会市场开发更加有序。如在制度方面，国际奥委会奥林匹克运动的最高纲领——《奥林匹克宪章》在此期间做了很大的修改。现行的《奥林匹克宪章》是1999年12月在瑞士洛桑由国际奥委会第110次全会通过的。

（二）全运会市场开发历程

从1959年举办第1届全运会以来至2009年，全运会已经举办了11届。全运会一直采用国家体育总局（原国家体育运动委员会）主办，省级地方政府承办的方式举办。除国家定额的承办拨款外，其余资金均由承办地政府自行筹集。

虽然全运会每届的规模和内容有所不同，但全运会总是在不断发展和完善之中。从市场开发的角度来分析，全运会的发展脉络主要体现在从无到有、从不完善到完善。具体可以结合每届全运会市场开发的实际情况来分析。首先，前3届全运会是没有进行市场开发的，这与当时所处的政治、经济、环境相关。举办全运会完全依靠政府拨款，由政府筹划、组织和管理。其次，从第4届全运会开始，随着我国社会环境发生的变化，建设社会主义商品经济的概念正式提出和市场经济的不断完善，全运会的市场开发才逐步融入每届全运会中去，成为每届全运会举办经费来源之一。所以,透过全运会市场开发的发展脉络,可以将全运会市场开发历程分为萌芽阶段、基本形成阶段和比较成熟阶段。

1. 萌芽阶段(第4届和第5届全运会)

在这一阶段,举办全运会不仅仅是靠政府拨款,而逐步开始通过社会、市场等筹集资金,并第一次出现了商业开发的概念。如1979年在北京举办的第4届全运会,在场地悬挂了国际和国内商业广告(其中国际广告3家,国内广告7家),广告收入近万元人民币。另外在全运会秩序册中也刊登了广告,分别取得了港币21 000元和人民币5 000元的收入。同时为了扩大全运会的影响,大会主办方还制作了宣传品,并向国外发行了第4届全运会金币,但上述商业开发活动主要是靠全运会组委会下设的宣传部来完成。在上海举行的第5届全运会(1983年)中,尽管市场开发方面与第4届全运会持平,但在机构设置中有了一些新的变化,主要是在竞赛组下设了广告收入组,主要负责场地广告、电视转播等国内外广告业务,市场开发仍然没有独立机构和相应的开发方案。

2. 基本形成阶段(第6、7、8届全运会)

从第6届全运会开始,市场开发逐渐步入基本形成阶段。在这一阶段,不仅有了商业开发的概念,更重要的是出现了专门的组织机构,有了独立的市场运作公司。如在第6届全运会在筹备过程中(1985年)就成立了第6届全运会服务总公司,专门负责该届运动会的集资工作。这是全运会史上第一次组建专门的公司进行市场开发。到1987年底,从广告、电视转播、文艺广告、体育旅游、发行体育基金等方面共筹得6 975.87万元(含实物)。另外,在第6届全运会的商业开发中出现了广播、电视专利权、会徽、吉祥物、宣传画、特刊、挂历及纪念品等商品的专利权,并由国家体委和国家工商行政管理局联合发文对会徽作了使用规定,明确会徽、吉祥物的有偿使用,同时提出了维权的概念,这也是全运会史上的一大进步。纵观第6届全运会市场开发情况,集资的性质主要以捐赠为主,从严格意义上讲,还不算是真正的市场开发,但从集资的角度来看,可以初步确定为市场开发的基本形成阶段。

第7届全运会于1993年在北京和四川两地举行。由于日程、举办地的改变和政治环境的影响,在北京、四川两个组织机构设置了集资部,但没有成立统一、相应的市场开发公司。根据第7届全运会的审计报告显示,北京集资部共收入10 121万元,四川赛区集资3 846.3万元。本届全运会制订了产品分类和具体的回报方式,并明确了赞助商的利益(即回报内容)。另外,本届全运会的文件组成相对比较完整,在市场开发体制和机制上均有一定的突破。

第8届全运会是全运会市场开发正式启动的标志。在这届全运会的集资工作方面,开发了许多以前从未曾涉及的资源,制订了各项规定,形成了较为系统的市场开发文件,并在电视转播的市场开发上取得了突破。第8届全运会的各项集资总收入达到了65 457.2万元。在当时中央拨款只有8 000万元的情况下,解决了举办资金的缺口。但从这届全运会收入的构成上来看,政策性集资占集资总收入的55.87%,这反映了我国由计划经济向市场经济转轨过程中,政府资源在全运会市场开发中有特殊作用;同时,也说明全运会市场开发启动阶段市场化程度不高的特点。

3. 比较成熟阶段(第9、10、11届全运会)

在这一阶段,全运会市场开发吸取了前几届的经验,无论是形式还是内容上都比以往有了更快的发展,市场开发也进入了真正意义上的市场开发阶段。第一次提出了赞助等级和

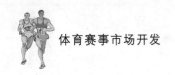

相关无形资产的概念,并且运用了更多的市场开发手段。

在广东举行的第9届全运会(2001年)上,其市场开发比第8届有了进一步的深入。九运会集资打破了在计划经济条件下的优惠政策、依靠政府行为的传统型集资模式,转变为在市场经济条件下没有优惠政策,全面向市场筹集资金的方式,在市场开发机构、开发方式和资金结构3个方面实现了较大的突破和提高。该届全运会以无形资产为主,重点开发赛事资源,以冠名权、广告权、电视转播权和报道权为市场开发的资源主体,首次在全运会市场开发中提出赞助等级称号的方式进行市场开发,首次将电视转播权作为一种商品进行开发和交易。九运会市场开发收入达到2.2亿元。但在开发的过程中存在不规范、资源开发分类不清晰等现象。如九运会有中国电信的广告,也有中国联通的广告;既有可口可乐的广告,又有乐百氏的广告。甚至在九运会的一些小分会场,出现了某产品是该会场指定产品的标志。

在江苏南京举办的第10届全运会(2005年),市场开发实现了新的发展。十运会构建了更为完整的资源体系和清晰的市场开发专门机构。市场开发收入也达到了最高点,合计4亿元,占整体收入的23.9%。另外,组委会开始借鉴奥运会"少而精"的原则,有计划、有步骤地培育和服务重点客户,以突出赞助企业在行业中的地位,第一次提出了维权的概念,注重赞助商权益的维护。在电视转播权的开发上又创新了一种模式,采用合作伙伴的形式与媒体进行合作。与第9届全运会相比,该届全运会在市场开发的资源分类规范性、维权等方面都有了很大的提高,进一步推动了全运会市场开发的发展。

在山东举办的第11届全运会(2009年),借鉴2008年北京奥运会及第9、10届全运会市场开发的成功经验,在市场开发机构设置、资源体系构建、规则制定等方面进行了进一步的完善,充分调动了各赛区组委会进行市场开发的积极性,市场开发收入超过6亿元(包括现金、物资和服务),创造了历届全运会的最高水平。第11届全运会组委会共与70多家国内知名企业签订了供应商以上级别的合作协议,其中合作伙伴18家、特别支持单位2家、赞助商6家、独家供应商8家、供应商27家;涉及行业及企业比往届有较大突破,既有中国石化、中国人寿等大型国有或国有控股企业,有上海通用这样的知名外资企业,也有潍柴动力、齐鲁证券、山东高速等山东省属企业,还有国人西服、特步等大批民营企业。此外,第11届全运会通过特许经营、指定产品、门票销售等方式也筹集了可观的资金,仅门票收入就超过1 200万元,大大超过预期。

近几届全运会的成功举办无疑给全运模式注入了新内容,主要表现为突破理解全运会依靠政府行为和行政手段为主的筹资模式,借鉴国外举办大型体育赛事的经验,走出了一条利用市场机制筹资的新路子。这些做法不仅减轻了东道主承办全运会的财政负担,也为其他省市承办大型赛事提供了宝贵的经验。

五、体育赛事市场开发的理论基础

(一)经济学

体育赛事市场开发强调的是赛事的组织者主动使用赛事所拥有的各种资源,通过与企业之间的市场交换行为,尽可能地增加赛事收入的过程。市场开发属于经济行为,经济学是一门研究人类行为及如何将有限或者稀缺资源进行合理配置的社会科学,研究与运用经济学的相关理论可以科学地指导体育赛事管理者进行高效的市场开发行为。

供求理论是贯穿新古典经济学理论,并被新制度经济学理论广为运用的一种分析思路和方法。相对于一个产品(客体),交易总是被分成买方和卖方,正是双方博弈形成了交易的结果。供求理论的基本观点如下。

1. 需求理论

西方经济学把"需求"摆在首位。该理论认为,决定需求的因素主要有5个:市场价格、平均收入水平、市场规模、该商品的替代品情况(包括数量、品种多少和价格)和消费者的选择偏好。一般假定除价格外的其他因素在一定时期和地方是相对稳定不变的,所以需求被简化成商品数量与价格的函数关系,即需求量随价格的变动而变动。正常商品(非吉芬商品)的需求量与价格呈反比例变化。需求曲线向右下方倾斜的原因是由"边际效用递减律"决定的,最先购买的一单位商品效用大。所以消费者愿意出较高的价钱,以后每增加一单位,其"边际效用"是"递减"的。当消费每种商品的最后一单位商品的效用相等时,消费者的总效用最大。消费者的这种总效用最大化行为构成"消费者均衡"。

2. 供给理论

决定供给的因素有几种。第一,市场价格。第二,生产成本。生产者之所以供给商品是为了赚取利润。利润是收益与成本的差额。在价格一定时,成本越低,利润率越高;生产者希望供给的商品量也越大,反之则越小。第三,生产要素的价格。它与生产者供给的商品量呈反向变化。第四,其他商品价格的变化。其他商品价格高些会促使生产者转产其他商品;其他商品价格低会促使其他商品向本领域转产。此外,自然灾害、战争等突发事件往往使供给减少。与需求类似,一般假设其他因素相对不变。只有市场价格随供给变动。正常商品价格与供给量呈正比例变化,价格越高供给量越大,价格越低供给量越少。由于供给量与市场价格成正比,所以它是一条从左下向右上方倾斜(正斜率)的曲线。由于受制于"边际收益递减"规律,生产者选择在边际收益等于边际成本点停止。这就是所谓的"生产者均衡"。

体育赛事本身就有许多有价值的资源,通过开发与经营可以产生经济效益。如何识别、整合、推广这些资源是体育赛事的管理者重点考虑的问题。因此,认真分析体育赛事产品的供求关系显得十分重要。一般来讲,体育赛事的产品可根据需求者的不同目的分为两类:一类是最终产品,即表演服务,此时买者是为了效用的需求,因而被称为表演类产品,如体育赛事的门票等产品就是属于此类产品。在门票市场开发工作过程中,相关管理者应充分考虑到观众的效用需求以及门票的成本利润等。另一类是中间产品,买者是为了利润的需求,因而可称为投资类产品,如体育赛事的广告权市场和电视转播权市场。因此,在这些市场的开发过程中,体育赛事的管理者应充分考虑赞助商和电视媒体的多样化需求及自身的成本收益。

(二)管理学

管理是人们进行的一项实践活动,是人们的一项实际工作,一种行动。市场开发作为体育赛事主要的工作内容之一,必将成为体育赛事管理者的重点管理对象。从管理学的角度出发,管理职能理论、项目管理理论是体育赛事市场开发实践的重要理论基础。

1. 管理职能理论

许多新的管理理论和管理学实践已一再证明:计划、组织、领导、控制、创新这5种管理职能是一切管理活动最基本的职能。

(1)计划 计划表现为确定目标以及明确达到目标所必需的步骤和过程。从定义中可以看出计划的第一要素是确定正确的目标。正确的目标为管理指引方向。第二要素是到达目标的过程。这里我们重点要对资源的投放事先进行研究、安排,要进行计划的制订,明确实现目标的正确途径。一项完整的计划一般包含的要素有:①对环境的评估,明确有效计划所应具备的条件;②清晰的目标,要明确达到何种结果;③计划的意义;④详细的战略;⑤明晰的权责划分;⑥时间表,对计划的起止时间、进度安排有详细的说明;⑦对计划所涉及的部门,资源进行质量、数量和结构的合理安排;⑧对可能面临的危机制订相应的应对策略。

（2）组织　组织是指对计划中所涉及的各种资源进行合理的配置,在资源的高效率运用下,达到组织的战略目标和经营目标。组织的内容一般包括任务分派、权责的明确、人员的配置和协作关系的明确等。在对组织职能的认识中,可以说以上涉及的内容都是十分重要的。为了更清楚地认识组织职能在管理中的作用,我们还是要从突破点着手进行讨论。组织职能认识的突破点表现为:①组织机构:人们为实现某一特定目的而形成的一个系统的集合,它有一个特定的共同目标,由一群人组成,有一个由规章制度、职位职权体系、角色分工等所组成的系统化组织机构;②组织本质:组织的本质是利益的共同体,个人的目标可以通过组织来更好地实现,组织目标的实现离不开个人的贡献;③组织运作方式:对组织成员进行分工,通过分工发挥每个成员的特长,通过协作形成群体力量,以达到个人力量无法实现或难以有效实现的目标,同时实现组织目标;④组织能持续存在的关键:组织目标和个人目标能相互协调,组织内部各种资源能相互协调。

（3）领导　领导即指导人们的行为,通过沟通增强人们的相互理解,统一人们的思想和行动,激励每个成员自觉地为实现组织目标而共同努力。领导就是管理者利用职权和威信施加影响,指导和激励各类人员努力达到目标的过程。对领导职能必须认识并弄清的问题包括:①管理者的素质和个人魅力;②权责的明确划分;③良好激励体制的建立;④组织内部信息沟通网络的建立。

（4）控制　控制,在意思表达上,一是确保原有计划能够得到很好地执行;二是根据环境的变化和形势的发展,对原有的计划进行适当地修改,以求目标得以顺利实现。控制职能是针对环境的不确定性、组织活动的复杂性和管理中不可避免的失误而产生的,它贯穿于管理的各个方面,并以前三大管理职能为基础对具体组织活动进行检查和调整,前三大职能离开了控制很有可能流于形式,得不到实效。对控制职能的认识必须掌握两点:①控制和前三大管理职能的关系。我们必须意识到没有计划、领导、组织,控制无从谈起,而计划和组织是否有效又取决于控制是否有效;②控制同样面临对个人自由意志控制的问题,同样面对沟通的问题,控制职能的实施将可能引来强大的反对和抵制力量。

（5）创新　创新职能与上述各种管理职能不同,它本身并没有某种特有的表现形式,它总是在与其他管理职能的结合中表现其自身的存在与价值。

作为体育赛事市场开发的管理者,充分学习与利用管理职能理论有利于提高体育赛事市场开发的效益。作为体育赛事市场开发的管理者,在体育赛事市场开发启动之前应做好详细周密的市场开发计划,充分挖掘与高效整合赛事资源,充分了解客户（赞助商、观众、电视转播商等）需求,做好人力资源配置与职责划分,同时加强对组织成员的领导,统一思想与行动,使体育赛事市场开发方向朝着既定的计划和标准前进,从而达到甚至超过预期效益。

2. 项目管理理论

项目管理作为管理科学的重要分支,对项目的实施提供了一种有力的组织形式,对管理实践作出了重要贡献。项目是指以一系列相互关联的任务为基础,有效地利用资源,为实现一个特定的目标所做的努力,是一定时间内多种相关工作的总称。项目管理是项目的管理者在有限的资源约束下,运用系统的观点、方法和理论,对项目涉及的全部工作进行有效地管理。体育赛事市场开发具有一次性、独特性、目标的确定性、活动的整体性、组织的临时性和开放性、成果的不可挽回性等明确的项目属性特征,管理过程也与项目管理过程有很大的契合度,可以运用项目管理的理论和方法来加强管理。

项目管理的内容包括项目范围管理(包括范围的界定、规划和调整)、时间管理(进度安排与时间控制)、成本管理(资源的配置、成本和费用的预算以及费用的控制等)、质量管理(质量规划、控制与保证)、人力资源管理(组织规划与团队建设)、沟通管理(沟通规划、信息传输、进度报告)、风险管理(风险识别、评估、防范与控制)、采购管理(采购与征购、资源选择、合同管理)和集成管理(综合性和全局性的项目管理工作和过程),构成了九大知识体系与管理职能。在体育赛事市场开发中,只有提高与加强对九大体系的认识与管理,才能实现对市场开发的全面、全程、精细化管理,才能确保市场开发工作的顺利进行与圆满成功。

(三)市场营销学

体育赛事市场开发主要以赢得赛事收入为目标,对象则是可能为赛事带来直接收入的个人和群体。成功的赛事市场开发有赖于成功的赛事市场营销。对于潜在的赞助商、观众、电视转播权购买者而言,唯有体育赛事运作管理机构所运作的赛事比其他赛事或活动更有吸引力、更具独特价值、更能满足他们的特定需求,他们才会支付对等的费用,赛事才能够赢得收入。因此,从体育赛事市场开发运作的初始阶段,就有必要对体育赛事进行市场营销。从市场营销学的角度出发,品牌营销理论、服务营销理论和关系营销理论对体育赛事市场开发具有重要的指导意义。

1. 品牌营销理论

品牌营销主要包括品牌识别、品牌定位、品牌形象塑造和品牌推广等。其中,品牌识别和定位是核心,品牌形象塑造和推广是对它们的外在传播与诠释。这几个方面主要通过品牌营销过程体现出来。品牌营销过程也是发现消费者的品牌需求并通过创造品牌价值去满足这种需求的过程。对此需要强调的是创造品牌价值,提升品牌核心竞争力。

(1)品牌识别 品牌识别系统是品牌形象资产的一部分,是消费者对品牌的第一形象、第一概念,也是品牌在众多同类产品中被一眼识别的清晰面孔。品牌识别的本质存在于品牌的核心与灵魂、品牌的价值、品牌的长期目标和最终目标,以及品牌代表的内涵。

品牌识别为品牌提供了方向、意图和价值。它是品牌战略家渴望创造或保护的一套独特的品牌构想。这些构想表现了品牌是什么及对顾客的暗示。品牌识别通过产生一个有价值的主张,包括功能上、情感上或价值自我实现上的利益,有助于建立品牌和顾客之间的关系。品牌识别具体包括品牌核心识别、品牌精髓和品牌延伸识别3个层次。

(2)品牌定位 差异化的品牌定位是使企业在竞争中脱颖而出、克敌制胜的法宝。不懂得定位,企业必将无法找到自己明确的目标市场,必将被自己的竞争对手击败。定位并不改变产品本身,而是要在顾客心中占领一个有利的地位。所以,品牌定位就是建立或重新塑造一个与目标市场有关的品牌形象的过程与结果。定位是针对现有产品的创造性思维活动,它不是对产品采取什么行动,而是主要针对潜在顾客的心理采取行动,将产品定位在顾客的心中。一旦品牌的位置确立起来后,就会使消费者在需要解决某一特定消费问题时,首先考虑某一品牌的产品。品牌定位是市场定位的核心,是市场定位职能的扩展和延伸,是实现市场定位的手段,其核心是细分市场,选择目标市场和具体定位,把每一次市场定位过程更深层次地深入到每一个品牌。

(3) 品牌形象塑造　品牌形象是品牌经营者渴望建立的,受形象感知主体主观感受及感知方式、感知背景所影响,而在心理上形成的一个集合体。它应该像人一样具有个性。例如,万宝路所体现出来的自由、奔放、豪爽、充满原野气息和力量的男子汉形象,与香烟本身没有任何关系,而是人为渲染出来的一种抽象概念。品牌形象分为内在形象和外在形象,内在形象主要包括产品形象及文化形象;外在形象则包括品牌标志系统(如品牌名、商标图案、标志字体、标准色等)与品牌在市场、消费者中表现出的信誉。

(4) 品牌推广　品牌推广的主要方式是运用整合品牌传播,目的是协助品牌建立与消费者之间的长期关系。品牌核心要素与灵魂必须在所有传播中得到一致性的运用。它以统一的传播为目标,运用和协调各种不同的传播手段,使不同的传播工具在每一阶段发挥出最佳的、统一的、集中的作用。

体育赛事市场开发工作需要品牌营销学理论的指导,唯有建立良好的赛事品牌,才能吸引潜在的赞助商、观众、电视转播权购买者主动支付相应的费用,从而为赛事增加收入提供支持。体育赛事的品牌效应将极大地提高体育赛事市场开发工作的效益。体育赛事市场开发的管理者应该认真学习营销学的相关理论,借鉴品牌营销学的相关理论,指导体育赛事市场开发工作。

2. 服务营销理论

服务营销是指企业在充分认识、满足消费者需求的前提下,为充分满足消费者需要在营销过程中所采取的一系列活动。在体育赛事市场开发管理过程中,体育赛事运作管理部门必须提供一系列的服务来满足市场开发对象(如潜在的赞助商、电视转播权购买者等)的多样化需求。因此,服务营销理论对指导体育赛事市场开发管理具有重要的意义。

服务营销的研究包括两大领域,即服务产品营销和顾客服务营销。服务产品营销的本质是研究如何促进作为产品的服务的交换;顾客服务营销的本质则是研究如何利用服务作为一种营销工具促进有形产品的交换。但是,无论是服务产品营销,还是顾客服务营销,服务营销的核心理念都是顾客满意和顾客忠诚,通过取得顾客的满意和忠诚来促进相互有利的交换,最终实现营销绩效的改进和企业的长期成长。

由于服务的特征,服务营销具有一系列不同于产品营销的特征。

(1) 由于服务是无形的,顾客很难感知和判断其质量和效果,他们将更多地根据服务设施和环境等有形线索来进行判断。因此,有形展示成了服务营销的一个重要工具。

(2) 顾客直接参与服务的生产过程,及其在这一过程同服务人员的沟通和互动行为向传统的营销理论和产品质量管理理论提出了挑战:①在服务行业中,顾客参与服务过程的事实迫使服务企业的管理人员正视如何有效引导顾客正确扮演他们的角色,如何鼓励和支持他们参与生产过程,如何确保他们获得足够的服务知识以达到生产和消费过程的和谐并行。②服务人员与顾客的互动行为也严重影响着服务的质量及企业与顾客的关系。要保证实际提供的服务达到每一位顾客预期的质量水平,就必须保证服务人员与顾客间取得充分的沟通;同时,服务人员必须针对不同顾客的需求差异保持足够的应变能力。所以,服务产品的质量管理应当扩展至对服务过程及顾客的管理。

(3) 与有形产品相比,服务的不可储存性产生了对服务的供求进行更为准确的平衡需要。服务不能轻易地运输到需求水平较高的经销商那里。这种过剩的能力是闲置的能力,只会增加成本而不会增加利润。因此,虽然制造企业与服务企业都不愿发生生产能力过剩或不足的情况,但与制造业企业相比,供给与需求间的"同步营销"对确保服务企业经济地使用其生产能力重要得多。

(4) 差异性易使顾客对企业及其提供的服务产生"形象混淆"。因为,对于同一个企业,通过两家不同的分支机构所提供的服务,可能出现一个分支机构的服务水平明显优于另一个的情况。

(5) 由于服务不具有实体特征,不能运输,因而使得服务的分销具有不同于有形产品的特点。有形产品可以在一地或多地生产,然后运送到中间商或最终用户所在地进行销售。而大多数服务却不能这样做。

(6) 服务不能储存或运输的特性也给大规模地生产和销售服务带来了限制,所以服务企业要获得规模经济的效益就必须比制造企业付出更多的努力。

体育赛事市场开发的对象就是我们的"顾客",体育赛事市场开发的管理者则为"服务人员",组织者应该时时刻刻明确所有"顾客"的需求,提高"顾客"参与体育赛事的满意度及忠诚度,这样才能提高体育赛事市场开发工作的效益。

3. 关系营销理论

所谓关系营销,是把营销活动看成是一个企业与消费者、供应商、分销商、竞争者、政府机构及其他公众发生互动作用的过程,核心是建立和发展与这些公众的良好关系。体育赛事市场开发的参与者众多,因此如何与这些参与者建立和发展良好的关系成为体育赛事运作管理部门应予重点考虑的问题。而关系营销理论则对体育赛事市场开发工作具有一定的指导意义。

关系营销理论的内涵主要包含以下几点。

(1) 强调"交易"与"关系"的结合　关系导向营销观认为,营销既是一个管理过程,又是一个社会过程。营销中既要通过相互交换,实现交易活动;又要通过履行承诺,建立和巩固各方关系。从交易到关系是一个连续的、系统的过程,只有两者的结合,才是完整的营销。

(2) 强调"关系"的系统与多元性　关系营销理论把企业的营销活动放在整个社会经济的大系统中来考查,认为企业作为社会经济系统中的一个子系统,其经营活动是与周围各种因素相互作用的过程;与一切"参与者"建立起良好的关系是营销活动的核心,是营销成功的关键。关系营销理论强调,不仅要注重关系的识别与建立,而且要注重关系的维持与巩固,通过利益各方之间的相互沟通与磨合,形成稳定、相互信任、相互依赖的关系。

(3) 强调实现"共赢"目的　关系营销理论强调营销中必须兼顾企业、消费者及其他利益相关者的利益,在实现企业利润目标的同时,实现各方的目的。关系导向营销观是现代营销观念发展的一次历史性突破。关系营销理论揭示的系统论思想和"共赢"即"谋求共同发展"这一思想,对于现代企业的可持续发展具有重要现实意义。

(四) 法学

体育赛事市场开发属于体育领域内的经济行为,在社会法制大环境背景下,它应该由法律法规和经济手段来制约和调节,同时也应该受到相应的保护,以规范市场行为。从法学的角度出发,体育法学、经济法学、知识产权法学将可以为体育赛事市场开发行为提供法学理论基础。

1. 体育法学

体育法学是随着体育科学和法律科学的发展,在体育法制实践需求的催动下而诞生与发展起来的新兴学科,正发挥着越来越重要的作用。体育法学对体育赛事市场开发的相关问题进行了研究,主要包括两方面内容。一是关于体育产业与体育市场的法律问题,对体育产业与体育市场法制进行宏观研究,探讨体育产业发展与法制完善、体育市场与经营的法制管理等问题。对各类体育市场与经营活动进行的法律研究,如对体育场馆经营、体育赞助协议、体育市场合同、商业性比赛、体育经纪人和体育彩票等法律问题的研究。二是关于体育无形资产法律保护方面的研究。具体包括关于体育无形资产与体育知识产权的一般性法律研究,特别是对奥林匹克知识产权法律保护的研究;以及关于体育无形资产与知识产权的具体法律研究,包括对体育标志、体育赛事转播权等方面法律保护的研究。这些理论研究对体育赛事的市场开发行为中制定相应的法律法规具有非常重要的指导意义。

2. 经济法学

经济法学指出,经济法是国家从整体经济发展的角度,对具有社会公共性的经济活动进行干预、管理和调控的法律规范的总称,它承担着规范、保障和促进市场经济发展的职能。经济法学调整对象主要包括市场规制关系、宏观调控关系和社会保障关系。从体育赛事市场开发的角度出发,经济法学的调整对象主要是市场规制关系。

市场规制关系具体是指规范市场交易过程中不正当、不合法的竞争行为和交易行为以及破坏竞争的关系。市场竞争存在两种不良倾向:一是意识限制竞争;二是不正当竞争。两者都是竞争无序的表现。这种无序竞争的结果,使得商品价格严重偏离价值,价值规律被扭曲。从微观上说,造成各经营者和消费者个体间利益关系不公平。而在这方面,我国也出台了相应的市场规制法。

市场规制法是调整国家权力直接干预市场、调节市场结构、规范市场行为、维护市场秩序、保护和促进公平竞争的过程中产生的各种经济关系的法律规范的总称。市场规制法的调整对象主要包括以下。

(1)市场规制关系 它是指规制主体基于"市场失灵",依法定职权或授权对市场主体的行为进行监管,以维护市场秩序的关系。

(2)受规制的市场关系 主要包括:①竞争关系,即竞争主体之间在经营中相互争夺市场的社会关系;②交易关系,即市场主体之间的商品交换关系;③中介服务关系,即市场中介主体为交易或竞争主体提供策划、信息、预测、咨询、广告等服务的关系。

体育赛事市场开发是对赛事资源进行市场交换的行为,涉及市场环境中资源拥有者、企业及中介机构之间的利益博弈;要以经济法学为指导,处理好市场规制关系和受规制的市场关系,维护赛事资源交换主体之间的关系,以维护市场秩序并确保体育赛事市场开发行为在法律规范与保障范围内顺利进行。

3. 知识产权法学

知识产权是指人们对于自己的智力活动创造的成果和经营管理活动中的标记、信誉依法享有的权利。知识产权一经国家机关授予,便受法律保护。作为知识产权的精神产品是一种无形财产,它的保护范围无法依其本身而定,而要求法律给予特别的规定。在限定的保护范围内,权利人对自己的知识产品可行使各种专有权利,超出这个范围,权利人的权利失去效力,也无法排斥第二人对知识产品的合法使用。例如,我国《专利法》规定,专利权人的专有实施权的范围以专利申请中权利要求的内容为准,即是根据专利权所覆盖的发明创造的技术特征和技术幅度来确定;我国《商标法》规定,商标权人的使用权范围,以核准注册的商标和核定使用的商品为限,但商标权人对他人未经许可在同一种商品或类似商品上使用与注册商标相同或近似的商标,均享有禁止权。这说明,知识产权的专利性只有在法定范围内才有效。关于知识产权保护范围的规定,其特点不仅表现为一种权限范围的"界定",而且表现为效力范围的"限制"。

作为体育赛事市场开发的组织管理者,其经济效益主要体现在企业赞助、门票收入及电视转播权收入等。而体育赛事市场开发的管理者通过向企业有偿转让赛事及赛事主题本身所具有的知识产权的使用权,如特殊标志使用权、赛事及相关活动的冠名权、转播权、特许商品销售权与展示权等权益,就必须建立在知识产权法律保护架构的体制下,建立在体育赛事特殊标志受到法律保护的框架下。因此,为了保证赛事市场开发的组织者以及企业的经济利益免遭损失,必须加大对体育赛事知识产权的保护力度。充分运用我国现行的相关知识产权保护的法律法规,为体育赛事市场开发的组织者和赞助企业服务,在保护双方权益的同时,约束双方的经济活动。

六、体育赛事市场开发的流程

体育赛事市场开发的全程操作程序较复杂,结合从事体育赛事市场开发的实践经验,结合体育赛事市场开发的规律,我们对体育赛事市场开发的基本运作流程进行了总结(图1-1)。体育赛事市场开发工作的起点是获得市场开发资格、组建机构与工作团队、制订市场开发的相关规定(包括市场开发的管理办法等)。终点是团队人员的转移及市场开发机构的撤销。对体育赛事可供市场开发的资源进行梳理、分析,同步对体育赛事的市场环境进行调查与分析,寻找对体育赛事有赞助可能的行业或企业,目的是了解体育赛事本身与体育赛事所处的市场环境,是进行市场开发的重要前提。编制方案的过程就是进行市场开发策划的过程,通过挖掘并满足目标赞助商的需求,进行精心策划、营销与推广,是市场开发得以顺利实现的关键路径与重要保证。签约完成后,做好赞助商的权益回报与执行及赞助商维权是赛事组织者必须履行的义务。

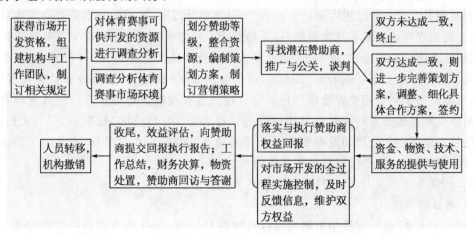

图1-1 体育赛事市场开发的流程

第二节 体育赛事市场开发主体及利益相关者

一、体育赛事市场开发主体

市场主体是指在市场上从事经济活动,享有权利和承担义务的个人和组织。具体来说,就是具有独立经济利益和资产,享有民事权利和承担民事责任的可从事市场交易活动的法人或自然人。任何市场主体参与经济活动都带有明确的目的,以在满足社会需要中追求自身利益最大化为目标。市场主体具有盈利性,这是其最本质、最重要的特征。

市场开发是指如何在市场中应用营销的战略、策略和技术来推销产品和提供服务,在这样的定义下是把体育赛事当成一个产品或一种产品推广的载体来看待的。因此,市场开发的前提是要有存在的市场和潜在的市场。

体育赛事市场开发主体是指在体育市场开发中,从事体育赛事产品或服务的生产和经营活动,享有权利和承担义务的个人和组织。体育赛事市场开发主体是赛事组织委员会及由赛事组织委员会将开发的权利让渡给其他个人或组织,通常包括政府、赛事组织者、赞助商、中介机构、媒体等。近些年,随着我国综合国力的提升,奥运会、亚运会、单项锦标赛的成功举办,使得我国的体育赛事市场引起越来越多利益相关者的关注。

二、体育赛事市场开发利益相关者

体育赛事被看成是地区或城市发展的催化剂。举办体育赛事不仅是自身发展战略的需要及对投资回报的需求,更重要的是通过举办体育赛事对本地区发展产生广泛和长远的正面综合影响。体育赛事的成功举办除了需要良好的管理运作水平,还需要所有利益相关者的支持和参与,赛事利益相关者成为影响体育赛事举办成功与否的重要因素。大型体育赛事管理运营理论研究与实践表明,利益相关者之间的协调合作对大型体育赛事的成功举办起着至关重要的作用。

(一)利益相关者理论

利益相关者理论的思想由来已久。自 20 世纪中叶以来,知识经济引领社会发生巨大变革,对公司治理理论形成了巨大的冲击,直接促成了利益相关者理论的产生。彭罗斯在 1959 年出版的《企业成长理论》中提出了"企业是人力资产和人际关系的集合"的观念,从而为利益相关者理论构建奠定了基石。1984 年,弗里曼出版了《战略管理:一种利益相关者方法》一书,明确提出了利益相关者管理理论。利益相关者管理理论是指企业的经营管理者为综合平衡各个利益相关者的利益要求而进行的管理活动。与传统的"股东至上"主义相比较,该理论认为任何一个公司的发展都离不开各利益相关者的投入或参与,企业追求的是利益相关者的整体利益,而不仅仅是某些主体的利益。

(二)体育赛事市场开发利益相关者的界定

1. 利益相关者

"利益相关者"这一词最早被提出可以追溯到 1929 年,通用电气公司一位经理在就职演说中提到:"不仅股东,而且雇员、顾客和广大公众都在公司中有一种利益,因此公司的经理人员有义务保护他们的利益。"1932 年,伯利和米因斯等也发表了相关论述,表明在"股东至上"理论盛行的同时,少数学者发出了"不同的声音"。此后的数十年,学者们从不同的角度对利益相关者进行定义,但对利益相关者的研究并没有一个明确的概念。其中,以弗里曼的观点最具代表性。根据弗里曼的经典定义,企业的利益相关者,指那些能够影响企业目标实现或被企业目标实现所影响的人或群体。通常包括员工、顾客、供应商、合作伙伴、政府、公众等。显然,弗里曼界定的是广义上的利益相关者,他笼统地将所有利益相关者放在同一个层面进行整体研究,给后来的实证研究和实践操作带来了很大的局限性。利益相关者研究认为,公司的出资不仅来自股东,而且来自公司的雇员、供应商、债权人和客户,后者提供的是一种特殊的人力投资。公司不是简单的实物资产的集合物,而是一种"治理和管理着专业化投资的制度安排"。因此,为了更好地对企业进行治理,实现企业的发展目标,企业应该了解企业利益相关者的利益诉求,在企业经营和管理过程中,尽量平衡和考虑利益相关者的利益诉求,使利益相关者达到利益最大化,从而实现公司治理的"良性治理"和可持续发展。

20世纪90年代初期,经过弗里曼、布莱尔、多纳德逊、米切尔、克拉克森等学者的共同努力,使利益相关者管理逐渐开始引人注目,形成了较为完善的理论框架,并在实际应用中取得丰硕的成果,特别是企业伦理学家和利益相关者理论的代表人物克拉克森于1993年在多伦多大学建立了"克拉克森研究中心",其研究成果大大促进了伦理管理理论的应用和发展。在利益相关者理论看来,那些只顾自己赚钱,没有关注相关者利益的企业行为都被视作非道德的,伦理管理也成为利益相关者管理理论的基本要求和思想精华。克拉克森认为:"利益相关者在企业中投入了一些实物资本、人力资本、财务资本或一些有价值的东西,并由此而承担了某些形式的风险;或者说,他们因企业活动而承受风险。"克拉克森的定义引入了专用性投资的概念,使利益相关者的定义更加具体。

国内学者综合以前研究的观点,认为"利益相关者是指那些在企业的生产活动中进行了一定的专用性投资,并承担了一定风险的个体和群体,其活动能够影响或者改变企业的目标,或者受到企业实现其目标过程的影响"。这一定义既强调了投资的专用性,又将企业与利益相关的相互影响包括在内,应该说是比较全面和具有代表性的。

2. 体育赛事市场开发利益相关者

关于体育赛事的利益相关者问题,国内外也有一些学者做过研究。马斯特曼·G认为:"在早期体育赛事的主要利益相关者常常只限定在参加比赛的运动员和裁判员,但随着体育赛事的发展,赛事的消费者逐渐成为体育赛事主要利益相关者"。他还进一步列出了体育赛事的主要利益相关者,包括运动员、裁判员、随队人员、供应者、赛事管理者、工作人员、观众、媒体和贵宾等。

盖茨认为,体育赛事的主要利益相关者包括:赛事组织者、赞助商和合作伙伴、消费者及贵宾、城市社区等;国内学者叶庆辉进一步拓展了盖茨关于体育赛事利益相关者的观点,他认为,体育赛事包括主办组织、主办社区、赞助商和经费支持者、供应商、媒体(电台、电视和报纸)、工作团队(受雇职员和志愿者)、参与者和观众等利益相关者。综合国内外学者以前研究的观点,体育赛事市场开发利益相关者是指体育赛事市场在提供体育赛事产品、服务的生产经营过程中,进行了一定的专用型投资,并承担了一定风险的个体、群体和组织。结合我国的现实国情和当前体育赛事运作的实际情况,目前我国体育赛事市场开发的主要利益相关者包括:赛事主办组织、获得赛事承办权的所有权人、举办地政府、运动员、社区、媒体、赞助商、赛事观众、赛事其他参与者等。赛事主办组织通常是指赛事的主办单位,是赛事权利的所有者,也是赛事市场开发资源的拥有者。获得赛事承办权的所有权人是指向主办组织申请并获得批准后对赛事相关权利包括赛事市场开发资源的开发权利的使用者。重大体育赛事通常由举办地政府作为承办单位,此时申办该项赛事并获得批准的举办地政府也成为主要利益相关者。媒体是体育赛事重要的利益相关者,既承担着赛事传播及赞助商利益实现的义务,同时获得赛事传播的权利,以实现媒体自身商业利益。赞助商是赛事的主要利益者,一方面为赛事提供商业赞助;另一方面,通过参与体育赛事,实现企业营销的目标。赛事观众既是赛事的欣赏者,也是赛事市场开发的受众,成为体育赛事主要利益相关者。除此之外还有赛事媒体的相关受众、中介机构,为赛事服务的相关专业公司等赛事其他参与者也是赛事的主要利益相关者(图1-2)。

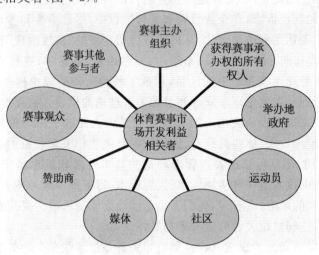

图1-2 体育赛事市场开发利益相关者

(三)体育赛事市场开发利益相关者的需求

体育赛事市场开发利益相关者众多,下面对举办地政府、运动员、主办社区、媒体、赞助商、观众等几个在我国目前体育赛事运作中较为重要的利益相关者分别进行阐述。

1. 举办地政府

政府是一个政治体系,作为一种社会组织,有广义和狭义之分。广义上的政府是指所有的国家机构,包括立法、司法和行政机构,它可以视为等同于国家;狭义的政府是指国家的行政机关,包括中央政府与地方政府,多数情况下是指代表国家的中央政府。一般我们使用狭义的政府概念,是中央政府与地方政府的统称。我国现阶段,政府是体育赛事市场开发中最主要的利益相关者。政府对体育赛事的主要需求是通过体育赛事进一步提高城市知名度、美誉度,营销和推广城市相关资源,促进现代服务业的发展。而政府作为体育赛事的承办者时,对体育赛事市场开发的主要需求是,通过体育赛事市场开发,弥补承办体育赛事经费的不足,减少政府在资金、物资等方面的投入。

(1)我国现行体育管理体制使得政府控制着大量的赛事资源 《中华人民共和国体育法》第三十一条明确规定:"国家对体育竞赛实行分级分类管理。全国综合性运动会由国务院体育行政部门管理或者由国务院体育行政部门会同有关组织管理;全国单项体育竞赛由该项运动的全国性协会负责管理;地方综合性运动会和地方单项体育竞赛的管理办法由地方人民政府制定。"如全运会、城运会等综合性运动会以及全国各单项体育赛事的所有权几乎都在政府的掌控之中。

（2）政府是体育赛事市场开发的主要需求者　自从20世纪80年代中后期以来，发达国家利用体育赛事来经营城市的趋势不断增强，这已经得到实践证明。体育赛事对举办城市的基础设施建设、旅游业、商业、就业、举办地的知名度等方面有着十分重大的影响。近几年，随着我国社会经济的发展和产业结构的升级，北京、上海、广东等国内较为发达的地区为了提高城市知名度，提升城市的国际竞争力，先后申办和承办了一系列的赛事活动。据2008北京奥运会报告财政预算和计划，北京筹办奥运会总投资2 800亿元，其中城市基础设施建设1 800亿元，体育设施建设170亿元，环境改善713亿元，运营预算支出130亿元。

（3）政府在体育赛事开发中具有得天独厚的优势　从赛事运营的实际来看，政府在体育赛事运营中某些环节（赛事的申办和赛事的组织等）的作用是体育赛事成功举办的必要条件。中央和地方政府为了获得积极的经济和社会效益，对申办和承办各种类型的体育赛事投入了巨大的物力和财力，并为体育赛事的举办提供了一系列优惠政策，从而为地方经济和产业的发展提供平台。例如，2008年奥运会对企业、社会组织和团体捐赠、赞助第29届奥运会的资金物资支出，在计算企业应纳税所得额时予以全额扣除。根据现行政策，对中国人民财产保险股份公司、源讯（北京）公司、欧米茄（瑞士）公司、中国银行股份有限公司、中国国际航空公司、中国网通（集团）有限公司、中国移动［包括中国移动通信集团公司和中国移动（香港）有限公司内地子公司］、搜狐（包括搜狐有限公司、北京搜狐新时代信息技术有限公司和北京搜狐互联网信息有限公司）向北京奥组委提供的按照市场价格确认的现金等价物的赞助支出，以当年实际发生数在计算企业应纳税所得额时予以全额扣除。对上述公司向北京奥组委提供的现金等价物赞助，不征收营业税。

2. 运动员

运动员是体育赛事的直接参与者，没有运动员，也就谈不上赛事。在体育赛事市场开发中，运动员成为主要的利益相关者，也是企业赞助体育赛事的重要载体。运动员在体育赛事中的主要需求是，需要赛事组织者提供良好的赛事保障与服务，通过公平的竞赛，充分展示运动技术水平，从而获得相应的荣誉与经济利益。在市场开发中，运动员通过为企业代言、企业广告的传播，获得商业利益；企业则获得产品与企业形象的推广权益，最终进一步提高企业产品的销售利润。知名运动员参与体育赛事，虽然不能直接为赛事组织者提高市场开发的效益，但是由于知名运动员参与该项体育赛事，将使赛事的知名度与关注度得以提升，也使媒体传播的力度进一步加大，观众的关注度进一步提升。这使得赛事的组织者可以更有效地营销赞助商，使赛事资源价值得以提升，以获得更大的市场开发效益。

3. 主办社区

社区一词最早由德国社会学家滕尼斯·F于1881年使用，当时是指："由具有共同的习俗和价值观念的同质人口组成的、关系密切的社会团体或共同体"。关于社区的定义和解释也多种多样。根据目前我国社会学界对社区概念所持的观点，社区是指："居住在一定地域的、以一定的社会联系和社会关系为纽带、以同质人口为主体的人群生活的共同体，是一个相对独立的地域社会"，主要由人群、地域、服务设施、成员认同感4部分组成。本教材文中所讲的主办社区是指居住在赛事举办地的共同体，是相对独立的地域社会，包括主办社区的居民，主办社区的环境，主办社区的宾馆、饭店、商业、娱乐等服务设施及条件等。主办社区的居民是体育赛事运营人员和赛事志愿者的主要力量。阿瑟和安德鲁的一项研究表明，主办社区居民参与体育赛事的运营是非常重要的，没有主办社区居民的参与和介入，体育赛事组织者很难取得成功。他们认为，主办社区居民可以以多种形式参与其中，如赛事志愿者、救护工作人员、赛事宣传者、赛事配套服务的提供者等。2008年北京奥运会成功申办的一个有利因素就是民众的大力支持，据一家独立的调查公司对北京市民进行的入户调查显示，有高达94.6%的市民支持北京申办2008年奥运会。主办社区的环境无疑是举办体育赛事的有力保障，它主要包括社区的基础设施环境和自然环境。主办社区在体育赛事市场开发中的主要需求是通过组织社区居民参与体育赛事，成为赛事的活动参与者或者观众，增强社区居民的凝聚力，丰富社区居民的业余文化生活，提高社区居民的身体素质；同时，由于社区居民是体育赛事赞助商的主要受众，可以通过参与体育赛事的市场开发，获得相应的商业利益，如服装、器材、赞助物资等，如果赞助商在社区举行赛事相关营销活动，还可以获得其他商业利益。因此，社区既是体育赛事市场开发的营销受众，也是市场开发利益的获得者。

4. 媒体

体育赛事市场开发与媒体之间从来都是密不可分的。体育赛事市场开发需要媒体的大量报道来唤起人们对体育赛事的关心和热情，而媒体通过报道大量的人们感兴趣的体育赛事来获取更多的利润，所以体育赛事与媒体一直维持着不可分割的共生关系。早在1895年，美国的报纸就开始大量地报道体育比赛赛况，当时纽约的报纸专门开辟体育版，大量报道体育赛事，引起了读者的强烈阅读兴趣。奥运会是体育赛事与媒体结合的一个最为典型案例，奥运会的发展壮大与电视转播权的出售直接相关。一方面，从1980年奥运会出售电视全球电视转播权开始，历届奥运会的全球电视转播权的费用不断攀升（表1-1），通过出售电视转播权所得收入，国际奥委会给奥林匹克运动和比赛提供了无法预计的财政基础，并且允许国际奥委会给一些在全世界范围内提高体育实践的组织和计划提供直接支持；另一方面，通过电视转播和媒体的报道，使得全世界人民都了解和关注奥运会。

表1-1 近5届奥运会全球转播收入

奥运会 收入	1992年巴塞罗那	1996年亚特兰大	2000年悉尼	2004年雅典	2008年北京
百万美元	636	898.2	1 331.6	1 497.5	1 714.7

2007年12月18日，中国中央电视台在北京正式与国际奥委会签约，宣布CCTV的新媒体平台CCTV.com成为北京奥运会官方互联网/手机转播机构。这是CCTV继获得北京奥运会电视转播权之后获得的另一项重要的奥运会转播权益。这也意味着CCTV.com成为唯一一家拥有中国内地和澳门地区奥运新媒体转播权益的机构。国际奥委会主席罗格先生对中央电视台获得北京奥运会新媒体转播权益表示祝贺，他说："数字新媒体在2008北京奥运会上将扮演重要角色，将吸引更多观众观看奥运赛事，并在推广奥林匹克运动精神方面发挥重要作用。我们期待和CCTV以及它的新媒体机构CCTV.com共同合作，推动中国更广泛的观众，尤其是年青一代的中国观众，参与到奥林匹克运动中来。"中央电视台负责人表示："中央电视台将充分发挥电视台、网络和手机多平台联动的优势以及CCTV的人才优势、节目制作优势、传播技术优势，联合最广泛的新媒体合作伙伴，确保最大范围、最大限度地传播奥运。"为此，央视国际将利用新技术倾力打造奥运网络电视和奥运手机电视，建设以"视频、互动、多终端"为特色的奥运网络社区，帮助高速增长的新媒体用户发现和欣赏最新、

最多、最好的奥运节目。在北京举行的签约仪式上,有关人士表示,在本届奥运会上,国际奥委会是首次将互联网、手机等新媒体作为独立转播机构,与传统媒体一起列入奥运会的转播体系。通过中国最具影响力的电视平台CCTV及其组织的奥运新媒体传播联盟,北京奥运会将成为新媒体发展的一个重要里程碑。

媒体对体育赛事的主要需求是通过对赛事的转播、报道,提高媒体的收视率或受众群,使媒体可以获得更多的广告机会。但由于媒体传播的方式不同,对赛事组织者给予媒体的服务也有不同的要求,总体来说,媒体需要赛事具有足够的新闻价值,具备传播的基本条件,能够使媒体传播的技术得以实现,还需要良好的媒体服务(如证件、交通等)以及可以控制的成本等。媒体的等级、传播的技术水平与覆盖面是体育赛事市场开发的重要条件,不同的媒体报道体育赛事,赞助商的关注度也会不同。在体育赛事市场开发的实践中,已经多次证明,赞助商十分关注什么样的媒体、通过什么方式来报道体育赛事、来报道赞助商,这往往成为赞助商向赛事组织者提供赞助的关键所在。

5. 赞助商

赞助商是体育赛事市场开发重要的利益相关者。一方面,对于企业来说,成为体育赛事的赞助商是企业市场营销的一个绝好机会。通过市场营销来塑造企业形象正日渐成为全球范围内的一种通行做法。由于体育赛事赞助沟通对象面广、量大、有针对性,且广告效果自然、容易被接受,再加上赞助回报的多元化特征,体育赛事赞助,尤其是奥运会、足球世界杯以及一些大型体育赛事的赞助,已经成为企业提升产品知名度和美誉度的重要手段。另一方面,对于体育赛事组织者来说,赞助商是体育赛事成功运营的重要组成部分,赛事赞助商既可以为体育赛事组织者提供大量的资金,同时还会投入大量的人力、物力和财力用于赛事的宣传和推广,正如在钟秉枢所译的《体育营销指南》书中所言:"寻找赞助商很可能是决定体育赛事成败的、最重要的因素"。国际奥委会第6期"TOP计划"的企业有11家,分别是可口可乐、柯达、通用电气、松下、三星、麦当劳、联想、源讯、宏利、欧米茄和VISA。成为中国奥委会合作伙伴的有10家,分别是中国银行、人保财险、中石油、中石化、中国网通、中国移动、国航、阿迪达斯、强生和大众汽车。

6. 观众

这里所指的观众是广义的概念,既包括直接到比赛现场观看体育赛事的现场观众,同时还包括通过电视、网络等媒体观看体育赛事的观众。成功的国际体育赛事告诉我们,观众与运动员、教练员、裁判员一样,已经成为体育赛事不可或缺的主体,是体育赛事重要的利益相关者之一,与体育赛事的诸多方面关系密切。观众对体育赛事的主要需求是合理的票价,良好、安全的观众服务,精彩公正的赛事。当满足观众的这些需求时,观众才会前往现场观看体育赛事。此时的观众则成为媒体传播的主要受众之一,更是赞助商选择体育赛事营销产品与形象的载体,最终向赛事的组织者提供赞助商的重要条件。

(1) 体育赛事的精彩程度决定着观众的数量 通常情况下,体育赛事的项目越普及、级别越高、悬念越强则观众越多。如2008年北京奥运会,自8月8日开幕至8月24日闭幕,17天内收看中央电视台奥运转播及相关体育报道的累计观众人数达到11.2亿人,占全国电视总人口的92%。其中开幕式收看电视直播人数为8.42亿人,占全国电视观众的68.8%;闭幕式收看电视直播人数为6.58亿人,占全国电视观众的53.7%。

(2) 体育赛事的观众与体育赛事的质量直接相关 观众是体育赛事的重要组成部分,

尤其是现场观众在赛场与运动员形成一种互动的局面,运动员的表现与赛场观众的观赛行为息息相关,观众的行为符合观赛礼仪,运动员的表现则更好,体育赛事的质量就越高。正因为如此,2008年北京奥组委专门制订了"观众观赛礼仪"、"观众入场须知"等书面材料提示观众观赛注意事项。总而言之,一流的体育赛事应该有一流的观众。

(3) 体育赛事观众的多少直接影响赛事组织者的收入　体育赛事的观众与赛事组织者的收入有巨大关联,体育赛事观众的多少不仅直接决定了体育赛事的门票收入,同时还间接地对媒体、赞助商等体育赛事的其他消费者有着重大影响,体育赛事观众的多少直接决定着体育赛事电视转播权和广告权的交易价格。

(4) 体育赛事观众的结构对举办城市的经济影响直接相关　到现场来观看比赛的观众一般分为两种:一种是来自举办地的观众;另一种是从外地甚至境外前来观看比赛的观众。从目前国外对体育赛事经济影响的分析看,通常情况下,举办地观众的观赛消费不能纳入体育赛事经济影响的分析体系,只有外地观众的消费才能对体育赛事举办城市的经济产生影响。因此,一项体育赛事的外地观众越多,对举办城市的经济影响就越大。这也是各个城市都争相申办大型国际性体育赛事的原因之一。

体育赛事的利益相关者是一个动态变化的过程,随着体育赛事运作模式的不断改革和变化,体育赛事的利益相关者也会发生相应的变化。要全面地分析和阐述当前我国体育赛事市场开发利益相关者之间的各种关系也是一项复杂的系统工程。

案例分析 1

中国职业篮球联赛市场开发主体及利益相关者

我国的职业篮球联赛是一种以行政型职业体育联盟为组织形式的联赛,主要是由两个利益主体构成:中国篮球运动管理中心和中国职业篮球俱乐部。它是在中国政府的委托授权下,由国家体育总局中国篮球运动管理中心代理组织,在中国篮球协会(Chinese Basketball Association, CBA)联赛委员会的管理下,在中篮盈方合资公司的经营下,以中国职业篮球俱乐部为核心企业,通过对信息流、物流、资金流的控制,生产和流通中国职业篮球联赛这一特殊产品过程中所涉及的供应商、投资商、赞助商、广告商、电视转播机构及相关媒体、CBA品牌运营商以及最终用户等多利益相关群体组成的职业体育赛事。

一、中国职业篮球联赛市场开发主体

中国职业篮球联赛市场开发主体主要有中国篮球运动管理中心、中篮盈方合资公司、CBA联赛委员会、篮球后备人才供应商、中国职业篮球俱乐部、CBA联赛投资方、CBA品牌运营商、电视转播机构及相关媒体。

二、中国职业篮球联赛市场开发利益相关者关系解析

中国职业篮球联赛处在中国体育体制从计划到市场改革的过程中,是职业化的初级阶段。在转型过程中,涉及诸多利益相关群体(图1-3)。中国职业篮球联赛这一特殊产品在生产和营销过程中,诸多利益相关者围绕其而产生千丝万缕的联系,它们是相互联系、相互影响、相互制约的。具体表现为委托-代理关系、契约关系、交易关系和产权关系。本案例主要讲解委托-代理关系。

委托代理理论是建立在非对称信息(是指某些参与人拥有但另一些参与人不拥有的信

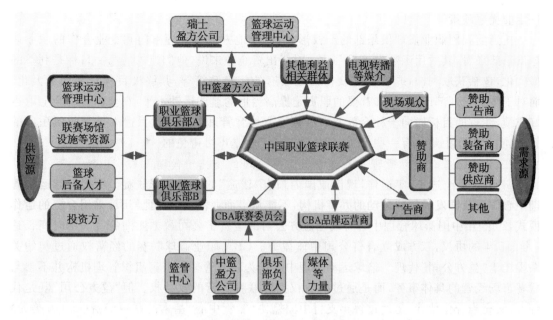

图 1-3 中国职业篮球联赛利益相关者关系模型

息)博弈论的基础上的。在全球化格局下,不管是经济领域还是社会领域都普遍存在委托—代理关系。换句话讲,存在合作的地方就存在委托—代理关系。它发生在利益相冲突和信息不对称情况下,强调的就是合作和协调。

(一)中国职业篮球联赛"条条块块"下的委托—代理关系

我国是社会主义公有制国家,我国宪法规定由中央政府代表国家行使体育资源的所有权。也就是中央政府授权给国家体育总局,国家体育总局再按照行政区域划分,把各省、自治区、直辖市体育资源的占有权、部分收益权、使用权划拨给各省、自治区、直辖市体育局,这些省一级的体育局再把体育事业的管理权下放到所属的地区、市,直至县,这就是通常所说的"条条"。按照我国的体育管理体制,各"条条"主要是业务上的指导等关系。行政上的管理属于当地的省、自治区、直辖市政府,这就是通常所说的"块块"。这些"条条块块"说明,各地体育管理部门或者体育中心等行使的并不是属于他们自己的所有权,他们只是多层代理环节的最后一层代理。代理的层级、环节繁多。从纵向来看为全民—中央政府—国家体育总局—地方体育局(体育中心)—管理者。根据委托—代理理论,出现代理的环节越多,代理成本就越大。中国的条块管理模式,更侧重篮球运动的社会效益,中国各地区篮球运动的普及与提高。因代理环节众多,要损耗大量的社会成本。

(二)中国篮球运动管理中心与职业篮球俱乐部的"隐性"委托代理关系

中国职业篮球联赛是篮球运动管理中心组织、管理、运作的体育赛事,它并不是真正意义上的职业赛事,而是现阶段我国体育体制改革初期和社会转型期的一种产物。它带有计划经济和市场经济的双重色彩。它是篮球运动管理中心为发展篮球事业、拓展篮球市场而探索的一条国家与社会共建、共享资源的路子。各职业篮球俱乐部在现实社会中分担了各省、自治区、直辖市体育局发展篮球运动的责任和义务,实际上就是代理方的角色。为了调动代理方的积极性,篮球运动管理中心给予部分经营权作为激励手段。这是对当前我国竞技体育举国体制内涵的完善和补充。调动社会各界力量来办体育、发展体育,当地政府给予

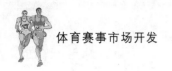

一定的优惠政策。

从当前我国职业篮球俱乐部的产权形式,以及地方体育管理部门和企业合作的职业篮球俱乐部来看,其效用函数也不尽一致。对于出资企业来说,他们追求的第一目标是利益的最大化,包括获取利润,或者以此获得当地政府的优惠政策等,其终极目标是利润最大化。而对于体育管理部门来说,其首要的职责是提高当地的篮球运动水平,在全国运动会上取得好成绩,注重的目标倾向于社会效益。这些地方体育管理部门通过派遣人员参与俱乐部的管理,实际工作中难免有一些矛盾出现,效率低下也是不可避免的。

(三) 中国篮球运动管理中心与中篮盈方公司的委托—代理关系

CBA联赛经过10年运作,现已成国内最有"钱途"的职业篮球联赛。中国篮球运动管理中心作为我国发展篮球运动的办事机构,不能从事商业活动。为此CBA采用合资的运作模式,2005年中国篮球管理中心与瑞士盈方公司的全资子公司盈方亚洲签署一份时间长达7年+5年的协议,双方成立合资公司中篮盈方。CBA职业篮球联赛的经营权通过契约关系委托于"盈方公司"代理。篮球运动管理中心作为联赛管理的最高组织管理机构并不参与联赛市场经营的具体事务,而是通过控股权拥有联赛经营的收益权。但"盈方公司"既是代理方,又充当合作伙伴,是通过每年支付中国篮协(篮管中心)基本的联赛经费(650万美元)的形式拥有代理权,在一定意义上也充当了中国职业篮球竞赛市场中的投资方(承包经营权)。在目前的现实条件下,这一代理方式具有中国特色,是以有限合作的契约方式进行收益分配。其代理方式较之前的国际管理集团(IMG公司)以"买断式"代理经营权的方式,在委托代理关系的机制设计上具有积极意义。现从激励机制和约束机制两方面对中国篮协(联赛委员会)与盈方公司间委托代理关系的机制设计进行分析。

1. 激励机制

在激励机制方面的主要体现为:①作为代理方——盈方公司每年投入650万美元作为篮协和各俱乐部的联赛运营经费,这使代理人承担了一定的风险,使其更加重视联赛商务经营的收益,并更加注重对联赛的规范和包装;②采取合作经营的方式,市场整体收入的85%作为篮管中心和俱乐部的联赛收入,其余15%由盈方保留,使代理人更加追求长期效益和长期合作的意向,这对联赛整体发展是有益的;③这种契约关系强调了交换过程中的责、权、利关系,中国篮协(联赛委员会)作为委托方,不仅获得了基本的联赛经费(每年650万美元),而且拥有联赛商务经营收益的分配权,符合委托人的利益最大化要求。

2. 约束机制

在约束机制方面的主要表现为:在双方达成的契约中设计了相当数量的限制条款,可以对双方偏离市场运作目标的行为加以约束。作为代理方的"盈方公司"在联赛商务推广中,其选择商务赞助商必须符合委托方在联赛品牌建设的目标要求(如不能选择烟草类企业作为赞助商),且有利于我国篮球运动项目的发展;同样,对委托方的行为也相应做了限制,如不被允许参与联赛商务经营的具体事务,且契约规定任何一方如果采取"无过错离婚"方式结束合作将会受到相应的处罚。

中国篮球运动管理中心和盈方公司之间的委托—代理关系,通过契约很好地强调了交换中的责、权、利关系,盈方接手后开始对CBA进行了一系列的规范和包装,包括培训啦啦队和现场DJ,改造球场内各种设施,提高电视转播质量,塑造联赛的健康形象,以及保护赞助商利益等。目的是为了创造良好的市场业绩和信誉,为后续的优先经营代理和签署新一期合作合同而争取机会和创造条件。

总之,中国职业篮球联赛供应链中的委托－代理关系是比较多的,除上述以外,还有职业篮球俱乐部投资方与俱乐部总经理之间,篮管中心与CBA联赛委员会之间,篮管中心与CBA标志产品运营商之间,职业篮球运动员与篮球经纪人之间的委托－代理关系等。

案例思考题

中国职业篮球联赛市场开发利益相关者之间的契约关系、交易关系、产权关系怎样?

第三节 体育赛事市场开发策划

一、体育赛事市场开发策划概述

(一)概念

1. 策划

策划在现代经济中发挥了重要作用,特别是在信息社会中,随着文化产业、体育产业的发展,策划的作用日趋突出。"策划"一词最早出现在《后汉书》中"是以功名终申,策画复得"一句。其中"画"与"划"同意,有谋划、筹划、策略、对策等意思。美国《哈佛企业管理丛书》编委会对策划的定义较为全面——策划是一种程序,在本质上是一种运用脑力的理性行为。基本上所有的策划都是针对未来要发生的事情作当前的决策。换言之,策划是找出事物的因果关系,衡量未来可采取之途径,作为目前决策之依据。在这里,我们把策划定义为:策划是指对未来将要发生的事情所做的当前决策。即预先决定做什么、何时做、何地做、何人做、如何做。可见,策划是对某件事、某种项目有何计划、打算,用什么计谋,采取何种谋策、划策,然后综合实施运行。策划是一个分析背景条件、确定策略、选择方案、整合资源、制订执行计划的一个过程,是在多方案中选择出一个最经济有效方案的决策过程。

2. 体育赛事市场开发策划

体育赛事市场开发策划,即体育赛事运作管理机构立足于赛事所拥有的各种资源,经过策划的思维步骤,分析背景条件、确定策略、选择方案、整合资源、制订执行计划的决策过程。根据范围分为总体策划、具体策划,根据内容分为赞助策划、媒体策划、特许产品策划、主题活动开发策划等。

(二)体育赛事市场开发策划特点

1. 预见性

体育赛事市场开发策划是对未来环境进行判断并对未来作安排的一种超前行为,要依据目前环境、情况及拥有的资源预测将来要达到的成果,能够指导体育赛事市场开发各个环节的实践活动,具有鲜明的预见性。同时,赛事市场开发的对象、内容和方法虽然各不相同,但无论针对何种对象、实施何种内容方法,都会受到现状限定的诸多条件的约束,特别是受其能任意利用的资源约束。因此,开发策划必须以赛事所拥有的可供开发的市场资源为基础,以赛事背景条件为依据,进行抽象思维,形成对未来的预测,以增加成功的机会。

2. 动态性

任何的策划活动都不是一成不变的,它是一个动态的过程,是一个发展的过程。世界处于运动变化中,大至天体,小至分子、原子,无时无刻不在运动变化着。同样,市场由于其特殊性而表现出瞬息万变、此一时彼时,因而不能用静止的观点去看待。赛事市场开发策划必须以市场为基础,要求每一个策划都是动态的,能随时适应变化着的市场。在策划之初,就要考虑未来形势的变化,做一定的预测,并使方案具有可调适性的特征,以备将来适应环境变化之需。同时,策划方案在执行过程之中,根据市场的变动和市场的反馈要及时修正方案的不足之处,让方案能更好地适应变化了的市场,更贴近迎合市场的需要。

3. 可行性

可行性是指市场开发策划方案可以在现有资源条件下分解成一般的基本操作行为。赛事开发策划在市场中要切实可行,没有可行性的策划方案,制订得再完善也只是纸上谈兵。一般说来,赛事开发策划必须经过分析论证才能实施。可行性分析是可行性特点的表现。可行性分析实际上是贯穿于策划的全过程,即在进行每一项策划时都应充分考虑所形成的策划方案的可行性。一是利害性分析,分析考虑策划方案可能产生的利益、效果、危害情况和风险程度,综合考虑、全面衡量利害得失;二是经济性分析,即考虑策划方案是否符合以最低的代价取得最有效果的标准,力求以最小经济投入实现策划目标;三是合法性分析,即考虑策划方案是否符合法规要求。一方面策划方案要经过一定的合法程序和审批手续;另一方面策划方案的内容及实施结果要符合现行法规规定和政策要求。分析论证赛事开发策划方案的可行性主要围绕策划的市场目标定位、实施方案以及经济效益等主要方面进行。任何赛事市场开发策划必须是可行的、有效的,否则这种计划和方案都将是无意义的。

4. 灵活性

所谓灵活性就是能够随机应变,是指在体育赛事市场开发策划过程中要及时准确地掌握目标、对象及环境变化的信息,以调研预测为依据,调整策划目标并修正策划方案。赛事策划不能一成不变。体育赛事市场开发效果的不确定性及组织者无法预料和控制的风险事件,都要求赛事市场开发策划要有调适性。灵活性特点是完善策划的重要保证,任何市场开发策划都是处于高度机动状态的活动。赛事市场开发的目标金额依据市场目标和开发资金缺口而定。当发生投资方撤资等情况,影响到策划目标的基本方面时,就需要对策划目标作必要的调整。策划方案是为实现策划目标而制订的行动方案,它以目标为方向和核心,当策划目标变动时,自然也要对策划方案进行修订,以保证策划方案与调整后的策划目标的一致性。

5. 创新性

创新性是指相对一定行业内一般的思维方式、操作方式来说是新颖的,或者对于资源的利用、组合方式有所突破。赛事市场开发策划要紧紧抓住赛事的独特优势和鲜明特色,要有好的创意和点子,吸引人的眼球。创造是策划的生命,在整个策划过程中都要敢于和善于标新立异、独树一帜、出人意料地创新出前所未有的具有鲜明个性和卖点的个案。这种创新表现在策划案内容上,要确定一个吸引人的基调,对赛事或赛事相关活动的定位,使媒体、企业及其他受众对其有一个理念上的认知;也表现在形式上,要把策划案的风格、色彩及排版设计得更为生动、形象,图文并茂,以引起企业的注意力。

(三) 体育赛事市场开发策划意义

1. 提高决策质量

决策是管理活动的核心,决策过程是管理者为实现某种特定的目标而作出行动决定的过程。决策质量的高低直接影响着行动的方向和目标的实现。体育赛事市场开发策划能够全面地涵盖任何潜在的效益,从而确保活动从长远来说是成功的。市场开发策划的可行性研究要预测成本与收益,这样做使组织者可以预测能够获得多少收益,需要多少成本,并且通过预测,可以在筹备阶段获得支持,这些都有助于提高组织者的决策水平和质量。赛事市场开发策划着重考虑目标市场,包括参与者与竞争者、赞助商、广告商及销售商等,强调市场调研的重要性,如全美篮球联合会(NBA)花费了 100 万美元做市场调查,帮助球队了解球迷需求,特别是调查观众每年观看比赛的动机,调查其重复购票的原因。这些市场调查为项目制订预算提供了解决问题的方法,利用成本预算中心核算成本,极大地提高了决策的质量,在执行阶段获得了良好的效果,提高了门票销售额。评估在策划中的角色和位置也是很重要的,评估活动、衡量成果,然后反馈信息以帮助未来的实践活动,能够极大地提高组织者日后的决策水平和质量。

2. 有效利用资源

体育赛事市场开发策划要求策划者一定要摸清家底,赛事市场开发必须以赛事所拥有的可供开发的市场资源为基础。因此,在进一步了解体育赛事市场开发的具体对象、内容和方法时,策划者必须首先知道体育赛事拥有哪些市场资源。体育赛事的市场资源包括体育赛事无形资产资源、有形资产资源以及由这两类资源构建的衍生资源及政府政策支持的资源。无形资产资源主要包括:排他性营销权,视觉识别系统使用许可权(赛事名称、会徽及吉祥物等),赛事相关活动冠名权,赛事专用产品专有权,赛事合作伙伴、各级别赞助商、供应商、服务商的授予权等;有形资产资源主要包括:特许经营授予权(纪念币、纪念钞等),电视转播权,比赛场馆广告资源,开、闭幕式及比赛门票等。衍生资源主要包括:体育彩票发行与经营,相关活动经营权(文体、娱乐、展会等);政策支持资源主要包括:税收优惠政策,举办地户外广告等。赛事开发策划方案必须对赛事拥有的这些资源进行分门别类的整合,才能有效地利用赛事资源,获得较好的赛事经济效益。

3. 提供新观念、新思路和新方法

体育赛事市场开发策划具有策划的创新性特点,体育赛事在赛事资源基本一致的情况下,策划方案更需要别出心裁地对资源进行整合和配置。策划比常规计划、规划更能提出新思路、实施的新方法,而潜在赞助商最关注的是回报条件的新颖度、新闻价值的独特性。成功的市场开发策划方案提供的新观点、新构想能够激发他们对赛事的兴趣及赞助赛事的意愿。

4. 提升竞争力

成功的体育赛事市场开发策划能够提高赛事的市场竞争力。市场开发策划及呈现的策划方案能够使潜在赞助商看到他们最关心的权益回报细节和回报力度,好的策划方案会引起多个赞助商的兴趣,在挑选赞助商、供应商、服务商时有更大的选择范围,能够增加市场开发收入,提升赛事的竞争力。

二、体育赛事市场开发策划的程序

(一) 明确策划目标

市场开发策划是一种目的性很强的活动。任何一个策划方案,无不是针对组织的某个问题或某个特定对象而产生的。在明确活动的内容和特点之前,确定赛事举办的目标非常重要。因此,明确策划目标应该是市场开发策划过程的第一步。清楚而准确地设定目标,是整个策划活动能解决问题、收获效果的必要前提,也是评价策划案、评价实施结果的基本依据。目标决定了活动的性质和规模。为了确定目标,就必须明确所有的利益群体,并且在策划的第一阶段就考虑它们的需要,包括考虑潜在的合作伙伴和相关的战略。这一阶段应该提出的基本问题包括:为什么要举办赛事,要达到什么目的,谁将受益和怎样收益。确定利益群体(利益共享者)有助于确定哪些组织机构将对赛事市场开发产生影响。在实际策划中,有些情况下目标是很明确的,例如调查策划的目标基本上都是预先给定的;但有些情况下问题与目标并不是那么明显,需要策划人自己去挖掘、去归纳。在这种情况下,常常需要事前的调查。调查的详尽程度随策划的复杂情况而定。值得注意的一点是,目的并不等于目标。目标是目的的具体化。将目的以一定的方式标志,即是目标。目标具体化、数量化,则可增加达到目的的可能性。因此,目标的设定是一个复杂的过程。明确策划目标过程也是设定问题、解决问题的过程。策划目标的提出是为了解决市场开发中存在的问题。总之,设定问题与目标是策划过程中必不可缺的重要环节。

(二)编写策划方案

1. 组建策划团队

体育赛事市场开发风险客观存在,又涉及众多相关要素与利益者,内容比较复杂。因此需要组建团队,进行全程方案的制订,以更好地指导市场开发实践,并在一定程度上减少和控制风险。

2. 调查和分析赛事资源

市场开发需要企业资源、媒体资源、政府资源、社会资源和信息资源等。因此,应对举办赛事相关资源进行调查分析,筛选出与赛事相称的资源类别与内容,对资源进行配置、整合,更好地为赛事市场开发项目服务。

3. 内容布局策划

内容布局策划即按照赛事市场开发策划方案的基本内容进行分类,如分等级、分项目等,进行细化布局,从而编写与形成策划方案。

(三)实施策划方案

1. 谈判

赛事市场开发策划方案完成后就进入谈判阶段。谈判环节应配备的人员是:赛事运作管理机构内部具有一定身份和职位的负责人及对赛事开发有实际操作经验的人员,在涉及具体合同条款谈判时,还应配备熟悉市场开发的专业律师等。谈判议程不单纯是谈判时间、地点的安排,还要掌握谈判节奏和进度的主动权。谈判议程并非是固定不变的,应根据谈判的实际情况及时进行改变;同时也要考虑到各种不确定因素,预留出机动的时间。此外,事先要有价格制定和调整方案,根据企业意向调高价格或给出一定优惠。

2. 签订与执行合同

赛事市场开发商业合同的签订,标志着赛事运作管理机构与合作企业从法律意义上确立了彼此的权利和义务。市场开发回报权益执行工作必须严格按照合同中的条款来进行。签订商业合同是权益回报工作从书面内容向实际行动过渡的重要环节,是执行权益回报内容的起点。市场开发签订的商业合同主要条款包括:双方姓名和地址,赞助、服务事项及内容,双方权利与义务,陈述与保证,保密责任,合同期限,合同转让,合同修订与补充,违约责任,不可抗力,争议和仲裁等。回报执行工作人员之间要相互协助,工作实施过程中要保证信息传播的畅通,要定期向企业报告回报执行工作的进展情况,并就实施情况进行交流。

3. 监督落实

回报执行过程中需要做好监督工作,通过有效的监督能够激发执行人员的积极性,更加有热情地投入到工作中。领导层应根据工作清单定期检查执行人员的工作进展情况,了解工作进度,以便根据情况调整工作目标,还能发现存在的问题,集思广益,找出解决问题的方法,确保赛事市场开发工作有条不紊地顺利开展。

(四)评估策划效果

评估和总结是权益回报执行工作实施阶段的收尾环节。运作管理机构要对执行人员的工作情况和策划方案执行后的效果进行评估,可以从任务完成额度评估执行人员的工作,从成本控制、企业满意度等对策划案进行评估,总结执行过程中的经验和教训,兑现奖惩,形成评估报告和总结报告。

三、体育赛事市场开发策划方案的主要内容

(一)体育赛事市场开发策划方案

1. 核心内容:5W2H

作为一份创新性与可行性兼具的文本,如何让这些新点子、新构想跃然纸上,如何使它在被审核阶段有足够的说服力?这就涉及赛事市场开发策划方案中约定俗成的核心内容。

Who(谁)——为谁策划以及谁将参与赛事开发策划?

What(什么)——赛事开发策划要达成的目标是什么?

When(何时)——何时进行策划以及赛事市场开发策划的日程安排?

Where(何处)——在何处策划?

Why(为什么)——市场开发策划的假设和原因是什么?要简述赛事特点,含热点、焦点等内容,满足企业需求,强调赛事卖点。

How(怎样/如何)——策划的方法、步骤和表现形式如何?

How much(多少)——策划的预算情况和资金缺口是多少?

这是完整的赛事市场开发策划方案应该包含的核心内容。同时,成功的赛事市场开发策划方案也高度关注"感觉怎么样?"这一命题,要经过三重感官考验:首先,赛事市场开发策划方案是提供给决策者的可行性报告,创新性、合理收益要在策划方案中呈现;其次,市场开发策划方案是日后整个策划展开和执行的依据,对执行者来说它应该是条理清晰和表达明确的;最后,对于"买单人"——赞助商以及消费者而言,市场开发策划方案明确的回报权益和满足效果会招揽更多的企业和组织前来赞助和支持。

2. 具体内容

(1)背景 赛事市场开发策划方案应介绍该赛事国外的发展现状及该赛事在世界范围的发展趋势,该赛事在我国之前的举办情况,该赛事的级别和地位,政府对该赛事举办的重视程度和支持力度,是否有政要可以亲临赛场,哪些媒体关注该赛事并将进行报道,承办地社会、经济发展现状,城市文化与赛事的匹配和契合程度。

(2)目的、意义 赛事市场开发策划方案要根据赛事或活动的具体情况,从社会政治、经济、文化、环境角度对赛事或活动举办的目的及效益进行阐述。实现赛事举办目的的过程

也是赞助商很好地向社会和消费者展现自己的过程。体育赛事的目的和意义越大,其所产生的社会、经济效益和留下的利益越多,赞助商越能更好地得到赞助回报权益。因此,开发策划方案中目的、意义这一部分是不可缺少的,能够吸引赞助商的关注。

(3) 时间、地点、组织机构　赛事市场开发策划方案要写明赛事拟定举办的时间、地点、组织机构等赛事情况。如果赛事举办的地点和场馆具有悠久文化或者有其他特征,可以对其着重描述,如介绍场馆在承办地所处的地理位置、容纳人数、设施设备、以往承办各种具有一定等级规模赛事和活动的情况等,以吸引企业赞助和观众前来观看赛事。策划方案要介绍主办机构的地位、水平、能力、信誉及承办机构的地位、水平、能力、信誉、授权。最好能向赞助商呈现出这样的信息:组织机构有成功举办类似赛事的经验;组织机构的威望和形象能够有助于提高赞助者的社会形象;组织机构在过去执行赞助策划特别是实施赞助商的回报权益方面有极好的信誉;组织机构能够采取适当的手段防止他人侵害赞助商的权益等。

(4) 基本原则　体育赛事市场开发中要以"指挥棒"为向导,因此要确立赛事市场开发策划的基本原则,并以此为指导进行资源统筹及拟定市场开发各目标;赛事运作管理机构要以基本原则为依据来制订赛事开发总体规则及相关规定。赛事市场开发方案中的基本原则及基本原则指导下的各项规则是使市场开发工作做到有章可循、有法可依的基础。

(5) 内容与进度安排　内容与进度安排是策划实施的必要保证,通过把策划活动起止全部过程拟成时间表,并明确工作阶段、工作任务、责任人、注意事项、工作方式等,以方便策划活动的管理和实施,更是检查实施情况的依据。

进度安排日程中的基本构成因素有:策划实施的总时长、开始的日期、每项工作的具体时段和日期、工作时间之间的前后关联性和顺序及结束的日期。策划实施过程中突发事件是难免的,因此,可变时间的加入是必要的。由于赛事市场开发不可控因素的影响而发生未能按进度完成工作的情况,应及时重新制订进度表,以保证之后工作的顺利开展。

(6) 经费预算　赛事市场开发策划是一项复杂的系统工程,需要人力、物力和财力的各方协作。因此,对策划进行周密的经费预算,并使各种花费控制在最小规模从而获得最优的经济效益,是赛事市场开发成功的必要保障。

赛事市场开发的预算包括:①确定筹资来源,筹资来源可能来自政府支持、社会捐赠、彩票发行等;②决定支出成本,支出项目被称作成本中心,与赛事活动的管理和规划有关,典型的成本中心是职员、参赛者、运输和市场的费用支出;③成本与筹资获得资金间的缺口是赛事市场开发需要招揽的赞助和投资金额,应据此制订业绩目标,这些目标可以帮助把进行中的业绩控制与预算进行对比,是保证执行与既定目标相一致的一种手段。

(7) 风险评估　赛事市场开发风险评估是一张详尽的风险清单,包括所能考虑及设想到的可能会给赛事市场开发运作带来负面影响的不确定性事件。这些风险出现的概率是不同的,可能产生负面影响的程度也是不同的,可以被预见的程度也是不同的,并非所有的风险都应该给予一视同仁的关注和重视,把对各风险要素的评价分成等级,即对体育赛事市场开发各风险因素进行评定,按照风险因素发生的频率及对赛事带来的损失程度分不同档次,确定各级指标的权重。体育赛事市场开发的风险评估包括的主要内容有:①供应商或赞助商爽约、不履行义务、协议取消;②市场预测失误、供求关系变化、汇率变动(如2004年雅典奥运会门票市场开发遭遇瓶颈,是由于汇率变动,美元对欧元弱势而导致赴希腊旅游的美国人数下滑)、利率变化;③赛事资金成本风险、赛事资金需求风险、赛事融资渠道风险以及赛事参与者缺席、迟到风险等。

（8）预期收益　体育赛事本身预计将要达到的效益，赛事举办对举办地政治、经济、社会方面的影响，以及赛事带来的直接收入和赢利。最重要的是预期各级赞助商、供应商、服务商在赞助回报条款执行后将达到的效益，如市场美誉度的提升，社会影响力和知名度的提高，销售额和市场占有率等直观数据的提升比率等。让公众看到并记住企业的品牌，是企业热衷于赞助体育赛事的重要原因，这些预期收益和数据对赞助商有极大的吸引力。

（二）体育赛事赞助开发策划方案

赞助，可以理解成商业组织为达到商业目的而为某项活动提供资金或其他种类的帮助。在某种程度上，赞助也可以被看作是变相的广告。

通过赞助体育赛事实现品牌宣传已成为世界潮流。从1985年到1992年，世界范围的体育赞助投放量远远大于电视广告、室外广告和印刷品广告的投放量，且效果极佳。因赞助法国世界杯足球赛，可口可乐3个月的销售额增长5％，富士胶卷销售额增长12％。据权威机构调查结果表明，在世界范围内人们对体育赞助广告普遍持接受态度，不像其他类广告那样容易引起反感。企业赞助体育赛事的优势主要表现在：赞助体育赛事比传统广告形式多、回报高；比电视和印刷广告成本低；在激烈的市场竞争中独辟蹊径，效果独特；绕过政府的某些政策，通过电视做广告（如烟草）；通过体育运动可以建立消费者对产品的信赖和忠实；创造机会，加深消费者的印象，使产品形象进一步稳固；制造出独特的企业亲和环境；加强企业内部职工的自豪感。

现代企业赞助体育赛事的动机主要是使产品带上体育赛事的指定标志，增加产品的吸引力，展示产品的高品位，提高产品的价位，突出产品的特点，提高企业及其品牌知名度，强化品牌形象，证明赞助商在该行业中的领导地位，获得投资回报。

随着新赞助活动的减少和要求赞助商提高赞助金额期望的增加，现在找到合适的赞助商越来越困难，赛事运作管理机构必须提高其招揽赞助的能力，而赞助策划方案是管理机构向企业和社会进行赛事及活动推广的最好展示平台。制订赞助策划方案需要通过策划的思维步骤，整合资源，经过创新的思考、缜密的论证、细致的计划、严格的审核，以达到策划的创新性及可行性，又需要生动的语言、形象的展示、合理的编排、精心的设计，使策划方案更具吸引力，增强沟通和传播效果。可见，体育赛事赞助开发策划方案既是体育赛事运作机构对赛事市场资源的整理、认识与组合后的实施方案，同时也是对企业和社会宣传赛事及活动推广的推广手册。体育赛事赞助开发策划方案是赛事组织者（赛事资源的拥有者）编制并向赞助商提交的一份重要的文件，最关键的是要表述清楚：我是谁？我有什么资源？我能为赞助商提供什么样的服务？赞助商通过参与赛事市场开发能获得什么样的利益？向赞助商提出怎样的诉求？赞助商如何联系赛事资源拥有者等内容。

一项赛事活动可以有许多不同层次和地位的赞助商，而这种分级与赞助商从赛事活动中获得的赞助回报权益紧密相连。这些权益包括使用特定名称和头衔的权利等。不光是这些冠名权，赞助商所拥有的其他权益也表明了其在赛事活动中的地位，而且还表明了与其他赞助商之间的关系。此部分是体育赛事运作管理机构精心挖掘和开发的财富，也是企业最为关注和重视的焦点，应分门别类地进行详尽描述。下面介绍其中几种。

（1）冠名权　即赞助商拥有给赛事命名的权利，在大多数情况下，可能包含拥有赛事活动的专用标记权。公司产品和品牌名称均可以使用。

（2）特许权　即赛事管理机构授予赞助商的某种权利，在该权利下，赞助商可以在约定的条件下使用该权利，它可以是单一业务元素，如商标、专利；也可以是若干业务元素的组合。特许权的具体组成与特许经营的模式有关，不同的特许经营模式对应着不同的特许权。特许经营一般有：商标特许经营、产品特许经营、品牌特许经营、专利特许经营等。

（3）命名权　这种权利一般在长期赞助合约中出现，如使用赞助商的名字来重新命名一个建筑物或体育馆。同样，公司名称、产品和品牌名称都可以使用。如美国科罗拉多州的"百事中心"。

（4）供应权　此权利允许赞助方向赛事活动提供服务、设备和产品。他们可以享有某些领域的垄断权。一项赛事可以拥有一个或多个供应商，并不妨碍拥有冠名权的赞助商拥有此项权利。如2003年夏季残奥会丰田公司作为官方汽车赞助商提供公共交通服务。

赛事赞助开发策划方案对这些不同类型的权益都要进行详尽的考虑，为了尽可能地招揽到合适的赞助商，必须有效地利用这些类型的权利。要考虑赞助商的数量、分层，为不同类型的赞助商制订详细的、相应的权益回报方案。

四、体育赛事市场开发策划的注意事项

1. 做好策划方案的可行性论证

赛事市场开发策划方案总是要付诸实施的，要实施就要具备实施的现实条件，必须做好策划方案的可行性论证。策划方案的制订包括了诸多复杂因素，只有通过综合的、全面的可行性论证，才能得出方案是否可行。因此，要充分获取各方面的信息，根据现有人力、物力、财力、时间等主客观条件以及发展过程中的种种变化，对策划方案进行政治、经济、技术、文化等方面的可行性分析，从而使方案建立在牢固的现实条件的基础上，使策划方案的实施具有可操作性并有最大的成功可能。否则，无视现实条件与可能，不做可行性论证，策划方案只可能是束之高阁的创意，因无法实施而缺乏现实价值。

2. 进行时间进度的合理安排

赛事开发策划方案应该准确描述，其中的每一项、每一个时间节点都应该进行具体而详尽的安排和制订。进度表格及活动串词也需要详细制订。各项任务需要区分优先次序，根据前后事件的关联性合理安排时间进度和工作之间的衔接，设计工作计划网络图，进行时间进度的控制和跟进。保证赛事开发设计涉及所有方面都集成在网络图上。

3. 提高策划方案实施的灵活性

体育赛事的诸多突发事件不但可能使赛事和赞助商形象受损，同时还可能影响到公众及与其相联系的单位和组织。这就要求提高策划方案实施的灵活性，增加策划方案处理突发事件的预备方案，根据信息变化的可靠程度对策划方案进行调整，根据变化的范围和幅度及时修订策划方案，充分估计将会产生的实际效益，看调整后预备方案是否增加了效益度。

4. 加强对实施过程的监督与考核

监督与考核贯穿于策划方案实施全过程。策划者和赛事活动实施主体应加强对策划方案实施过程进行监督与考核，对执行过程中出现的偏差和矛盾以及出现的意料之外的事情及时采取措施进行纠正和补救。监督与考核的内容包括：依据进度表考核策划方案执行的情况、工作完成的质量、工作完成的时间节点、执行的方向、执行中的矛盾、各种物资使用情况等。监督与考核是策划方案实施过程的保障环节，能够保证策划方案全面、准确、保质保

量地得到贯彻和执行。

5. 加强文案的编写规范

赛事市场策划方案的好坏,首先关系到的是策划能否被决策者采纳,因为它是鼓动策划的宣传书,将直接影响实施的效果,既是策划的行动手册,也是策划的行动实录。因此,必须加强策划方案的编写规范,坚持清晰、缜密、创新的原则。整体架构方面要做到策划主体与各要素的协作与契合,了解策划环境,抓住策划核心,分步阐述构想;语言表达方面要做到流畅易懂和言简意赅,以说理为主,逐条列举要表达的要点;在视觉设计方面要做到文字处理、图像与多媒体的综合运用,文字版面视觉化,数据图表化。

本 章 小 结

1. 体育赛事市场开发是指体育赛事的各种资源在特定的市场背景下,在一定的理论指导下,通过市场进行开发和经营并产生经济效益的过程。分析体育赛事市场开发的环境是进行体育赛事市场开发的重要基础。在资源属性上,体育赛事市场开发的资源可以分为有形资产资源、无形资产资源、政府资源及衍生资源。体育赛事市场开发具有重要的理论与实践意义。国内外体育赛事市场开发经历了从无到有、从不成熟到逐步完善的过程。体育赛事市场开发的实践以经济学、管理学、法学、市场营销学为重要理论基础。

2. 体育赛事市场开发主体是指在体育市场开发中,从事体育赛事产品或服务的生产和经营活动、享有权利和承担义务的个人和组织体。体育赛事市场开发主体主要包括政府、赞助商、消费者和媒体等。

3. 体育赛事市场开发利益相关者是指体育赛事市场在提供体育赛事产品、服务的生产经营过程中,进行了一定的专用型投资,并承担了一定风险的个体、群体和组织。目前我国体育赛事市场开发的主要利益相关者包括:赛事主办组织、获得承办权的赛事所有权人、举办地政府、运动员、主办社区、媒体、赞助商、赛事观众及其他赛事参与者等。

4. 体育赛事市场开发策划是体育赛事运作管理机构立足于赛事所拥有的各种资源,经过策划的思维步骤,分析背景条件、确定策略、选择方案、整合资源、制订执行计划的决策过程。具有预见性、动态性、可行性、灵活性和创新性的特点。能够提高决策质量,有效利用资源,提供新观念、新思路与新方法,全面提升赛事的市场竞争力。本章还介绍了赛事市场开发策划的程序和主要内容,以及市场开发策划的主要方案——赞助开发策划方案,附有两个案例以便读者进一步加深理解。

思 考 题

1. 体育赛事市场开发的资源有哪些,如何从资源属性角度进行分类?
2. 阐述体育赛事市场开发的基本流程。
3. 体育赛事市场开发相关利益者的需求分别是什么?
4. 体育赛事市场开发策划需要注意哪些问题?
5. 体育赛事市场开发策划的程序是什么?
6. 体育赛事市场开发策划的主要内容包括哪些部分?

案例分析 2

2004 年雅典奥运会亚洲区拳击资格赛商务运作

一、赛事背景

2004 年中国拳击公开赛暨雅典奥运会亚洲资格赛（以下简称资格赛）是在我国举行的唯一资格赛，即雅典奥运会 28 个正式比赛项目中只有拳击项目的资格赛在我国举办。因此，该赛事是 2004 年在我国举办的规格最高、特别重要的赛事。

根据国际拳联规定，亚洲共有 62 个奥运会参赛名额，亚洲拳击联合会共有 38 个会员协会。因此，此次资格赛有 20 多个国家和地区的大约 200 名运动员参加此次资格赛。国际拳联主席兼亚洲拳联主席乔·杜里等重要官员及中国奥委会高级官员将亲临赛场。

此次资格赛时间从 2004 年 3 月 18 日～3 月 25 日，比赛地点在广州市天河体育中心。通过下午和晚上共 11 个单元时进行 11 个级别的比赛，将产生亚洲区 20 个参加雅典奥运会运动员名额。在 11 个级别的比赛中，每个级别都要进行 1/4 决赛、半决赛和总决赛。

亚洲及中国数十家媒体对此赛事进行全程、立体、全方位的报道，对此比赛有很大的关注度。此时距广州"申亚"投票还有 100 天。而中国联通将于 4 月初向市场全面推出"无线视频"手机。

二、赛事商务运作机构

赛事商务运作机构的确立及其权责利的明确对于体育赛事运作具有至关重要的作用。

资格赛组委会在赛事筹备的最初阶段，就确立了赛事的独家商务运作机构：授权广州陈静俱乐部为唯一推广商，负责赛事的推广经营、广告开发等商业运作，并规定了授权期限。

三、赛事商务运作的整体定位

赛事商务运作首先需要对赛事进行准确定位，前提是需要对赛事内部及外部因素进行认真分析。只有准确定位，才可能制订有效的商务运作计划及推广方案。通过对资格赛赛事环境的分析，将资格赛整体定位为：2004 年雅典奥运会在中国举行的唯一资格赛和 2004 年雅典奥运会前国内举办的最高规格比赛。

四、主赞助商参与方案

主办机构：国家体育总局重竞技运动中心 广州市体育局

承办机构：广州天河体育中心

商务运作机构：广东陈静俱乐部有限公司

1. 中国联通获得资格赛主赞助商、总冠名赞助商的荣誉称号
2. 主赞助商签约仪式暨新闻发布会
 (1) 主赞助商签约仪式
 (2) 组委会高级官员出席
 (3) 邀请中国联通高级代表出席
 (4) 请组委会高级官员致辞
 (5) 请中国联通高级代表致辞
 (6) 组委会与中国联通签订协议

（7）组委会向中国联通高级代表颁发荣誉证书

（8）30余家媒体全方位报道

3. 电视回报

从2004年2月25日～3月25日长达1个月的时间里,每天滚动播出标有中国联通标志的赛事公益广告10次,共计300次。广东电视台对中国联通高级代表专访3分钟,在主要时段播出。广东卫视直播赛事3场,每场转播均出现中国联通场内广告,不少于6次。

赛事直播与中国联通在全广州市72个销售点形成互动。广东电视台在赛事举办期间每天播放赛事新闻6次,出现中国联通场内广告。在中国联通高级代表为获奖运动员颁奖时,作新闻报道。将赛事重要新闻提供给CCTV-5频道播出,出现中国联通场地广告。

4. 报纸回报

在《南方日报》刊登1/8版鸣谢公告1次。《羊城晚报》对中国联通进行采访报道1次,刊发1/8版专访报道。在《南方日报》、《羊城晚报》刊登标有中国联通全称的鸣谢条幅广告各2次,共4次。

5. 网站回报

在权威网站21CN体育频道首页发布通栏广告7天。赛事期间,在21CN网站体育频道首页做7天的120像素×60像素的图片广告,链接至赛事报道专区中。

向21CN网站的300万邮箱用户群发赛事报道1次,在邮件中对中国联通进行200字的介绍和刊发1张200像素×200像素的图片。

6. 场内广告回报

标有中国联通全称的赛事总冠名条幅1条,悬挂在赛场重要位置。拳击台周边甲级广告位布置3.3米×1.2米的广告牌1块,乙级广告位布置3.3米×1.2米的广告牌1块。彩色电动记分牌在报道赛事之前和比赛间隙中,滚动播出赛事冠名和中国联通广告。

7. 场外广告回报

赛场周围悬挂标有中国联通标志的大型空飘气球条幅6条。赛场四周悬挂中国联通字样的彩旗60面。

8. 组委会招待酒会嘉宾

邀请中国联通高级代表3人出席招待酒会,并在贵宾席就座。在招待酒会现场摆放中国联通广告（易拉宝）2块。招待酒会背景板标有中国联通企业的标志。

9. 冠军杯冠名

将2个级别的冠军奖杯标明为"中国联通杯",将上述字样镶嵌于冠军杯底座。

10. 颁奖嘉宾

特邀中国联通高级代表出席颁奖仪式并为获奖运动员颁奖,在2个级别比赛中邀请中国联通高级代表作为颁奖官员为获奖者颁奖。

11. 特殊回报

每场赠送给中国联通入场券100张。赠送给中国联通决赛入场券200张,组成中国联通员工方阵。协助企业向全体入场观众派发宣传品。赛会播音员每场不少于2次专题介绍中国联通,口播中国联通企业全称不少于6次。在全部的门票上均印有"中国联通"标志。由组委会高级官员向中国联通公司的高级代表颁发荣誉证书。

资料来源:《体育赛事运作案例精选》中案例8　作者:刘清早

体育赛事市场开发

案例分析3

首届上海(国际)高尔夫公开赛赛事赞助方案(总冠名赞助商)

一、赛事背景

2002年APEC会议在上海召开

2002年上海大师杯网球公开赛

2004年F1方程式大奖赛落户上海

上海——中国经济文化中心,著名的国际化大都市!

作为中国经济腾飞发展的榜样,在世界经济的舞台,上海具有举足轻重的地位,并且越来越受到亚洲、乃至全世界的关注。

八运会、网球大师赛、F1方程式……越来越多的国际性赛事都看中上海这块能培育体育经济蓬勃发展的肥沃之地,上海市政府也持欢迎态度,大力扶持体育事业的发展。上海市政府立志将体育文化打造成代表上海市形象的另一张城市名片。

体育产业作为世界经济新的经济增长点,显示出她的巨大威力!她所蕴涵的无限商机及发展潜力被诸多商家重视。

奥运会、世界杯……国际性体育赛事已经成为促进国家经济发展的重要手段;投资体育产业的企业也获得了极好的回报,声名远播,为商家打开无限广阔的国际市场。

国际性比赛可以提升赞助商品牌的国际化程度和美誉度,特别是在正走向国际化、对国际性赛事具有高度关注的中国市场。

商家的体育营销意识逐步建立,认识到体育背后蕴藏着无限商机,认识到体育赛事是品牌最好的广告载体。

世界杯、2008年奥运会等国际体育赛事打开了中国体育产业的火爆局势,以支持体育赛事、赞助体育赛事为名义开展体育营销的商家企业越来越多。其效果已经得到了广大商家的高度认可。

在激烈竞争中,商家力求摆脱"广告战+价格战"的泥潭,寻找更有效的营销推广方法。体育营销——集受众广泛、意义非凡、运动、公益、效应周期较长等诸多特点,能够快速提升品牌、树立企业形象。

在世界范围内,企业品牌认知度每提高1%,就需要2 000万美元的广告费,而通过赞助大型体育比赛,认知度可提高到10%,还能获得很好的经济效益,可谓名利双收。赞助带来的收益是硬性广告的10倍以上!

据调查,64%的受访者愿意购买体育赞助商的产品,借助体育赛事开展的营销活动不仅能吸引消费者的目光,而且能够明显地提高赞助商的销售额和利润。全世界的企业投向体育赛事的费用占其赞助费用总额的74%!

在我国15~49岁的人群中,运动人口已高达75%,选择观看体育赛事已经成为消费者休闲活动的首选。

随着中国的腾飞,原本属于贵族运动的高尔夫(golf)也不再高不可攀;有调查资料表明,目前高尔夫俱乐部的入会消费人群每年以10%的比例增长,国内的高尔夫消费人群已突破100万。

绿色(green)、氧气(oxygen)、阳光(light)和清新(fresh),高尔夫运动被赋予了全新的含义,不再是纯粹的体育运动,更成为社会高层人士休闲健身、社会交际、商务洽谈的重要手段之一;高尔夫市场蕴藏的巨大商机让诸多商家大为心动,进入激烈的体育营销的角逐之中。

二、赛事目的

中国职业精英赛、"VOLVO"公开赛等赛事的成功举办,标志着高尔夫运动正在逐渐普及,并逐步地被国人所接受。

上海,作为国际性大都市,却没有真正意义上属于自己的高尔夫比赛——一个代表这个城市自身形象的、具有重要意义的国际性体育赛事。基于此,经上海市政府、体育总局等部门大力扶持——上海(国际)高尔夫公开赛应运而生!

对于喜爱体育运动、活力充沛、事业有成的中国及亚洲的精英阶层而言,此次高尔夫赛事为他们提供了切磋技艺的一次良机。

此次赛事也为赞助商提供了与其客户沟通的绝佳平台,为两者更紧密地交流搭建桥梁,以便赞助商们更好地了解客户多元化的需求,继而提供更好的服务。

三、赛事概况

大赛名称:"×××"上海(国际)高尔夫公开赛
大赛时间:2004年10月中旬(暂定)
大赛地点:上海太阳岛高尔夫俱乐部(暂定)
赛程安排:

周一　球员练习日
周二　职业选手预赛
周三　职业选手预赛
周四　媒体联谊会(在球场特别为媒体举办练习)
周五　职业选手决赛
周六　招待球员与嘉宾打球,举行颁奖庆功晚宴

四、赛事组织机构

主办单位:
　　中国高尔夫协会
　　国家体育总局小球管理中心
　　上海市体育局
　　冠名赞助商
承办单位:
　　上海体委体育竞赛管理中心
　　上海汉声文化传播有限公司
赛事委员会成员:
　　名誉主任:×××(中国高尔夫协会名誉主席)
　　　　×××(中国高尔夫协会主席)
　　　　×××(上海市副市长)
　　主　　任:×××(国家体育总局小球运动管理中心主任)
　　　　×××(上海市体育局局长、上海市体育总会主席)

副 主 任：×××（国家体育总局小球运动管理中心副主任）
　　　　×××（上海市体育局副局长、上海市体育总会副主席）
冠名赞助商企业领导：
秘 书 长：×××（兼）
副秘书长：×××（上海市体育竞赛管理中心主任）
　　　　×××（上海汉声文化传播有限公司董事长）

五、赛事规模

上海（国际）高尔夫公开赛以国际标准为起点，赛事规模及其影响力不亚于国内其他高尔夫公开赛。但赛事组委会的目标并不于此，而是要把上海（国际）高尔夫公开赛发展成亚洲最具有国际影响的比赛！

上海（国际）高尔夫公开赛，是上海举办的首届、唯一的具有国际标准的高尔夫球赛事，势必成为新闻的焦点，引起世人的瞩目。

同时，也是中国最具有国际影响力的高尔夫球赛，大赛将汇聚全亚洲顶尖高手，届时将吸引中国，甚至整个亚洲的众多高尔夫球爱好者的极大兴趣和追逐。

诸多实力媒体对这一国际赛事的追捧报道、协作媒体的全程跟踪报道，进一步扩大赛事的影响力和知名度。

拟邀选手：亚洲排名前20位的高尔夫选手；中国排名前10位的高尔夫选手。

六、传媒策略

1. 宣传策略

本次大赛也为广大企业搭起了一个广阔的宣传舞台，将邀请专业、都市时尚类的平面媒体以及电视台、广播电台、互联网等30多家不同媒体进行全程报道，在社会上掀起一波又一波的新闻浪潮（图1-4）！凭借这个平台，企业可以尽情地展示自身的实力和形象，充分地宣传自身的品牌，这是充满无限商机的营销绝佳时机。

赛前（重点）

对此次比赛进行大力的宣传，前期造势、新闻炒作引起社会的关注，同时吸引目标人群的积极参与：赛前召开新闻发布会，邀请包括网络、电视、电台、报纸、杂志等常规媒体，为赛事造势；针对主要受众，选择有针对性生活时尚及综合内容的媒体；选择部分酒吧、酒店、高级公寓住宅、俱乐部、健身中心等场所派发快讯广告。

赛中

充分利用电视台、电台、报纸等宣传媒体延续赛前炒作；协作媒体对赛程、赞助商、球员赛况跟踪报道，增加大赛期间的媒体关注度；体育频道对此次大赛将做全程直播。

赛后（延续热点）

媒体后续的报道对升华大赛具有深远意义，为来年的职业、精英赛作铺垫，使上海（国际）高尔夫公开赛成为每年一度的具有国际影响的大型体育赛事。

2. 媒体支持

电视台：上海电视台体育频道、生活时尚频道、财经频道、"新闻坊"栏目、卫视英文台；东方电视台文艺频道、娱乐新闻网；中央电视台体育频道等。

报纸杂志：《新民晚报》、《新闻晚报》、《青年报》、《上海一周》、《申江服务导报》、《上海商报》、《浦东商业报》、《文汇报》、《解放日报》、《上海星期三》、《扬子晚报》、《城市画报》、《每周

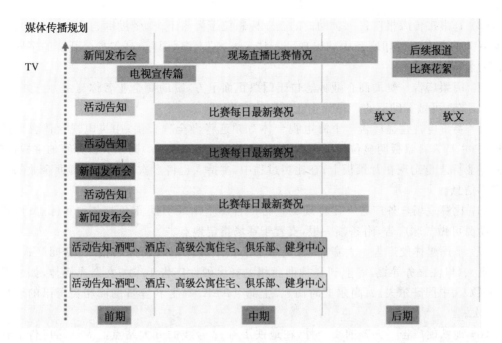

图 1-4 首届上海国际高尔夫公开赛媒体传播规划

广告电视报》《高尔夫》等。

互联网:三大门户网站:搜狐、新浪、网易;上海地方网站:上海热线等;其他综合网站:中华网、华体网等。

3. 赞助计划

总冠名赞助超值回报:2004"×××"上海(国际)高尔夫公开赛总冠名赞助金额:人民币1 000万元。关于此次大赛的新闻报道、宣传广告、新闻发布会等所有媒体宣传中,均以2004"×××"上海(国际)高尔夫公开赛的名称出现,并且赞助商与主办方并列。

新闻发布会和开幕酒会:在大赛举行之前,组委会将举行与赞助商相关的新闻发布会;在比赛开始前一天将举办与赞助商相关的主题开幕酒会;在发布会现场背景板上出现赞助商品牌标志,并安排一定时间由赞助商企业负责人上台发言。

4. 赛事电视宣传片

(1) 赛事宣传片　收录赞助单位、大赛组织结构、社会舆论、人气指数、比赛内容等各类资讯;上海电视台体育频道、财经频道、生活时尚频道、上海卫视、上海东方电视台文艺频道以及中央电视台体育频道特别为本次比赛作大力宣传,同时播放赛事宣传片;赛事电视宣传片长度为15秒;赛事宣传片媒体投放1个半月(共计200次)。

赛事宣传报纸杂志广告:从大赛前2个月开始,在上海各主流平面媒体《新民晚报》《解放日报》《新闻晚报》《申江服务导报》《上海一周》《青年报》《文汇报》等,以及高尔夫专业杂志、双语杂志、英文杂志等的大力宣传中,均出现2004"×××"上海(国际)高尔夫公开赛的字样,赞助商企业名称与主办方并列出现。

(2) 赛事宣传户外广告　大赛前1个月开始,在户外媒体(广告牌、车身广告、地铁广告、各大商务楼电梯广告等)的宣传上,均出现2004"×××"上海(国际)高尔夫公开赛的字样,赞助商企业名称与主办方并列出现。

(3) 赛事宣传海报广告　赞助商的企业标志位于海报下方,赞助商与主办方并列;在与大赛有关的所有宣传印刷品中均出现;2004"×××"上海(国际)高尔夫公开赛的字样及赞助商的名称及标志。

(4) 门票广告　赞助商企业标志位于门票正面下方,赞助商企业名称与主办方并列;门票背面广告,可做赞助商的产品或企业形象的广告。

(5) 赛事电视直播广告　上海电视台体育频道将做全程直播;中央电视台体育频道也将转播;主持人背景板明显位置上出现2004"×××"上海(国际)高尔夫公开赛的字样,赞助商的企业标志也出现在背景板上;在比赛过程中,主持人也将多次口播鸣谢赞助企业的大力协助等信息。

(6) 比赛现场户外广告　比赛现场宣传广告牌上出现赞助商企业名称和标志;比赛现场赞助商可做气球广告,附条幅一根,安置于赛场指定地点。

(7) 平面媒体硬广告　大赛前,在上海主要报纸媒体,如《新闻晨报》《新闻晚报》《新民晚报》《申江服务导报》等上刊登赞助商相关资讯硬性广告10次;在杂志媒体,如METRO、QUO、《中国高尔夫》《高尔夫时尚》《上海 TALK》等上刊登赞助商相关资讯的硬性广告10次。

(8) 地铁硬广告　大赛前1个月,在地铁1号、2号线的五大站点的大灯箱广告上刊登宣传赞助商的产品或企业形象的硬性广告,为期1个月。

(9) 电视广告　上海电视台体育频道将做全程直播,在直播过程中,休息间隙播放赞助商的广告片数次。

(10) 其他回报　大赛冠军将获得以冠名赞助商命名的冠军奖杯,赞助商企业领导在颁奖晚宴颁发部分奖项;获得2004上海(国际)高尔夫公开赛冠名赞助商称号,并可用于当年的商业、非商业的活动;邀请冠名赞助商代表全程参加赛事相关的各类公关仪式;根据冠名赞助商的需求,协助联络知名电视台制作专题报道;中国高尔夫球协会领导人向指定赞助商颁发荣誉证书。

资料来源:上海汉声文化传播有限公司. http://wenku.baidu.com/view/9d19581a964bcf84b9d57b52.html

案例思考题

针对赛事赞助运作中出现的为了追求眼前利益而不惜损害赞助商和相关公众利益的短期行为,分析这些行为产生的原因及造成的危害,思考和讨论可能的解决方法。

推荐阅读

1. 王庆伟.我国职业体育联盟理论研究[M].北京:北京体育大学出版社,2007
2. 李南筑,袁刚.体育赛事经济学[M].上海:复旦大学出版社,2006
3. 马斯特曼·G.体育赛事的组织管理与营销[M].沈阳:辽宁科学技术出版社,2006

第二章 体育赛事赞助市场开发

本章内容提要
- 体育赛事赞助市场开发的定义
- 体育赛事赞助市场开发的资源
- 体育赛事赞助市场开发的流程
- 体育赛事赞助市场开发的原则
- 体育赛事赞助市场开发的策略

第一节 体育赛事赞助市场开发概述

一、体育赛事赞助市场开发的定义

（一）赞助

关于赞助,学者们有不同的理解。有学者认为:"赞助是赞助者向其所选定的被赞助者提供金钱、实物或劳务,并从被赞助者取得商定的回报,以达到某些商业性目的。"还有学者认为:"赞助是一种交换过程,赞助者与被赞助者双方在彼此交换过程中达到互利关系。""赞助是一种由企业(赞助者)和公益事业单位(被赞助者)之间以支持和回报的等价交换为中心的,平等合作、共同获益的营销沟通手段"。

（二）体育赞助

体育赞助是赞助的一个分支,是以体育为对象的赞助。杨晓生认为:"体育赞助是以体育为题材,以支持和回报为内容,以利益交换为形式,以达成各自组织目标的一种特殊的商业行为。"对体育赞助而言,赞助方主要是指企业,被赞助方主要指体育组织和个人,在体育赞助的具体运作中,还常常需要媒体和中介组织的参与。企业提供开展体育活动所需要的资金、产品、技术、服务。体育组织则负责组织体育活动,提供包括知名度、影响力在内的无形资产并以各种回报形式体现;中介方提供丰富的专业知识、技能、经验、人际关系网络,以提高体育赞助的效益和效率;媒体则提供频道、版面资源,扩大体育活动的影响力。因此,体育赞助实质是企业、体育组织、媒体以及中介组织之间的合作和交换(图2-1)。

根据赞助内容的不同,体育赞助分为对体育赛事的赞助、对公益性体育活动的赞助和对体育组织及运动员的赞助。

（三）体育赛事赞助

体育赛事是以人体运动为载体,用比较决定胜负,最终给出公开排名的事件。体育赛事紧张激烈、精彩诱人、观众较多、社会影响和媒体关注程度也较大,因而是赞助的主要对象。

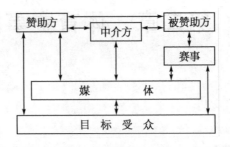

图 2-1 体育赞助的体系

资料来源:蔡俊伍,赵长杰.体育赞助——双赢之策[M].北京:人民体育出版社,2001

张颖慧等认为:"体育赛事赞助是指在体育赛事活动中,以获得标志使用权在内的物的交换(包括交易),或者简单讲就是对体育赛事的赞助。"如肯德基连锁快餐厅为上海国际V8房车赛组委会专门提供赛事工作人员的餐饮服务;作为北京奥运会 TOP 赞助商,韩国三星公司为北京奥组委提供了一款奥运版 3G 手机,专门发放给志愿者和奥组委的工作人员。

体育赛事赞助涉及的相关利益方主要有:赛事所有权人、赛事主办组织、赞助商、中介组织等。赛事所有权人是指依法对体育赛事享有占有、使用、收益和处分等权利的个人或组织;赛事主办组织是指负责体育赛事筹备、组织、管理、运营等具体事务的组织;赞助商是以实物或现金等形式向体育赛事提供支持并寻求一定权益回报的机构或组织;中介组织是指那些介于体育赛事与赞助商之间,为赞助商或体育赛事主办方提供信息咨询、经济纪律、法律等各种服务,并且在两者之间从事协调、评价、评估、检验、仲裁等活动的机构或组织。

与一般意义上的赞助相比,体育赛事赞助有如下特点:①是对事件或项目的赞助,而不是对事业、事物或人的赞助;②是对一个一次性活动的赞助,具有短期性和一次性。

结合前述定义,对体育赛事赞助定义如下:"体育赛事赞助是指赞助方和赛事组织者之间以支持(金钱、实物、技术或劳务)和回报(冠名、广告、专利和促销等权利)的等价交换为形式,以达成各自组织目标为目的一种特殊商业行为。"体育赛事赞助本质上是赛事组织者建立、维持与赞助方的互利共赢关系。通过赞助,赛事组织者获得了包括实物、资金在内的种种支持,而赞助方则达到提高知名度、提升企业形象等目的。

(四)体育赛事赞助市场

对于市场,有不同的定义。从卖方的角度来说,市场是具有购买能力和购买意愿的顾客的总和。据此,站在体育赛事运作机构的角度,体育赛事赞助市场是愿意且能够提供支持(金钱、实物、技术或劳务)以获取赛事组织者回报(冠名权、广告权等)的各类企业。如奥运会赞助市场即指可口可乐、三星等期望通过赞助奥运会,以提高产品和品牌的知名度、提升企业形象、促进产品销售的企业的总和。体育赛事赞助市场包括现实市场和潜在市场。现实市场是指那些既有赞助能力、又有赞助意愿的企业,而潜在市场是指那些有赞助意愿,但因为种种原因未能实施体育赛事赞助的企业。体育赛事运作机构不仅要重视赛事赞助现实市场的开发,也要重视赛事潜在市场的开发。

(五)体育赛事赞助市场开发

前文已述,体育赛事市场开发就是体育赛事运作管理机构立足于赛事所拥有的各种资源,通过市场交换行为,尽一切可能增加赛事收入的过程。基于此,笔者认为:"体育赛事赞助市场开发就是体育赛事运作管理机构立足于赛事所拥有的各种资源,通过与赞助方进行市场交换,尽可能增加赛事收入的过程。"

二、体育赛事赞助市场开发的资源

在第一章中我们阐述了体育赛事可供市场开发的资源分类,主要包括有形资产资源、无形资产资源、政府资源及衍生资源四大类,这些资源是以赛事资源的拥有者视角向相关利益者提供,而体育赛事的赞助资源则特指赛事组织者提供给赞助商、供赞助商使用或者由赞助商向赛事组织者提供赞助的相关资源。这类资源可以是赞助商营销赛事的载体,也可以是赞助商向赛事组织者提供的赞助"标的物"。从资源属性角度,赞助资源可分为有形资产资源和无形资产资源两大类。

(一)有形资产资源

体育赛事赞助的有形资产资源包括特许经营产品、比赛场馆广告资源、比赛印刷品广告资源,以及开幕式、闭幕式和比赛门票。还包括举办体育赛事需要的场地设施及相应设备,具体包括交通运输设备、安全保卫设施、医疗卫生设施及设备、餐饮住宿设施和媒体转播设施等。这些有形资产资源是体育赛事顺利举办的基本条件,它直接影响比赛的效果和广大公众的满意度,在一定意义上决定着体育赛事的成败,也对赞助效果产生巨大影响。

(二)无形资产资源

体育赛事赞助的无形资产资源是指没有实物形态的资源,一般以权利、知识、技术、技能等形式存在。同有形资产资源相比,体育赛事无形资产资源具有表现形式的无形性、收益的不确定性、占有和使用上的时效性等特点。体育赛事资产资源包括冠名权、称号使用权、特殊标志使用权和赛事的名称、会徽、吉祥物等标志的特许使用权和经营权等、广告载体使用权、指定产品(服务)供应权等。

1. 赛事冠名权

赛事冠名权是指赞助商通过出资赞助体育赛事,取得用自己的商标、品牌或企业名称为赛事命名的权利。赛事冠名权的特点是在任何场合提及这一赛事时,必须使用包括赞助企业名称在内的全名,不能省略,一般同时还享受奖杯杯名权和向获奖者授奖权。

> **相关链接**
>
> 2004年3月16日,中国石油化工股份有限公司(中国石化)与APM有限公司(与国际汽联合作的一个管理公司)在英国伦敦举行中国石化F1中国大奖赛冠名签字仪式,中石化取得F1大奖赛2004～2006年3年内中国站赛事冠名权。也就是说,2004年9月26日F1上海站全称将是:"中国石化F1中国大奖赛"。参照澳大利亚"Forster啤酒"大奖赛、马来西亚"大马石油"大奖赛等冠名金额,中石化每年要付给国际汽联管理公司大约2 000多万美元,3年超过6 000万美元。

资料来源:南方体育. http://sports.sina.com.cn

2. 称号授予权

称号授予权是指各种称号的使用,具体包括赛事赞助商、赛事装备商、赛事供应商等各

种特定称号的使用。其中赛事赞助商又分为主要赞助商、联合赞助商、赞助商等,主要取决于赞助商层次和数量的多少。赛事装备商是指与赛事有直接关系的产品赞助商,如运动服装、器械、计时和计分工具、饮料等产品;赛事供应商一般是指与比赛没有直接关系,但又是赛事所需要商品的赞助商,如食品、毛巾、洗涤用品等日常生活用品。以2008年北京奥运会为例,2008年北京奥运会赞助计划包括3个层次:2008年北京奥运会合作伙伴;2008年北京奥运会赞助商;2008年北京奥运会供应商(独家供应商、供应商)。

3. 赛事知识产权

赛事知识产权包括音频、视频、宣传口号、会徽、吉祥物、主题歌曲等无形资源的使用权。

> **相关链接**
> **第6届亚洲冬季运动会会徽、吉祥物标志及名称专利使用权管理实施办法(摘录)**
> 1. 第6届亚洲冬季运动会名称所有权属亚冬会组委会。除新闻报道外,任何从事商务活动的企业、单位和个人未经组委会同意,不得使用。如有违反,将追究其经济及法律责任。
> 2. 从2004年10月~2007年3月,凡具有法人资格的单位或个人使用亚冬会专利标志必须先向组委会提出申请,签订合同或协议,承担义务、交纳费用。获准领取《标志使用许可证》后,可按申请项目在其产品上使用,进行生产、销售和广告宣传。
> 3. 使用亚冬会会徽、吉祥物标志及名称应保持其形象完整、准确、不得改动,也不得作为商标注册。
> 4. 会徽、吉祥物标志、名称使用费的交纳可支付现金,也可以支付部分现金和部分实物。但实物部分不得高于1/3。特殊情况根据亚冬会的需要,也可全部以实物支付。
> 5. 会徽、吉祥物等标志具有广泛的使用范围,其使用方式有"指定产品"和"标志产品"两种。"指定产品"主要是名、优、新、特产品,在同类产品中具有唯一性(排他性),"标志产品"则任何单位或个人均可视实力申请使用。

资料来源:亚冬会组委会. http://www.chinajilin.com.cn/zhuanti/

4. 广告权

体育赛事广告权包括场地广告权(挡板广告、地面广告、运动器械广告、护栏广告、出入口广告、顶架广告、显示屏广告、主席台背景广告、悬挂广告等广告权)、场馆外广告权(包括气球、飞艇和热气球广告、落地充气门广告、街头广告、招贴画、霓虹灯、电线杆、彩旗、过街桥横幅广告等广告权)、文件资料广告权(包括门票、秩序册、成绩册、竞赛指南、纪念册、导游册、信封广告、宣传册、海报等广告权)、交通工具广告权(包括出租车、工作车、场地用车等广告权)、新闻发布会背景广告权等。

5. 公关活动权

公关活动权是指在赛场内外开展公关活动的权利。包括在赛场内或周围设立展台展览产品,散发广告、提供咨询,设接待室接待应邀而来的客人,或是在现场举办抽奖、文艺表演等促销活动。

6. 赛场专卖权

赛场专卖权是指赞助商在赛场独家专卖自己产品的权利。比如悉尼奥运会期间,整个奥运村和赛场及其周围都是可口可乐一统天下,其他任何软饮料不得入内。

7. 媒体曝光权

媒体曝光权是指在电视、报纸、杂志、广播、网络、新闻发布会、开幕式上露面的权利,具体涉及曝光时间、曝光次数、曝光力度等。

8. 礼遇权

礼遇权包括享受包厢和贵宾席,在赛场入口处拥有专门停车位,招待会、宴会和新闻发布会享受贵宾席,以及独立召开新闻发布会和记者招待会等特殊待遇的权利。

为了保证赛事赞助资源的充分利用,应对赛事所具有的市场资源进行全面、详细的调查、统计、归纳、整理和分类。

三、体育赛事赞助市场开发的流程

(一)成立赞助市场开发机构

体育赛事赞助市场开发工作十分复杂,应当成立赛事赞助市场开发工作机构(可以是赛事组委会市场开发部,也可以称其为资源开发部或市场开发办公室等),保证赛事赞助市场开发工作的顺利进行。由负责方派人担任组长,赞助各方具体负责人作为小组成员,发挥各自的优势和特长,密切协调,圆满实现赞助计划和各项安排。赞助市场开发工作机构应制订赞助实施计划,定期召开联席会议,互通信息,协调工作,解决问题,并与其他相关部门和单位联系与协调。

大型体育赛事的赞助市场开发工作机构一般包括以下部门:综合处、策划处、营销处、活动处、赞助商服务处、法律维权处、财务处等。单项体育赛事的赞助市场开发工作机构一般包括综合处、营销处、赞助商服务处等部门。

(二)赞助市场调查

赞助市场调查包括对观众的调查和对赞助商的调查。对观众的调查包括对现场观众和媒体观众特别是电视观众的调查;对赞助方的调查包括对潜在赞助企业的总体战略、目标市场范围、广告预算、赞助需求等进行调查分析。对不同行业、不同规模、不同性质、不同发展阶段的企业赞助体育赛事的可能性进行分析。

(三)确定开发目标

赛事赞助市场开发目标的确定通常有两种方式。一是根据赛事的实际资金需求确定。国内许多大型综合性赛事常采用这种方式。大型综合性赛事常获得举办地政府及体育行政管理部门一定的资金拨款,赛事运作管理机构会对赛事运作整体所需要的资金进行估算,减去财政拨款后的资金缺口即是市场开发的目标金额。二是对赛事市场资源的总体价值进行估算,以此为基础确定赛事赞助市场开发目标,这是各种类型赛事,尤其是商业赛事常常使用的方式。价值估算可参考以往各届赛事赞助市场开发情况或同类型赛事赞助市场开发情况,另外还要综合考虑赛事举办地的地域特征、经济发展等因素。

(四)赞助回报设计

赞助回报设计是指对赛事所拥有的资源进行分解组合形成赞助回报以满足赞助方需要的过程。赞助回报设计的关键是找到赛事资源与赞助企业需求的对接点。这个对接点就是目标受众(目标顾客)。

（五）赞助价格制定

价格是体育赛事赞助能否成交的关键。赛事赞助价格制定既要考虑赛事运作成本，又要考虑赞助企业的支付能力和意愿。常用的赛事赞助定价策略包括成本导向定价、需求导向定价和竞争导向定价。

（六）赞助方案写作

赞助方案分为通用赞助方案（针对潜在赞助商）和专用赞助方案（针对目标赞助商）两种。通用方案不针对特定对象，供普遍赞助使用；专用赞助方案在通用方案的基础上形成，针对某一重点争取对象而制订，内容更丰富、细腻。通用赞助方案通常包括：①赛事介绍；②目标受众预测；③赛事主办、协办和承办单位简介；④赞助厂商的范畴；⑤赞助办法；⑥不同档次赞助的具体回报内容（冠名、名称、标志使用权等）；⑦其他同步沟通措施；⑧媒体效益；⑨有意向或已谈妥的赞助者名单；⑩中介机构或赛事举办者的权力、信誉和能力；⑪赞助效益评估方面的承诺。专用赞助提案可以此为基础，附一份补充说明，专门论述此赛事与该企业形象和产品的相关性，目标市场和目标顾客的一致性，强调指出该企业应该赞助本赛事的令人信服的理由。

（七）赞助推广

体育赛事具有很强的时效性，要想引起人们的注意，就需要在一定时期里，利用多种媒体全方位、立体化地对其进行宣传和推广，以扩大其知名度，提高赛事的社会影响力。①力求早字当先：一般较为重大的体育赛事，在赛事举办前两年就开始其市场运作，在组建好赛事运作班子，做好赛事运作计划的同时，其前期的媒体宣传就随之拉开序幕。②全方位宣传：体育赛事的宣传和推广，要做到从平面媒体、电视媒体到网络媒体的立体化轰炸，积极扩大其社会影响力。③连续性：对体育赛事的宣传和推广要坚持连续性，要不断主动提供和发布各种有关信息，供各级各类媒体采用并进行二次创作，使得宣传和推广工作持续进行。在媒体进行报道后还要及时对报道的信息进行整理、归档，供以后宣传使用。

召开体育赛事资源信息发布会是赛事运作管理机构进行赞助推广的重要方法，是实现赛事运作管理机构向赞助商营销的重要手段。召开体育赛事资源信息发布会的目的是向潜在赞助商宣传推广赛事，介绍赛事资源与赞助诉求，着力推介赛事资源与企业核心需求之间的契合，从而获得目标赞助商的支持。它是赛事运作管理机构官方发布体育赛事的活动，是向赞助商和社会各界传递体育赛事资源的过程，也是体育赛事赞助市场开发工作的起点。应将体育赛事运作管理机构对赛事所拥有的资源进行识别与梳理，编制出《体育赛事资源信息手册》，该手册既是潜在赞助商了解赛事信息的重要工具，又是赛事组委会与潜在赞助商之间进行沟通、洽谈的重要物质载体。以"我是谁，我有什么，我能为赞助商提供什么，赞助商能给我带来什么，如何联络"为主线或思路，重点介绍赛事概况、赛事特色与亮点、赛事的价值、赛事拥有的资源、赛事赞助商等级划分与赞助商参与方案、捐赠办法、市场开发与捐赠授权书，以及包含联系方式等信息。信息发布会发布内容以《体育赛事资源信息手册》为依据。

（八）谈判并签订赞助协议

在赞助方形成初步赞助意向后，紧接着的工作是对赞助合作的具体方式和内容进行协商谈判。谈判的核心内容包括赞助回报、价格以及支付方式。

谈判达成一致意见后，签订赛事赞助合同。体育赛事赞助合同属于买卖合同，因此，合同的格式和内容应遵照合同法的相关规定执行。赛事赞助合同一般包括以下几个主要方面：①赞助方（甲方）和被赞助方（乙方）的名称、住址、联系电话；②比赛的组织方，包括主办方、承办方、推广单位等；③比赛的时间、地点、出席的领导和嘉宾、参加的媒体及报道方式；④赞助方式、赞助金额及支付方式；⑤赞助回报；⑥违约责任的承担；⑦风险条款，主要包括遇到不可抗力后的合同效力问题；⑧诉讼和仲裁条款，是当遇到争端时所采取的争议解决办法；⑨赛事所有者和赞助商代表签字盖章并注明签字日期等。

由于体育赛事赞助回报的方式方法很多，因此，体育赛事赞助合同在标的、数量、质量等方面要以具体赞助和回报的内容而定，无统一模式，在其他方面则可参照合同法条款。

（九）赞助实施

赞助实施主要涉及赞助回报落实、赞助商接待和礼遇等方面的内容。

1. 赞助回报落实

赛事组织者应制订责任到人的计划，要按照事先商定的方式、数量和质量一一落实回报内容。如确定现场广告的制作者、安装者、费用承担者、提供日期、现场保管人；在比赛前应完成赛场洁净工作，撤离非本次赛事的赞助广告；确定广告摆放的具体方式和地点；落实现场展览活动；现场独家销售售货亭的位置、卫生、安全事项等。

2. 赞助者接待和礼遇

做好赞助商的接待工作，且给予赞助商约定的礼遇，是确保赞助权益回报实现的重要组成部分，也是赛事运作管理机构责无旁贷应该做好的工作。赞助商接待和礼遇包括：确定赞助双方固定联系人；提供有关赛事的信息；协助赞助商与新闻界建立联系；安排赞助商感兴趣或有影响的人物（如著名运动员、教练、政府官员、知名人物）与赞助者见面；邀请赞助商出席开幕式、晚会与参与比赛颁奖等活动；给予赞助商在贵宾区就座、出席欢迎宴会等贵宾礼遇；活动后赠送纪念品（如奖杯、照片、录像）等。

（十）总结与评估

首先应进行自我总结，分析经验教训。通过召开总结会，评定赛事赞助计划是否完成、各项工作是否有效。同步做好财务结算、物资处置工作。其次还应向赞助方提供赞助权益回报执行报告，说明整个活动的赞助效益，以及是否达成开始的赞助目标，这将直接影响下次合作的意愿。最后开展庆祝和感谢活动，如向所有赞助商寄发感谢信、举办庆功宴，以及赠旗、赠匾、赠纪念品等并慰劳所有工作人员，奖励工作优异者。

赞助效益评估是体育赛事赞助市场开发工作的重要组成部分，是对体育赛事赞助市场开发的客观评价。一般包括以下内容：①被赞助活动的基本资料；②对照合同反映各项回报落实情况；③全套反映赞助全过程和各种业绩的资料，包括企业主要领导人活动、外界评论及具有纪念意义的简报、照片和录像等；④现场参与者及媒体受众的人口统计资料；⑤媒体报道量、消费者印象和喜好度的变化；⑥心理效果和经济效果指标的有关数据和分析；⑦相关活动的附件和记录。

体育赛事市场开发

第二节 体育赛事赞助市场开发的原则与策略

一、体育赛事赞助市场开发的原则

（一）赞助商导向原则

企业的赞助需求是赛事赞助市场开发的出发点和归宿，由赞助企业需求所决定的赞助目标指引着企业赛事赞助活动的顺利开展和各种策略的制订，也是检验赞助效益的首要标准。忽略赞助企业的需求必定导致赛事赞助市场开发的失败。赞助商导向原则是指体育赛事赞助市场开发应以赞助商的需求为导向，充分考虑赞助商的需求。

美国专家对千余家赞助商赞助动机的调查表明，企业赞助体育赛事主要出于以下5个动机：①提升企业形象，扩大品牌知名度；②有利于产品促销，增强同消费者的沟通；③提高企业职工凝聚力与自豪感，促进企业文化发展；④为企业开展公关活动及招待客户提供机会；⑤维护与政府部门良好的关系。

由于不同企业对体育赛事赞助的理解、各自所处环境及发展阶段的不同，赞助需求亦有所不同。李宁公司为了塑造国际品牌，确立的赞助目标是以合作者面貌出现，广泛吸引公众的注意和参与，提高知名度。而可口可乐由于已经具有较高的知名度，它赞助的主要目标是不断提高消费者、经销商和代理商的忠诚度。

（二）效益原则

效益原则是指在赛事赞助市场开发中，应充分利用各种资源，使赞助双方达成经济效益和社会效益最大化。对赛事组织、赞助双方而言，效益有不同的含义。对企业而言，效益意味着更多的媒体曝光率、广告权以及由此而带来的更大知名度、更好企业形象、更多销售量和利润；对赛事组织而言，效益意味着取得更多资金、物品。然而，所有效益的实现都取决于赛事观众的利益是否实现。因为，赛事观众是赛事赞助的基础和最终指向，也是赛事赞助活动的最终"买单者"。只有赛事观众的利益得到保证，观众才会心甘情愿付费参与体育赛事活动。体育赞助的效益原则要求在保证赛事消费者利益的基础上实现赛事组织、赞助双方的效益。

贯彻赛事组织、赞助的效益原则很重要的一点是提高体育赛事赞助的管理运作水平。规范化、专业化运作有助于体育赛事赞助效益的提高。这方面，NBA可以说是一个典范。NBA是世界最高水平的篮球赛事，自20世纪60年代崛起，90年代推广至全球，已经创下年40亿美元营业额的业绩。NBA在赛事包装、整体运作、市场开发、媒体关系的处理等方面都以现代市场营销理念为指导，贯彻服务于球迷的思想，把球迷（即消费者）放在主体位置，给我们提供了很好的参考和借鉴。

（三）互惠原则

一项成功的赛事赞助是赞助双方资源在深层次上的重新配置，是符合市场经济规律的，必须是双方互惠互利。因此，在赛事赞助市场开发中，应充分尊重赞助商的利益，使赛事组织、赞助双方共同发展。赛事赞助的互惠原则，即指在赛事赞助活动中，赛事组织、赞助双方在考虑自身利益的同时，应充分尊重对方的利益，以获得共同发展。

贯彻互惠原则，首先要求赛事组织、赞助双方建立"双赢"的理念。对赛事赞助来说，"双赢"不仅是可能的,而且是必须的,只有"双赢",合作关系才可能建立并维持下去。贯彻互惠原则,还要求赛事组织、赞助双方学会换位思考,即站在对方的角度思考问题,树立为对方创造价值的思想,对对方的失误予以谅解并保持双方给予和付出相互均衡。这样才能充分发挥各方的资源和优势,齐心协力,通过体育赛事赞助这个共同的工作平台,实现各自的目标和理想。

奥运会TOP赞助费如此高昂,企业却乐此不疲(统计资料表明,各届TOP计划企业有进有出,但退出的少,进入的多),其中重要的原因就是奥委会对互惠原则的坚持,对赞助商利益的保护。比如TOP计划中的排他权,使赞助商把竞争对手排除在奥运市场之外。另外,对赞助商级别的划分,也体现了互惠原则中给予与付出平衡的理念。

(四)诚信原则

体育赞助的诚信原则是指赞助各方应以信用为核心进行合作,杜绝欺诈行为。诚信是合作的基础。在赛事赞助市场开发中,应杜绝欺诈行为,按约定履行合同,以增加赛事举办者的信誉,保障赛事举办者与赞助企业的合作关系健康、持续地发展下去。任何失信和失约都将对合作伙伴关系造成毁灭性的打击。

(五)排他性原则

赞助也是各企业相互竞争的舞台。有无排他性是影响赞助商是否赞助的一个重要因素。赛事赞助排他性原则是指赛事组织者在寻求赞助时,只与同一行业赞助商中的一个谈判和签约。例如,接受了可口可乐的赞助,就不可能再在赞助商名单中出现百事可乐;同样,接受了麦当劳的赞助,就不可能再在赞助商名单中出现肯德基。

排他性原则规定了赛事组织方在为赞助方提供服务的同时向第三方提供服务的限度和赞助方允许第三方同时为其提供服务的限度,旨在防止组织方为与本赛事存在竞争关系的其他人提供同样的服务或项目类型。同样,组织方通过该条款将保证赞助方作为该项目的唯一提供商而获得巨额收益。尤伯罗斯提出的TOP计划的核心即是改变奥运会赞助资源分割方式,即从之前的对奥运标志使用权无限地、无排他性地供给,改变为有限地、排他性地分割,从而大大增加了奥运会的赞助收入。在北京奥运市场开发计划中,国际奥委会的全球合作伙伴、北京奥组委的合作伙伴、赞助商和独家供应商都享有奥林匹克市场开发的独家权力。一般情况下一个行业只选择一家赞助企业,高级别赞助的类别不能再用于低级别,逐级排他。

二、体育赛事赞助市场开发的策略

(一)赛事赞助市场细分策略

市场细分是指根据消费者的需求差异,把整体市场划分为不同细分市场的市场分割过程。赛事赞助市场细分是指根据赞助商需求的不同,将赞助市场划分为不同类型市场的分割过程。市场细分有助于赛事主办方结合自身资源优势,有针对性地选择赞助营销对象,以提高体育赛事赞助市场开发效率。根据商品和体育赛事的亲和度,以及企业的规模、层次和地域等不同标准可以对赛事目标赞助市场进行不同的细分。

1. 依据赞助企业产品与体育的关联程度进行细分

根据与体育关联程度的不同,可把企业产品分为体育产品、与体育有关联的产品、非体育产品,从而把体育赞助市场划分为体育产品生产企业、体育关联产品生产企业、非体育产品生产企业。

(1) **体育产品生产企业** 体育产品是指运动器械、工具、运动服装、鞋帽、比赛计时工具、场地设施等。生产和经营这类产品的企业进行体育赞助名正言顺,可信度和吻合度较大。阿迪达斯、耐克、李宁即属生产此类产品的企业。

(2) **体育关联产品生产企业** 如汽车、交通、旅馆、保险、金融(信用卡)、电脑、通信器材、休闲用品和服装、饮料、营养品、食品、健身器材、护肤用品、音像设备等。VISA卡、柯达、联合快递(UPS)、IBM、施乐、可口可乐、麦当劳、红牛等也属生产此类产品的企业。

(3) **非体育产品生产企业** 如烟草企业万宝路即属生产此类产品的企业。

2. 依据赞助企业的规模层次、地域进行细分

依企业规模层次和地域可把企业分为跨国企业、国内大型企业、区域性企业。不同类型的企业,其目标顾客范围和赞助需求有所不同。

(二) 目标赞助商选择策略

应依据资金状况、赛事级别和影响范围,以及承办地经济、文化、人口等因素进行分析评价,然后针对性地选择目标赞助商。国际品牌赛事主要面向国际化或打算进入国际市场的企业类型。例如,联想集团为了打入国际市场,拓展全球业务,成为2008年北京奥运会的全球合作伙伴。而国内赛事因其影响范围的局限,主要面向国内的企业实体或国际化企业在国内的分支机构。例如,361°(中国)有限公司与中视体育签署战略合作协议,正式成为中国排球联赛2010~2011赛季冠名赞助商。赛事冠名赞助商具有在各种媒体的高曝光机会。因赞助金额较高,目标赞助商应定位于经济实力雄厚的大企业。场地广告应依据赛事规模、水平、上座率、广告位置等因素确定赞助目标市场;而会徽、吉祥物等标志使用权主要定位于中小型和生产小件产品的企业。

相关链接

赞助商选择标准

选择赞助企业时,主要参照以下标准:

(1) **资质因素** 赞助企业必须是有实力的企业,是行业内的领先企业;发展前景良好,有充足的资金支付赞助费用。

(2) **保障因素** 能为成功举办奥运会提供充足、先进、可靠的产品、技术或服务。

(3) **报价因素** 企业所报的赞助价格是选择赞助企业最重要的考虑因素之一。

(4) **品牌因素** 企业具有良好的社会形象和企业信誉,企业的品牌和形象与奥林匹克理想及北京奥运会的理念相得益彰,产品符合环保标准。

(5) **推广因素** 企业在市场营销和广告推广方面投入足够的资金和做出其他努力,以充分利用奥运会平台进行市场营销,同时宣传和推广2008年北京奥运会。

资料来源:华奥星空.http://www.sports.cn/sports_ec/ec/fagui/2004-11-24/401526.html

---

(三) 赛事赞助资源整合和回报设计策略

体育赛事赞助回报的设计实质是赛事组织者将自身所拥有的赛事资源进行分解组合形成回报产品以满足赞助商需要的过程。以表2-1所示奥运会TOP赞助商权益为例。

表 2-1 奥运会 TOP 赞助商的权益

序号	权益项目	权益内容
1	产品专属权	TOP 计划规定每一类产品只允许一家企业参与赞助,这样做是为了使赞助商具有绝对的同质产品的排他权,以保护赞助商权益
2	标志、符号及名称的使用权	所有 TOP 赞助商均可合法使用奥林匹克的五环标志及与奥运会相关的一切符号和名称
3	公共关系及促销机会	TOP 赞助商可借奥运会的一些指定场合(圣火传递活动)及媒体活动(如记者招待会)来增加企业本身的曝光机会,开展公关活动
4	向奥林匹克档案馆索取资料	TOP 赞助商可以到位于瑞士洛桑的奥林匹克档案馆,索取和查阅各类奥林匹克运动的文史资料
5	奥运商品制造和销售权	TOP 赞助商拥有制造和销售奥运商品的权利,如 VISA 成为 TOP 赞助商后制作了纪念手表、T 恤、运动衣帽、吉祥物、钥匙环等商品
6	门票及礼遇	TOP 赞助商可优先获得夏季和冬季奥运会开、闭幕式及比赛门票,并拥有贵宾席等各项礼遇
7	广告优先购买权	所有 TOP 赞助商可优先取得包括电视广告在内的各类广告优先购买权。获得如奥运会期间广告种类、地点、方式及时段等项的优先选择权
8	现场活动参与权	TOP 赞助商拥有适度的在奥运赛场开展销售、展示及样品赠送等项活动的权利
9	赞助成果报告	每一位 TOP 赞助商在奥运会结束后都会收到一份完整的赞助成果评价报告。内容包括公众对赞助商的认知及赞助效益的分析
10	下届 TOP 计划的优先协议权	若本届 TOP 计划成员有兴趣继续成为下一届 TOP 赞助商,则拥有与国际奥委会优先协议权

资料来源:李南筑,缪意丽,姚芹.体育赛事创新研究:赞助资源的分割与组合[J].上海体育学院学报,2007,11(6):6-10

从表 2-1 可知,TOP 赞助商拥有包括产品专属权,标志、符号及名称使用权,关系及促销机会,门票及礼遇权等 10 类权益,每类权益又由许多具体权益组成。

赛事组织者应充分利用现有资源,设计出好的赞助回报产品,吸引更多赞助。必须注意 3 点:①提高赞助资源的价值。可以通过比赛时间、比赛地点的恰当安排,比赛规则和规程、奖金的适度调整,以及提供延伸产品(如抽奖、发放纪念品、中场文艺表演)等提高赞助资源的价值。例如,羽毛球 5 局 3 胜 7 分制的实施,就是为了解决决赛时间过长引起观众疲倦而对传统竞赛规程的改革。②提高赞助回报价值。一是提高体育赛事赞助回报的新颖度。新颖度是指别具一格,不落俗套,各种回报越新、越奇、越个性越好。二是提高体育赛事赞助回报的能见度。能见度是指各种回报措施特别是各种广告的内容能被受众看清楚并接受的程度。三是提高体育赛事回报的曝光度。曝光度是指各种回报措施特别是赞助者的名称、形象、标志和广告在比赛现场以及电视、报纸、电台等媒体出现的力度和频率。四是对赞助商权利的保护。各类回报实质是各种各样的权利,在开发赞助回报产品时,一定要遵循合法性和真实性原则,了解有关法规、政策、竞赛规程,不能凭空杜撰。同时防止赞助回报之间的冲突,尤其要注意"排他性权利"对其他赞助商的限制和赞助方之间权益的冲突。

赛事赞助回报设计的关键是发挥联想与创意,找到资源与企业需要的对接点。而这个对接点,就是它们共同的目标受众。例如,经过多年观众问卷调查结果的统计和分析,上海网球大师杯赛的受众定位是高学历和低年龄,如果某赞助商的用户也具有高学历和低年龄的特征,那么它与上海网球大师杯赛之间就存在很高的对接点。又如,许多知名轮胎厂商和汽车制造商选择赞助世界一级方程式锦标赛,也是因为赛车这一运动项目与其用户定位基本相同。

(四)体育赛事赞助定价策略

1. 成本导向定价

成本导向定价是指从赛事组织者自身角度考虑定价。赛事组织者在考虑赛事运作总成本的基础上,加成一定的利润率作为定价的依据。其中赛事总成本包括赛事的宣传沟通、委托代理手续费,运动员出场费、场地费及能直接计算价值的入场券、晚餐券、纪念品、广告条幅、印刷品等。这种定价方法有两个缺陷:①体育赛事赞助市场开发主要依赖赛事影响力、受关注程度等无形资产,如果只以直接成本衡量,制定出的价格可能远远低于项目价值;②对于成本概念有不同理解,体育赛事运作机构倾向于以项目整体的实际支出为成本,市场开发的对象倾向于以与得到的回报权益直接相关的支出为成本,这也使得成本加成法得出的价格会有很大争议性。

2. 竞争导向定价

竞争导向定价是指考虑同行业现行价格水平,在比较体育赛事活动性质、活动成熟度的基础上,参考已举办过的类似体育赛事赞助活动的价格定价。

竞争导向定价的另一种方法是参照广告等其他营销手段进行定价。例如,赛事大会手册上广告页的价值可比照报纸杂志上的广告收费标准,公开演说价格则比照电台广告,新闻报道比照电视广告价格。这种定价方法的问题是很难进行客观比较的。尤其是当赞助商以产品方式代替现金赞助时,由于产品价值也难以准确判断,而产品赞助本身有宣传作用,相对价值定价较难。以这种方法定价时,要注意可比性,如赛事大会手册广告页与杂志相比时,要注意杂志的发行量、读者数量、对象与赛事大会手册的数量、发放对象的异同。

3. 需求导向定价

需求导向定价是指以企业对体育赛事赞助的需求强度、接受能力、价值认识来确定赞助价格。通常采用面谈的方式。特定情况如热门项目和活动,赞助者比较踊跃时,可采用拍卖方式,利用竞争机制,提高赞助价位。尤伯罗斯正是通过把竞争机制引入体育赞助,成功地为1984年洛杉矶奥运会集资1.5亿美元,扭转了奥运会谁办谁亏的局面,使奥运会绝处逢生,帮助奥委会渡过了难关。第9届全国运动会也采用此种方式,开创了历届全运会市场资源定价新方式。拍卖定价法是一种充分体现"公开"的定价方式,但此种方式风险较大。因为一旦"流拍"(即无人出价),会对赛事的市场开发工作造成负面影响,不利于下一步工作的开展。因此,在采用拍卖定价法时,应充分做好拍卖前的资源推广和宣传工作,必要时应与有参与拍卖意向的企业和机构进行洽谈。

(五)体育赛事赞助开发策略

体育赛事赞助开发策略包括一般性宣传、初选、直接联系等环节。①一般性宣传:通过登广告、发放合作意向书等方式进行一般性的宣传,以吸引赞助商主动上门接洽。②初选和复选:通过多种方法获得可能对体育赞助感兴趣的企业资料。如通过电视、报纸、杂志等媒体的广告节目和栏目,寻找相近或类似的广告客户;或是通过电话号码簿、工商名录,从有可能感兴趣的行业系统中寻找;还可通过本部门工作人员、熟人、朋友、亲戚等个人关系寻找。初选后要进行复选,分出重点争取对象、一般争取对象,并为重点对象建立相关档案资料。③直接联系:对确定的争取对象,可采用电话、写信、登门拜访等多种方式进行联系。通常,对一般争取对象可采用邮寄书的方式,对重点争取对象则力求登门拜访,有针对性地进行游说。在联系过程中要注意特别强调赞助与该企业的直接关系、可能带来的效益及专门为之进行的回报设计,考虑其特殊需要,并留出时间让对方考虑。

在体育赞助市场开发过程中,各赛事市场开发机构一般采用自主营销与代理相结合、以自主营销为主的双重模式。自主营销以市场开发公司团队为主要力量,按照行业特点组成项目小组与企业进行广泛接洽、重点跟进,尽量做大"蛋糕"。中介代理机构拥有丰富的市场开发经验,具备完善的组织机构与精干的工作团队,掌握稳定的客户资源,赛事市场开发工作需要借助具有一定资质的代理商参与。目前在全运会等我国大型综合性赛事中,通常采用自主营销模式,专门组建市场开发部,对赛事的市场开发工作进行统筹管理。考虑到中介代理机构的介入,会引发市场资源界定不清、开发过程中的市场混乱、中介代理难以管理等诸多问题,因而我国大型赛事运作管理机构往往不委托中介机构参与市场开发。

相关链接

推动奥林匹克运动的发展——2008年北京奥运赞助计划(摘录)

(1)销售方式　坚持"公开、透明、公平"原则,根据行业的不同情况采取以下不同的销售方式。

公开销售:公告销售通知或公开征集企业赞助意向。

定向销售:向具备技术条件的企业发出征集赞助邀请。

个案销售:直接与符合技术条件的企业进行销售洽谈。

(2)销售步骤　主要采取以下步骤进行销售。

北京奥组委将征集情况通知企业或向企业征集赞助意向;

企业提交赞助意向书;

北京奥组委评估机构进行企业资格评审;

北京奥组委销售机构与企业洽谈赞助方案;

企业提交正式的赞助方案;

北京奥组委评估机构提出赞助商候选人;

北京奥组委确定赞助企业,报国际奥委会批准。

在实际操作中,以上步骤可根据需要增加或减少。

资料来源:华奥星空. http://www.sports.cn/sports_ec/ec/fagui/2004-11-24/401526.html

(六)谈判策略

商谈并签订赞助合同是赞助双方正式接触的开始。在谈判中,应注意以下几个方面的问题:①谈判要了解自己的底线,这样才不会在谈判过程中摇摆不定;②要做好充分的准备,不仅要了解赛事的规模、组织形式、主题等关键内容,还要了解企业的经营策略、营销计划、营销对象等,以及赛事和企业之间的关联程度,给企业赞助此次赛事一个充分的理由;③最好还要了解企业竞争对手的情况,运用竞争机制增加谈判砝码。

1. 谈判人员的配备与分工

谈判人员的配备涉及谈判人员的数量和工作安排。一般来说,体育赛事赞助谈判人员的数量应根据谈判的时间、地点、内容、赛事特征、人员素质以及对方谈判人数确定。如谈判项目规格高、规模大时,应适当增加谈判人员数量。一般需要配备以下人员:体育赛事运作管理机构内部具有一定身份和职位的负责人、对赛事竞赛组织了解的人员、对赛事商业赞助有实际操作经验的人员；在设计合同条款谈判时，还应配备熟悉体育赛事商业赞助的专业律师；如果有外籍代表出席，还应该配备翻译。配备人员时，不仅要顾及人员的业务专长，还要考虑人员性格上的互补，以发挥各人的长处。

对谈判人员进行配备后，应尽快让全体人员了解谈判的主题、内容和策略，统一谈判口径。除了业务专长上的职责分工外，在谈判角色上也应进行分工，分别承担"主谈者"、"调和者"、"协助者"和"记录者"等。

2. 谈判议程安排

体育赛事运作者应争取获得安排谈判议程的主动权，对谈判的时间、地点、人员的安排方面，在获得谈判另一方理解和接受的情况下，尽可能使赛事运作机构处于有利位置。比如，与目标对象进行首轮谈判时，可将谈判的地点选择在对方办公场所，有利于直观了解对方实际情况，表达自己的诚意、建立双方的信任感，增加进一步深入谈判的可能性。如果由对方拟定谈判议程，则应全面考虑该议程的利弊，尊重对方合理安排，对不合理安排提出明确异议，要求修改。

应合理安排各谈判议题所用时间及先后顺序，保证完成谈判进度的同时，尽可能达成最好的谈判效果。如将赞助价格议题与权益议题的谈判进行交叉安排，以避免因单纯谈判赞助价格而导致僵局。

3. 谈判场所的选择与布置

谈判场所的选择包括谈判地点和谈判会场两方面。谈判地点应满足交通方便、环境优美、安全、安静等基本条件。谈判会场应根据谈判人数的多少、时间的长短、内容的保密程度进行选择，会场应该具备必要的谈判设备，如电脑、打印机、投影仪等。会场布置应注意座次安排和环境布置。环境布置包括适宜的光线、温度及会场装饰等。

本 章 小 结

1. 体育赛事赞助市场开发是指体育赛事运作管理机构立足于赛事所拥有的各种资源，通过与赞助方进行市场交换，尽可能增加赛事收入的过程。

2. 体育赛事的赞助资源包括有形资产资源和无形资产资源。体育赛事赞助的有形资产资源包括特许经营产品、比赛场馆广告资源、比赛印刷品广告资源、开幕式、闭幕式及比赛门票，还包括举办体育赛事需要的场地设施及相应设备，具体包括交通运输设备、安全保卫设施、医疗卫生设施及设备、餐饮住宿设施和媒体转播设施等。无形资产资源包括冠名权、称号使用权、特殊标志使用权和赛事的名称、会徽、吉祥物等标志的特许使用权和经营权等、广告载体使用权、指定产品（服务）供应权等。

3. 体育赛事赞助市场开发的流程包括成立赞助市场开发工作小组、赞助市场调查、赞助回报设计、赞助价格制定、赞助市场开发方案写作、赞助推广、谈判并签订赞助协议、赞助实施、总结和评估等。

4. 体育赛事赞助市场开发应遵循的原则包括赞助商导向原则、效益原则、互惠原则、诚信原则、排他性原则。赞助商导向原则是指赛事赞助市场开发应以赞助商的需求为基础；效益原则是指在赛事赞助市场开发中，应充分利用各种资源，使赞助双方经济效益和社会效益最大化；互惠原则指在赛事赞助市场开发中，应充分尊重赞助商的利益，使赛事组织、赞助双方共同发展;诚信原则是指赞助各方应以信用为核心进行合作,杜绝欺诈行为;赛事赞助排他性原则是指赛事组织者在寻求赞助时,只与同一行业赞助商中的一个谈判和签约。

5. 体育赛事赞助市场开发策略包括赞助市场细分策略、目标赞助市场选择策略、赛事资源整合和赞助回报设计策略、赛事赞助定价策略、赛事赞助市场开发策略和赛事赞助谈判策略。

思 考 题

1. 试述体育赛事赞助市场开发流程。
2. 如何理解体育赛事赞助市场开发的排他性原则?
3. 可供开发的体育赛事赞助资源有哪些?
4. 体育赛事赞助回报设计应注意哪些方面?

案 例 分 析

2004年"中国电信杯"全国沙滩排球冠军赛
主赞助商参与方案

你给我一份支持　我给你无限精彩

主办单位:国家体育总局排球运动管理中心
　　　　广州市体育局
承办单位:广州市排球运动协会
　　　　天河体育中心
　　　　广州市荔湾区体育局
协办单位:广东省电信有限公司
　　　　广东陈静俱乐部有限公司
总冠名赞助商:广东省电信有限公司

一、赛事简介

蓝天、碧海、阳光、沙滩,一项独具魅力、风靡世界的运动项目——沙滩排球以其极强的观赏性、激烈的竞技性和独特的艺术性,于近十多年来在世界上得到广泛普及和迅猛发展。

沙滩排球作为奥运会、亚运会和我国全运会的正式比赛项目,自1994年开始在我国正式起步。几年来,经过广大运动员、教练员及科研人员的共同努力,在社会各界的大力支持下,沙滩排球运动在我国取得了长足的发展和进步。

我国国家沙滩排球队近几年参加国际排联举办的世界沙滩排球巡回赛比赛,水平不断提高,在2003年更取得优异成绩,尤其是女队,在2003年连续夺得两站世界巡回赛比赛的冠军,当年世界排名列第5名,跻身世界先进水平的行列。

在亚运会、奥运会上,沙滩排球运动员也取得了较好成绩,为国家赢得了荣誉。1998年亚运会获得男子冠军,2000年奥运会获得女子第9名,2002年亚运会包揽冠亚军和男子第3名。中国的沙滩排球运动冲出了亚洲,走向了世界。

几年来,我国沙滩排球运动的发展,离不开社会各界给予的大力支持,尤其是新闻界的热情关注,对于推广宣传促进当地经济发展都起到了积极的促进作用。为了进一步扩大新闻宣传效果,近年来沙滩排球比赛正逐步从海滨、湖畔走进了城市,特别是2003年8月底在上海市南京路步行街上举办了2003年全国沙滩排球锦标赛,在上海以至全国都引起了轰动效应。这次比赛的成功举行,不仅极大地宣传了沙排球运动,也为推广商取了比较好的经济效益。

全国沙滩排球冠军赛是经国家体育总局批准的全国性正式比赛(见国家体育总局《2004年全国体育竞赛招标计划》),由国家体育总局排球动会管理中心主办,每年一届,是我国参赛选手最多、最高水平的赛事之一。

本次比赛的参赛选手由各省市、解放军和行业体协的运动队参加,每个参赛代表队男女队员各不少于20名选手。通过比赛将产生2004年全国沙滩排球冠军赛的男女冠、亚、季军各一对。

本次比赛将于2004年9月21日~27日在广州举行。其中21~25日为预赛期,比赛地点在广州商业的中心地区天河体育中心天河体育馆南门。26~27日为半决赛和决赛,比赛地点在广州市的荔湾广场。

广东省电信有限公司以绝对实力成为本次比赛的最高规格的唯一主赞助商,并获得此次比赛的唯一人气最旺总冠名。可以借助顶级赛事载体,提升企业品牌,树立企业形象,直接与用户沟通,回报全社会。通过成为主赞助商的形式,作为祝贺广州申亚成功的献礼,成为申亚成功后广州举行的第一项全国顶级赛事,更是广东省电信有限公司支持广州申亚以及中国承办2008年奥运会的具体行动。

二、赛事推广授权

授权书

兹授权陈静俱乐部为"2004年全国沙滩排球冠军赛"唯一推广商,负责本赛事的推广经营、广告开发等商业运作。

本授权书授权本次赛事运作的有效期至2004年9月30日止。

2004年全国沙滩排球冠军赛组委会
年　月　日

三、方案说明

(1) 本方案根据国家体育总局排球运动管理中心关于举办赛事的批复与竞赛规程编制。

(2) 本方案根据赛事组委会对本次赛事唯一指定推广商陈静俱乐部的授权,由陈静俱乐部编制,其中的回报形式已得到赛事组委会和赛事承办单位广州市排球运动协会认可。

(3) 本方案回报的内容、形式、规格、数量有待与主赞助商友好协商,适当调整后确定。报组委会批准后执行。

(4) 主赞助商可根据本方案的建议,提出修改意见。共同努力,达到互利双赢、共同发展的目的。

四、总冠名赞助商证书

五、方案简介

总冠名标准名称:2004年"中国电信杯"全国沙滩排球冠军赛

(1) 主赞助商签约仪式暨新闻发布会主要议程　包括:①组委会高级官员出席;②邀请主赞助商广东电信公司高级代表出席;③请组委会高级官员致辞;④请主赞助商高级代表致辞;⑤组委会与主赞助商签订协议;⑥组委会向主赞助高级代表颁发荣誉证书;⑦二十余家媒体的数十名记者进行全方位报道。

(2) 电视回报　包括:①广东电视台对广东省电信有限公司高级代表专访5分钟,在黄金时段播出;②广东卫视直播半决赛和决赛赛事2场,每场转播均出现中国电信小灵通冠名会标,场内广告不少于10次;③广东电视台在赛事举办期间每天播放赛事新闻6条,播出标准全称;④在中国电信广东分公司高级代表为获奖运动员颁奖时,在广东电视台作新闻报道;⑤将赛事重要新闻提供给CCTV-5频道播出,出现中国电信小灵通冠名名称和周边场地广告牌。

(3) 报纸回报　包括:①刊发赛事新闻时出现中国电信小灵通冠名的标准全称;②在《南方日报》刊登1/8版鸣谢公告;③羊城晚报对广东省电信有限公司和小灵通业务进行深度采访报道,刊发1/4版;④在《南方日报》、《羊城晚报》刊发标有中国电信小灵通冠名的会标全称,共6次。

(4) 网站回报　包括:①2004年9月22日在权威网站21CN首页焦点新闻报道冠名的赛事1天;②在权威网站21CN体育频道建立中国电信杯冠名标准全称的赛事专题报道专区,时间长达7天,并在体育频道首页做醒目的文字链接;③赛事期间,在权威网站21CN网站体育频道首页做7天的120像素×60像素的图片广告,链接至报道专区中;④2004年9月27日向权威网站21CN的500万用户群发有中国电信杯冠名标准全称的赛事报道1次。

(5) 预赛场地广告回报　包括:①在沙滩排球赛赛场护栏的四周最佳视角位置各布置

1块中国电信小灵通广告牌,广告牌大小为3米×1米,摆放4天;②在预赛时,天河体育中心南门广场摆放2块6米×2米的搭台广告牌,摆放4天;③在预赛时,在天河体育中心的赛场周边布置6个印有中国电信小灵通巨幅标语的空飘气球,摆放四天;④在预赛时,在天河体育中心内悬挂中国电信小灵通的彩旗200面;⑤在所有现场的遮阳伞(共10个)上印有中国电信小灵通的标志;⑥预赛时,在天河体育中心赛场西侧搭建20平方米的产品展示台1个,共4天,用于中国电信广东公司展销小灵通产品。

(6)决赛场地广告回报　决赛在广州最繁华的上下九路中段的荔湾广场举行,这里一天的人流量达到40万人次以上。回报包括:①在沙滩排球赛决赛赛场护栏的四周最佳视角位置各布置一块中国电信小灵通广告牌,广告牌大小为3米×1米,摆放2天;②决赛时,在荔湾广场摆放2块6米×2米的搭台广告牌,摆放3天;③决赛时,在荔湾广场的赛场周边布置6个印有中国电信小灵通巨幅标语的空飘气球,摆放2天;④在决赛时,上下九路沿街道两侧商铺的旗帜替换为比赛专用的印有"小灵通"比赛全称旗帜200面,设置3天;⑤在不影响消防、安全的情况下,在整条上下九路上横跨街道设置6条跨路的巨幅中国电信小灵通广告条幅,设置3天;⑥在比赛决赛期间,在整条上下九路布置印有中国电信小灵通的赛场指路贴地广告,大小1米×0.5米,共20个;⑦决赛现场在所有裁判员的裁判席的遮阳伞上印中国电信小灵通的标志;⑧决赛时,在荔湾广场赛场边搭建20平方米的产品展示台1个,共2天,用于中国电信广东公司展销小灵通产品。

六、组委会招待酒会嘉宾

包括:①特邀广东省电信有限公司代表致辞;②特邀广东省电信有限公司高级代表6人出席招待酒会,在贵宾席就座;③在招待酒会现场摆放广东省电信有限公司广告(易拉宝)4块;④招待酒会背景板标有"广东省电信有限公司"字样的赛事全称。

七、冠军杯冠名

在男女两个队的冠军奖杯标明为"中国电信杯"。标准名称:2004年"中国电信杯"全国沙滩排球冠军赛冠军。并将上述字样镶嵌于冠军杯底座。

八、颁奖嘉宾

在男女两个队决赛后举行颁奖时,邀请广东省电信有限公司高级代表作为颁奖官员为获奖者颁奖。

九、特殊回报

(1)协助企业向现场观众派发宣传品。

(2)赛会播音员每场不少于1次专题介绍广东省电信有限公司的小灵通产品,口播总冠名全称不少于6次。

(3)由广东省电信有限公司设计制作记者和工作人员专用背心,提供给记者和工作人员使用,其中记者用背心100件,工作人员用背心100件。

(4)由组委会高级官员向广州市电信分公司高级代表颁发主赞助商及总冠名赞助商荣誉证书。

(5)在符合竞赛规程和组委会有关规定的前提下协助企业开展其他宣传推广活动。

十、赞助请求

(1)人民币×××万元。

(2)小灵通手机××部,小灵通充值卡××万元。

十一、联系方法
略

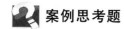

在该主赞助商参与方案中,赛事组织方为中国电信主要提供了哪些赛事赞助资源?

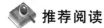

1. 蔡俊伍,赵长杰.体育赞助——双赢之策[M].北京:人民体育出版社,2001
2. 刘清早.体育赛事运作案例精选[M].北京:人民体育出版社,2007
3. 〔美〕马斯特曼·G.孙小珂等译.体育赛事的组织管理与营销[M].沈阳:辽宁科技出版社,2006

第三章 体育赛事门票市场开发

 本章内容提要

- 体育赛事门票的含义
- 体育赛事门票的类型
- 体育赛事门票应提供的信息
- 体育赛事门票市场开发的含义与意义
- 体育赛事门票市场可开发的资源
- 体育赛事门票市场开发的原则
- 体育赛事门票市场开发的策略

第一节 体育赛事门票市场特征

一、体育赛事门票的含义和类型

（一）体育赛事门票的含义

门票,即入场券,是证明持有者已支付或有权获得某种特定的服务、权利或报酬的纸条或卡片。英文单词为"ticket",法文单词"etiquette",ticket 与 etiquette 源于古法语中的 estiquet 这个词。这个词在早期英语中的意思是"写得很短的通知"、"贴在公共场所的通告"和"文字证明"。

体育赛事门票,就是证明持有者有权进入体育场馆观看、欣赏体育竞赛表演的凭证。

> **相关链接**
>
> **体育赛事门票起源于 19 世纪初叶的美国**
>
> 据有关资料显示,1828 年美国纽约一赛马俱乐部的会员考德沃德·科尔顿(Caldwalder Colden)向俱乐部提出两条经营建议:一是在俱乐部内部出售股份;二是向观众出售门票。这是关于体育赛事门票市场化运作方面的最早文字记载,对之后体育赛事的市场开发具有示范意义。

资料来源:鲍明晓.体育产业——新的经济增长点[M].北京:人民体育出版社,2000

（二）体育赛事门票的类型

1. 从赛事阶段分类

体育赛事从开始到结束可以分为开幕式、预赛、复赛、决赛、闭幕式等不同阶段,而每个阶段所提供的观赏性服务产品也是不一样的。因此,可以开发不同类型的门票。

开幕式、闭幕式门票可以细分为:开幕式、闭幕式彩排门票,开幕式、闭幕式预演门票和开幕式、闭幕式正式表演门票等类型。

赛事比赛门票可以细分为:预赛门票、复赛门票、半决赛门票和决赛门票等类型。

2. 从门票销售对象分类

体育赛事观众群体的构成是多元的,其中有一般的普通百姓,也有"绅士富豪";有青年学生,也有耄耋老人;有自己买票自己观看,也有买票后作为礼品"公关"送给他人观看的。因此,从体育赛事门票的销售对象可以细分为:普通票、贵宾票、包厢票、企业礼仪(公关)票、学生票、老年人优惠票、军人优惠票、残疾人优惠票等类型。

3. 从门票销售方式分类

赛事门票的销售方式不同,门票的类型也不同。因此,从体育赛事门票的销售方式来划分,赛事门票可以细分为:套票、联票、零售票、团体票等类型。其中套票又可分为若干场比赛整合在一起的小套票,也可以是这个项目所有比赛打包销售大套票(如联赛的套票,就是把整个赛季的比赛打包销售的门票)。连票就是采取把同一地点先后时间的2场比赛门票连起来销售,即购买一张门票可以观看2场比赛。

4. 从门票制作形式分类

赛事门票的制作形式不同,门票的分类也不同。传统的门票都是纸质印刷制作的称为纸质门票。随着科学技术的发展,现在的纸质门票中植入了电子芯片,增加了赛事门票的防伪功能。此外,现在有些赛事将门票制作成带防伪技术的磁卡形状的电子门票,甚至也有一些赛事将门票和手机芯片绑定成为手机门票。

5. 从门票使用次数分类

从体育赛事门票的使用次数可以分为:一次性使用的门票和多次使用的门票。一次性使用的门票是指这张门票仅供使用一次,一般入场以后就不能再次使用。多次使用的门票是指根据该门票的使用规则,在有效期内可以反复使用。如F1中国大奖赛的一张门票可以用3天。也就是说拥有一张F1门票,就可以观看第1天的练习赛、第2天的排位赛和第3天的正式比赛。

6. 从门票出票形式分类

从赛事门票的出票形式可分为:内部赠票和公开售票两种类型。内部赠票是指用于各种工作需要而赠送给相关部门、人员的门票,一般分为送给有关中央、省、市各有关部门或领导,各参赛代表团的领导、主办地有关领导或主管部门的"行政"赠票,送给相关协作单位的"协作"赠票或"公关"赠票,送给赞助商、合作伙伴作为赞助回报手段之一的"赞助回报"赠票,送给参赛代表团运动员、教练员、裁判员、演职人员、新闻记者、高级观摩团成员、国际国内有关体育组织以及其他必需赠票人员的观摩赠票或工作赠票等。公开售票就是指通过门票销售网络进入市场供观赏型体育消费者用货币购买的各类门票。

体育赛事市场开发

相关链接

1896年雅典奥运会门票

1896年雅典奥运会门票

第七届全运会开幕式普通票

第二届全运会开幕式赠票

第六届全运会闭幕式门票

第五届全运会开幕式门票

F1中国大奖赛主办公司公关礼仪票

上海劳力士大师赛协作单位票

2012国际滑联短道速滑世界锦标赛包厢票

2008北京奥运会门票

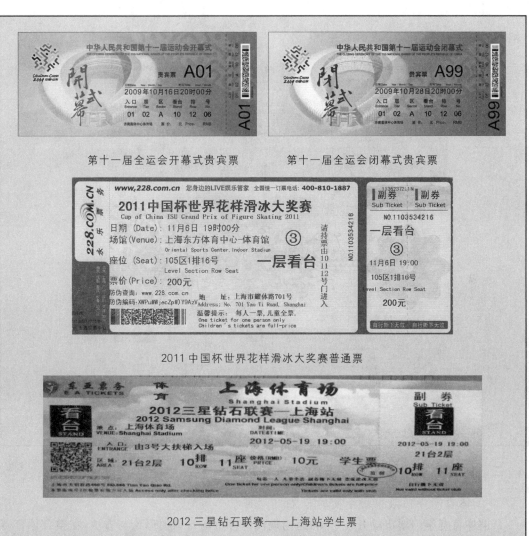

第十一届全运会开幕式贵宾票　　第十一届全运会闭幕式贵宾票

2011中国杯世界花样滑冰大奖赛普通票

2012三星钻石联赛——上海站学生票

（三）体育赛事门票应提供的信息

门票是观众进入赛场的凭证，门票提供的信息是否清晰、齐全，将直接影响观众的顺利入场。因此一张赛事的门票至少应包含以下基本信息。

第一，赛事信息。包括赛事的名称、比赛的时间、地点等信息。

第二，票务信息。包括门票的编号、门票的类型、座位区域、座位号、门票价格等信息。

第三，广告信息。包括赛事或门票赞助商的名称、标志、图案等信息。

第四，其他信息。包括赛场地址、交通指南、入场须知、退票说明、兑奖规则等信息。

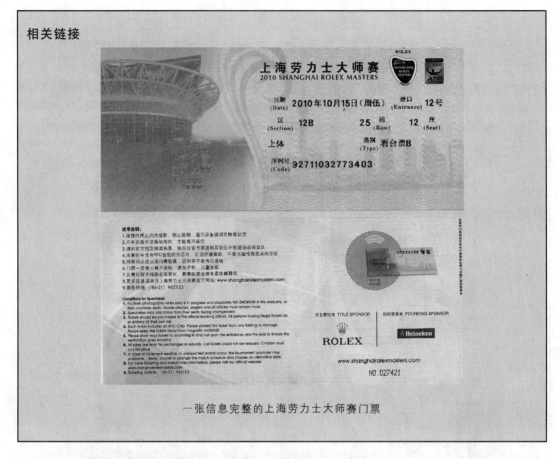

一张信息完整的上海劳力士大师赛门票

二、体育赛事门票市场开发的含义与意义

（一）体育赛事门票市场开发的含义

所谓体育赛事门票市场开发是指：运用现代体育市场营销的理论与方法，在整合体育赛事门票资源的基础上，针对不同的观赏型体育消费者群体，制订不同的体育赛事门票营销的方案，谋划不同的体育赛事门票推广的路径，以提升体育赛事门票的销售总量和销售收入。

（二）体育赛事门票市场开发的意义

1. 满足观赏型体育消费者的消费需要

观赏型体育消费者是体育赛事门票市场需求主体，他们根据自己的需求去选择观看各类体育竞赛表演，并从中获取精神上的满足与享受。球迷是观赏型体育消费者中最稳定、最忠实、最富有激情的群体，是观赏型体育消费者中的核心群体。因此，满足不同类型的观赏型体育消费者的消费需要是体育赛事门票市场开发的首要任务。与此同时，众多的观赏型体育消费者也是体育赛事市场开发成功与否的重要前提条件。

2. 丰富人们的文化生活，提升生活质量

随着技术革命和生产的高度自动化带来了工作日的缩短、余暇时间的增多，从而使参与体育活动、观看体育竞赛表演成为现代社会人们提高生活质量、欢度余暇的主要方式之一，也成为人们追求健康、文明、科学生活方式的重要目标。因此，观看体育竞赛表演是丰富人们的文化生活、提升生活质量的需要。

3. 烘托赛场氛围,激励运动员斗志

体育比赛中,特别是大球类项目(篮球、排球、足球)比赛中,有无观众的参与,对运动员(队)的场上表现会产生重大影响,成绩也随之发生变化。这种由于观众存在引起技术表现或运动成绩的积极性变化,心理学上称为社会促进效应。因此,众多的现场观众可以烘托赛场氛围,也可以激励运动员的斗志,进而提高比赛的观赏价值。

相关链接

雅典奥运会门票销售不佳看台冷清 奥委会表示强烈不满[1]

雅典奥运会开幕前几天,组织者最感压力、而且遭受非议最大的就是门票销售不佳,大部分赛场都是空荡荡的,引起了国际奥委会的强烈不满。从比赛项目看,门票销售率达到90%以上的有水球、篮球、曲棍球、排球、射击和游泳等,销售率在60%以上的有网球、体操、柔道、沙滩排球和击剑等项目的比赛,销售率不足50%的是乒乓球、羽毛球、射箭、举重和拳击等项目。而且即使销售率很高的门票大都局限在有本国选手参加的比赛。面对电视镜头里运动员背后空荡荡的座位,国际奥委会感到很没有面子,国际奥委会主席罗格对雅典奥组委作了委婉的批评,但是国际奥组委的其他官员却没有那么客气。他们的意见是:必要时就免费发票,比如让志愿者免费观看比赛。他们实在不愿意看到电视转播画面中空荡荡的看台。其实组织免费观众填充座位的做法已有先例。1988年汉城奥运会时,萨马兰奇要求韩国人把赛场填满。于是24小时后,脱去制服的学生和士兵每天被运往赛场。在悉尼奥运会上,在国际奥委会发出抱怨后,奥组委也发放了免费门票。为了改变门票销售不佳的情况,雅典奥组委向公众发出倡议,鼓励大家买票观看比赛。此外,希腊电视还专门播放了公益广告,引导大家去看比赛。

观众鼓励作用关键 银牌已经非常满足[2]

腾讯体育记者丹璐、牛志明报道:北京时间2008年8月21日,奥运会进入第13个比赛日。上午11时,中国沙排金花田佳和王洁在朝阳公园沙滩排球场迎战美国名将沃尔什和梅。这场比赛是女子沙滩排球的冠亚军争夺赛,面对卫冕冠军,两名金花表现得非常出色,尽管最终以一枚银牌收官,而对于中国沙排的姑娘们来说,冲进决赛已经是一个历史性的突破。

今天的比赛遭遇大雨,比赛进行中,雨越下越大,但是观众们热情却在一直升温。看台上,观众们穿着雨衣坐在雨中,聚精会神地看着比赛,加油呐喊声不绝于耳。观众们的助威无疑给两朵金花增加了战斗力。

资料来源:[1]范建平.新民晚报.2004-08-17;[2]丹璐,牛志明. http://2008.qq.com/a/20080821/002790.html

---

4. 提升赛事组织者收入

门票市场开发是赛事市场开发的重要构成部分,也是赛事经营收入的重要来源之一。在赛事投入既定的条件下,赛事组织者多卖一张门票就多一份收入。从近7届奥运会会来看,门票销售收入占市场开发总收入的比重平均为11.71%,其中最高的为悉尼奥运会(占19%),最低的为汉城奥运会(占4%)。

> **相关链接**
>
> **近几届奥运会门票收入概况[1]**
>
> | 年代 | 地点 | 门票收入(亿美元) | 门票收入占市场开发总收入的比重(%) |
> |---|---|---|---|
> | 1984年 | 洛杉矶 | 1.56 | 16 |
> | 1988年 | 汉城 | 0.36 | 4 |
> | 1992年 | 巴塞罗那 | 0.79 | 9 |
> | 1996年 | 亚特兰大 | 4.25 | 17 |
> | 2000年 | 悉尼 | 5.51 | 19 |
> | 2004年 | 雅典 | 2.88 | 11 |
> | 2008年 | 北京 | 1.88 | 6 |
>
> **十运会和五城会门票收入概况[2]**
>
> | | 门票收入(万元) | 门票收入占市场开发总收入的比重(%) |
> |---|---|---|
> | 第10届全国运动会 | 3 900 | 8.5 |
> | 第5届全国城动会 | 600 | 4.12 |
>
> 资料来源:[1]国际奥委会.http://www.olympic.org/;[2]周学云.我国综合性体育赛事资源开发[M].北京:人民体育出版社,2008

5. 吸引赞助商、媒体积极性(眼球)的重要资源

门票市场开发的成效,也会影响到电视转播、广告与赞助、商务开发等经营活动的成效。因为门票市场能比较准确地反映社会对该体育赛事产品的关注程度与认可度。门票市场兴旺、出票率高,就意味着观众人数多,门票销售收入高,也意味着该比赛的社会知名度高,社会吸引力大,因而能够吸引赞助商、广告商加大对赛事关注。

6. 推动赛事文化及体育文化的发展

体育赛事文化是指组织实施体育赛事的实践过程所创造的物质和精神财富的总和。体育赛事文化不仅包括反映体育赛事所需的物质资源及其产生的相关物质产品的体育赛事物质文化,体育赛事所需的规则制度产生的体育赛事制度文化,以及体育赛事参与的主体——人所产生的体育赛事精神文化;同时,还应反映体育赛事的经济活动产生的体育赛事产业文化,包括赛事管理文化、赛事产品文化、赛事服务文化、赛事品牌文化等。赛事门票从设计、制作、包装、推广、衍生产品开发等,每一个环节均传承、彰显了赛事文化的理念与内涵。因此,门票是体育赛事文化的重要组成部分与表现形式,通过赛事门票的市场开发可以进一步推动赛事文化乃至体育文化的发展。

三、体育赛事门票市场可开发的资源

体育赛事门票市场可开发的资源可以分为赛事观赏资源和赛事衍生资源两大类。

（一）赛事观赏资源

赛事观赏资源就是指那些具有观赏价值的体育赛事服务,而且能够满足观赏型体育消费者观看、欣赏竞赛、表演需要的资源。这些资源可以通过卖票的形式进入消费领域从而实

现它的价值。赛事观赏资源可以分为赛事表演观赏资源和赛事比赛观赏资源两大类。赛事表演观赏资源可以分为赛事开幕式观赏资源、赛事闭幕式观赏资源以及赛事各类主题活动观赏资源等类型。赛事比赛观赏资源也可以分为预赛观赏资源和决赛观赏资源等类型。

（二）赛事门票衍生资源

赛事门票衍生资源是指以赛事门票为载体所衍生开发的观看欣赏竞赛表演以外并可产生经济效益、社会效益或环境效益的各种资源。这些资源可以通过和其他资源整合开发从而实现它的价值。赛事衍生资源可以分为：

（1）作为赛事赞助的回报　是赛事把门票作为给赛事赞助商赞助回报的方式之一，写入赛事赞助合同。

相关链接

第8届全运会摔跤项目委员会冠名权确认与回报方案

1. 冠名权的确认

冠名权标价30万元人民币（时间、价格等条件竞胜者优先）协议签订后交纳标价总额的30%保证金，赛前1月付清全部费用。

2. 冠名权的回报

(1) 确认摔跤项目冠名权。

(2) 在解放、文汇、新民等报刊上发布消息，确认在第8届全运会摔跤项目比赛被冠名为"第8届全国运动会×××杯摔跤比赛"，在该冠名比赛奖杯上题刻列名。

(3) 在摔跤比赛电视录像转播中播出冠名广告，为企业提供10～15秒的电视广告。

(4) 可以以"第8届全国运动会×××杯摔跤比赛"的名义为其产品推广、促销、提高知名度之用。

(5) 提供充气模立体祝贺广告拱门1座，设立企业形象牌楼1座，跨街横幅广告4～6条，场内广告牌2块广告，气球广告2个，招风彩旗300面，场内横幅2条，场外设置展示台1座，提供企业广告彩车1辆，参加八运会全市巡回。

(6) 由市领导授予企业荣誉证书、冠名纪念奖杯和锦旗，企业领导出席"冠名杯"命名新闻发布会（电视台将播出相关新闻）。

(7) 邀请企业领导参加本赛事项目的授奖仪式（电视台将播出相关新闻），邀请企业领导参加由政府领导出席的接见、留影以及记者招待酒会等相关活动，企业（外企业）可有3名领导到会，项目委员会安排在上海的食宿和观光旅游活动。

(8) 在大会宣传刊物上刊登2页广告，配发企业产品、企业形象和企业领导人的照片。

(9) 在上海解放、文汇、新民等报刊上刊登通栏祝贺广告1次，提供100张本赛事活动的入场券，允许企业组织啦啦队（细则面议）。

资料来源：第8届全运会集资部. 第8届全运会资源开发手册.

（2）作为赛事广告的媒体　是指把赛事门票作为赛事的广告媒体，在门票上印制相关赞助单位的文字、图案、标志等信息来进行广告宣传。

相关链接

门票上的广告

北京奥运门票背面印有 12 家奥林匹克全球合作伙伴的标志

观摩须知：
请准时入场，对号入座，勿站立观摩，遵守"场馆"的各项规定，入场后请将手机调至静音状态；
为确保场内安全，严禁吸烟，不得丢弃任何物品；
未经允许，不得摄影、摄像、录音，严禁使用闪光灯；
服从管理人员的管理，若违反须知的有关规定，管理者有权收回门票劝退出场，并不退还门票费用。

说明：
因不可抗力及客观原因，导致赛事、演出活动不能正常进行，主办机构只负责退回正常票值，不承担其他任何损失。
请慎重选票，一经售出恕不退换。

Notice to the Audience:
Please sit in your assigned seat as printed on the ticket. Unless otherwise permitted, do not stand during the event. Please turn off sound on all electronic devices including mobile phones. Throwing objects during the event is strictly forbidden. Unless authorized, taking videos of the event forbidden. Please abide by the general rules of the venue and its staff. If venue rules are violated, venue staff holds the right to remove audience members from the event.
Other Remarks: Failure to perform due to reasonable causes uncontrollable to the sponsoring organizer (force majeure) shall result only in the refund of the face value of standard tickets. Sponsoring organizer shall carry no additional liability.

NO. D1576477

媒体支持：新民晚报 XINMIN EVENING NEWS　东亚票务 86-21-64265678　达特康票务网络系统（上海）有限公司技术合作
EAT www.eaticket.com　www.mypiao.com 400-620-6006

2012 国际滑联短道速滑世界锦标赛门票背面的广告

（3）作为赛事彩票抽奖兑奖的凭证　是以门票上编号或门票上专门附带的图案、文字、数字、标志等作为比赛现场抽奖或赛后兑奖的凭证。

相关链接

武汉国际赛马节观众可通过门票编号抽奖[1]

观众只要持门票入场后兑换游戏券，一票一券，凭游戏券上的号码尾号参与游戏，凡尾号与现场公布的序列数字相同的，即为中奖，且依相同数字的多少决定获奖的等级，共有 3 个等级，分别为价值 100 元、1 000 元和 4 999 元的奖品。

第三章 体育赛事门票市场开发

> **世界柔道大奖赛(中国站)观众奖项设置及抽奖规则**[2]
>
> 1. 观众奖项设置
>
> 世界柔道大奖赛(中国站)从12月16日比赛开始至18日颁奖仪式结束后,连续3天每天设:特等奖1名(日本7日游);一等奖1名(iPad2 1部);二等奖1名(名牌数码相机1台);幸运奖30名(奖品见赛场宣传广告)。
>
> 2. 抽奖规则
>
> (1) 持票观众入场时由检票人员将票根放入抽奖箱,检票截止时间后进入者不予参加当天抽奖。
>
> (2) 持票观众每人只许持一张票入场参加抽奖,持多张票者不予参加此次大赛的抽奖。
>
> (3) 观众须有秩序地就座于观众席进行赛事观看,如有影响赛事的行为及表现,大会可视情况取消其抽奖权利及请出场馆外。
>
> (4) 在抽奖嘉宾将抽奖票号选中时开始倒计时1分钟,1分钟内未到领奖台领取奖品的,视为放弃此次获奖权利,将重新抽取该奖项,以此类推。
>
> (5) 本次抽奖将由柔道奥运会冠军及世界冠军等著名选手来作为抽奖嘉宾,中奖者可与抽奖嘉宾进行合影留念。
>
> (6) 获奖者需携带个人身份证明到领奖台进行奖品领取,未携带身份证明入场者将不予参加此次抽奖活动。

资料来源:[1] 徐金波,刘鸿清. http://www.chinanews.com/ty/2011/10-29/3423647.shtml;[2] 宫云捷. http://sports.xinmin.cn/2011/12/06/12904241.html

(4) 作为观众乘车的凭证 也就是说观众可以凭门票免费乘坐赛事组委会提供的观赛班车;或与有关部门合作把门票作为优惠购买相关前往赛场的公交专线车票或地铁车票的凭证,甚至还可以作为免费乘坐前赛事举办地的所有公交车或地铁的凭证。

> **相关链接**
>
> **广州亚运会期间凭门票可以全程免费乘车**[1]
>
> 广州交委发布相关的免费乘车指引,根据指引,亚运会期间可以全程免费乘车的群体有4类:亚运会和亚残运会的身份卡持有者、持身份注册卡工作人员(含赛会志愿者)、持票观众、城市志愿者,可以免费乘坐包含广州行政区域范围内城市轨道交通、公共汽电车(含BRT)、轮渡的所有线路不含出租车、机场快线、珠江游以及市区与郊区之间的公路客运班线(广州城区至增城、从化市城区部分公路客运班线只在亚运会期间免费)。
>
> 亚运会持票观众包括当天有效的亚运会门票、亚运会开幕式预演门票持有者、电影赠票、文艺演出赠票、文化展览展示赠票持有者,免费时间是当日0时至次日凌晨4时。亚运会城市志愿者免费期是10月25日0时至11月30日24时,共计37天。
>
> **持奥运会门票可免费乘车**[2]
>
> 从7月20日开始,奥林匹克中心区周边,将采取交通限行政策,除了公交车以及持证车辆外,其他车辆包括出租车,都无法进入奥林匹克中心区。为了方便观众观看比赛,

> 北京市公交集团近日出台措施,凡是持有比赛当天门票的观众,都可以免费乘坐公交车,前往赛场观看比赛。
>
> 据悉,奥运会期间,北京公交将新开34条专线,残奥会期间,公交将新开16条专线。目前阶段,为满足工作人员、志愿者工作需要,方便市民提前观览奥运会场馆外景,公交集团公司将于7月20日提前开通10条奥运会公交专线,其中7条线路24小时运营。工作人员、志愿者、奥运会注册人员和非注册媒体人员凭证件免费乘坐;观众持当日门票也可以免费乘坐。

资料来源:[1] 陈洁娜. 南方日报,2010-10-26;[2] 北京交通委. http://news.163.com/08/0724/13/4HKCUH6B000120GU.html

(5) 作为旅游优惠的凭证　是指与旅游主管部门建立合作关系,观众可以凭赛事的门票作为免费或优惠进入赛事举办地或举办地周边区域旅游景点参观的凭证。

相关链接

凭省运会门票可享受常州市内旅游优惠

> 江苏省第17届运动会10月16日将在常州举行。昨日,借省运会的东风,常州市旅游局带着景点景区、旅行社负责人来宿迁进行宣传活动。
>
> 看省运,游常州。省运会期间,游客不仅可以观赏到精彩激烈的比赛,还能够在观赛之余游览常州丰富多彩的美景。
>
> 在刚刚晋级为5A级景区的环球恐龙城,游客可以去全新开放的库克苏克大峡谷考验身体与心理的双重承受力,寻找最惊险刺激的感受;在今年"五一"期间刚刚开园的淹城春秋乐园,游客可以去诸子百家园内体验悠远的春秋文化气息;游客们也可以游览"神州第一佛塔"天宁宝塔,欣赏众多佛家艺术瑰宝……
>
> 为配合省运会,常州各大主力景点都推出了具有相当力度的优惠政策。省运会期间,在常州全市各主要旅游景区凭省运会开闭幕式和各项比赛场馆的入场券以及本人身份证,可以享受各景点景区门市挂牌价8折的优惠价入园游览。此外,常州市对团队游客还有更大幅度的优惠。

资料来源:马石磊. 宿迁晚报,2010-9-27

(6) 作为购物优惠凭证　是指与有关部门合作,观众可以凭赛事门票享有优惠购物或免费领取相关物品的凭证。

相关链接

F1大奖赛上海站购票车迷送耳机

> 全球首款针对现场观众大范围应用的F1赛事专用耳机昨天下午在上海国际赛车场正式推出,中国移动作为上赛场车迷服务合作伙伴,将和久事赛事、华旗资讯一起承担该款耳机的研发和生产成本,在促销期内免费赠送耳机给购票观众。

资料来源:黄启元. 扬子晚报,2008-09-12

(7) 作为收藏的物品　由于赛事门票具有很强的专业性、纪念性、排他性和唯一性等特点,因此赛事门票具有较大的收藏价值。赛事门票不仅受到了众多收藏爱好者的青睐,同时也吸引了收藏市场的高度关注。

> **相关链接**
>
> **体育赛事门票的收藏价值**
>
> 　　在收藏市场上,赛事门票的价格从0.2元到8万元不等。中华人民共和国第1届运动会请柬,售价人民币1 200元。2008北京奥运会28个项目未使用的门票一套,售价人民币18 000元。1932年洛杉矶奥运会中国奥运第一人刘长春参与的100米预赛门票,售价人民币80 000元。但此物品为个人私藏,纯展示品,并不销售。

资料来源:中国收藏热线.http://www.997788.com/pr/detail_134_4685008.html

(8) 作为医疗救治服务的凭证　是指赛事门票持有者在赛事举办期间如果发生意外伤害时,可以享受免费或优惠的医疗救治服务。

> **相关链接**
>
> **北京奥运期间持票观众可获得免费意外医疗救治**
>
> 　　北京奥运期间,凡持有奥运会场馆门票并在中国急救网注册的奥运会观众,在这些城市的奥运安保以外区域的社会空间发生意外伤害时,可获得一定额度内免费意外医疗救治,其额度为,院前急救1 000元以内,院内急救5 000元之内的医疗给付。持奥运门票的观众可到中国急救网进行注册,在遇险时,观众可以拨打联盟救援热线或当地120急救电话,急救中心工作人员在现场核实意外伤病者有效证件和持有奥运门票信息与其注册个人信息一致情况下,均可享受免费救治。

资料来源:叶洲.http://news.qq.com/a/20080711/001573.html

第二节　体育赛事门票市场开发的原则与策略

一、体育赛事门票市场开发的原则

(一) 经济效益和社会效益并举的原则

效益是某种活动所要产生的有益效果及其所达到的程度,是效果和利益的总称。它可分为经济效益和社会效益两类。其中经济效益是人们在社会经济活动中所取得的收益性成果;社会效益则是在经济效益之外的对社会生活有益的效果。经济效益和社会效益,两者既有联系又有区别。经济效益是讲求社会效益的基础,而追求社会效益又是促进经济效益提高的重要条件。两者的区别主要表现在,经济效益比社会效益更加直接些,更显而易见,可以运用若干经济指标来计算,而社会效益则难以计量,必须借助于其他形式来间接考核。一般而言,体育赛事门票市场开发就是为了取得经济效益而

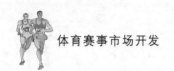

展开的。体育赛事门票市场开发追求良好的经济效益,不仅是体育赛事筹集资金的需要,而且更重要的是为了最大限度满足广大观赏型体育消费者观看欣赏竞赛表演的需要,丰富人们的精神生活、文化生活和闲暇生活。因此,社会效益是前提,经济效益是根本,经济效益与社会效益从根本上说应该是一致的,在体育赛事门票市场开发中必须坚持两种效益并举的原则。

(二)最大限度满足不同类型观众群体需求的原则

所谓消费者需求就是指人们为了满足物质和文化生活的需要而对物质产品和服务的具有货币支付能力的欲望和购买能力的总和。由于观赏型体育消费者群体在性别、年龄、职业、收入、兴趣爱好等诸多方面存在差异,因此体育赛事门票市场开发要坚持以最大限度地满足不同类型观众群体观看欣赏竞赛表演的需求为原则。对观赏型体育消费者市场进行细分,然后针对不同类型的观赏型消费需求开发出不同类型的赛事门票,才能最大限度地满足不同类型的观众群体的需求。

(三)方便、快捷、优质服务于购票者的原则

体育竞赛表演业是属于体育服务业的重要组成部分,门票市场开发又是直接面向观赏型体育消费者的一个服务窗口。因此,体育赛事门票在销售渠道、支付方式、取票路径等每一个环节上要为购票者提供方便、快捷、周到、全方位、优质的购票服务,这样才能激发消费者的购票热情以及最大限度地满足广大观众现场观看竞赛表演的热切愿望。

(四)严格控制赠票、杜绝假票的原则

体育赛事赠票是赛事主办者由于公关、协作、送礼等需要以无偿形式提供给有关部门或个人的一种特殊类型的门票。一场体育赛事如果赠票的数量过多,会直接影响门票的销售收入。因此赛事主办者要坚持严格控制赠票,甚至不发赠票的原则,这样才能提高门票的销售收入。

假票是不法之徒非法伪造的一种赛事门票,是一种侵害体育赛事主办者权益的行为,更是一种犯罪行为。因此,体育赛事门票上要运用防伪技术以杜绝假票。同时体育赛事主办者要协同公安部门依法查处、没收各类假票,对制假、售假者要绳之以法。

二、体育赛事门票市场开发的策略

(一)激发、提升、吸引、拓展体育赛事门票市场需求的策略

1. 努力提升赛事的观赏价值,满足观众观赏高水平比赛的需求

运动员的场上表现是影响观众的主要因素,观众观看竞赛表演是为了欣赏双方队员的精彩表演,感受精湛的技艺、激烈的对抗、顽强的搏击所带来的美的体验与感受,以及陶冶精神与宣泄激情。如果参赛双方都全身心地投入,体育竞赛表演则充满了紧张、激烈、刺激、精彩和悬念,观众能欣赏到这样的比赛,即使是所喜欢的球队输掉了,他们也会表示理解。相反,球员在场上精神面貌欠佳,毫无斗志,即使主场得胜,观众也会产生不满情绪,甚至会影响到其下次再进赛场观看比赛。因此,要努力提升赛事的观赏价值以满足观众观赏高水平比赛的需求。

2. 增加主队选手参与,寻求主场观众的支持

观众参与的积极性与主场参赛选手的表现密不可分,给主队加油是观众观看比赛的重要目的。当主场运动员或球队获胜时,观众得到成就感的奖励,观众与球队的联系功能增强,而当球队表现有失水准时其关系则可能下降。因此,力求增加主队选手参与,以寻求主场观众的支持,是激发、吸引体育赛事门票市场需求的重要策略。

> **相关链接**
>
> **中国队胜利带旺亚洲杯门票销售**
>
> 2004年7月17日开赛的亚洲杯,前期门票销售一直不理想,很多球场看台上的观众不足一半,但是随着中国队节节胜利,球迷们开始涌入赛场,亚洲杯经济也渐入佳境。中国队的小组出线后,欢喜的不仅是中国球迷,同时还带动了曾经不被看好的亚洲杯门票收入。首先是门票方面,在北京赛区的40万张门票基本售罄,总金额将超过2 000万元,重庆赛区门票收入超过500万元,中国队挺进决赛后比赛门票更是洛阳纸贵,一票难求。除了门票之外,亚洲杯还带动了北京工体周边的餐饮和娱乐业,据北京朝阳地税局估算,亚洲杯给这一地区带来1亿元的收入。

资料来源:CCTV.经济信息联播,2004-08-05

3. 打造、包装赛事明星,满足观众追星需要

体育明星的表现与收视率和上座率息息相关。体育明星不仅具有高超的运动技能,而且对观众会产生明星效应。体育明星所具有的优秀人品、人格魅力是赛事形象和品牌的象征,也是青少年学习的榜样,而且也造就了一大批"粉丝"。因此,打造、包装赛事明星,可以满足观众的追星需要。

4. 加强观众与比赛的互动,营造狂热的赛场气氛

观众到现场除了欣赏运动员精湛的技艺和精彩的赛事外,还希望参与赛事有关的活动。现场活动能增强他们的精神体验,特别是青少年观众,迫切渴望和体育明星的近距离接触,明星的签名和联谊活动对他们具有莫大的吸引力。因此,通过组织明星见面会、签名及抽奖博彩等活动,来加强观众与赛事的互动,营造狂热的赛场气氛,是吸引人们去现场融入赛事氛围、观看比赛的重要动机之一。

5. 增加赛场娱乐表演,免费发放纪念品

为了缓解人们在赛中休息时的乏味,满足对审美、娱乐性和趣味性的需求,很多比赛在休息时间进行健美操、杂耍等啦啦队表演。啦啦队的表演音乐劲爆、舞姿热辣,拥有大量痴迷的追随者,是赛场上一道迷人的风景线。因此,增加赛场娱乐表演是吸引观众关注的策略之一。与此同时,通过在赛场免费发放赛事纪念品(甚至是独一无二的绝版纪念品)供人们收藏,也是提升上座率的基本策略。

(二)体育赛事门票设计包装策略

1. 增加收藏元素

体育赛事门票是一张赛事的名片。一张设计包装精美的门票,不仅是观众进入赛场观

看比赛的凭证,是一段体育比赛历史的见证,也是值得人们收藏与传承的艺术品。因此,在体育赛事门票的设计包装上要增加收藏元素,从而激发收藏界的兴趣。

2. 附加门票封套

设计印制门票的封套是目前一些高价位赛事门票销售的通常做法。增加封套一方面有利于商家、企业用作公关的礼品赠送,另一方面也可以增加门票广告的媒体。

3. 运用防伪技术

体育赛事门票在设计制作过程中应尽量使用较先进的技术。比如通过使用电子芯片即RID无线射频识别技术,就可以在持票人现场入场时进行非接触的查验,从而确保服务质量,提高入场速度。此外,门票的印刷制作还可以使用防伪油墨。这样可以确保体育赛事门票的安全,杜绝假票,防止倒票。

(三) 体育赛事门票市场定价策略

1. 门票价格要与赛事所在国家(或城市、地区)的经济发展状况相适应

由于发达国家与发展中国家社会经济发展水平和人均国民生产总值差距甚大,造成观赏型体育消费者的收入水平和经济承受能力的不一样,因而赛事门票的价格当然也是不一样的。因此,赛事门票价格要与赛事所在国家(或城市、地区)的经济发展状况相适应,在制订门票价格时必须考虑观赏型体育消费者的收入水平和经济承受能力这一客观因素。

2. 门票价格要与体育市场需求状况相适应

一场大型综合性体育赛事,比赛项目大项几十个,小项几百个。由于观赏型体育消费者对比赛项目的观赏爱好是不一样的,因而比赛就有冷热之分,从而会造成综合性体育赛事不同项目门票价格的不同。一般来说,热门比赛门票的价格肯定要高于冷门比赛门票的价格。因此要根据观赏型体育消费者的不同偏好来细分市场。门票价格如果不分主次和档次,千篇一律,就会脱离体育消费者的偏好,违背市场的供求规律。

3. 为不同阶层设定符合其承受力的票价

体育赛事要满足不同层次观众群体的观看需求,既要顾及高收入的白领阶层,中等收入的灰领、蓝领阶层,更要顾及无收入或收入有限的青少年学生群体、老年人、军人、社会弱势群体等。因此要按照"顶天立地"的原则来制订赛事门票的价格。高价票体现身价,低价票满足"草根"观看者的需求并能聚集人气。与此同时还要根据门票购买者的不同用途来细分市场,要设置一部分"礼品门票"从而满足公司企业的公关需求。

4. 门票价格要与购买者的实际受益度相适应

消费者通过货币支付方式获得的赛事门票是进入赛场的凭证,但是不同价位的门票其获得的实际受益程度也是不一样的。一般来说,高价位门票的座位位置离赛场中心较近且享受的附加服务也较多。低价位门票的座位位置离赛场中心较远且享受的附加服务也较少,甚至没有。

相关链接

2008年北京奥运会门票价格一览表

项目	最低(元)	最高(元)	项目	最低(元)	最高(元)
开幕式	200	5 000	艺术体操	100	400
闭幕式	150	3 000	蹦床	50	100
射箭	50	100	手球	30	300
田径	50	800	曲棍球	30	150
羽毛球	50	500	柔道	50	200
棒球	30	150	现代五项	30	50
篮球	50	1 000	赛艇	30	80
沙滩排球	50	400	帆船	120	600
拳击	30	400	射击	30	50
皮划艇静水	30	80	垒球	30	120
皮划艇激流回旋	30	100	游泳	30	800
小轮车越野	50	100	花样游泳	60	500
山地自行车	30	30	乒乓球	50	800
公路自行车	免费	免费	跆拳道	50	200
场地自行车	50	100	网球	100	600
跳水	60	500	铁人三项	50	50
马术	40	400	排球	50	800
击剑	50	100	水球	30	400
足球	40	800	举重	30	200
竞技体操	50	300	摔跤	50	200

资料来源:CCTV. http://sports.cctv.com/special/C18225/01/

相关链接

2011年中国上海站F1门票价格

等级	看台说明	类型	单价(元)
1	主看台A-Platinum/铂金区	套票	3 280
2	主看台A-High/上层	套票	2 180
3	主看台A-Low/下层	套票	1 980
4	H看台	套票	1 180
	K看台	套票	1 180
5	B1-4看台	套票	1 080
6	B5-8看台	套票	780
7	L草地看台	套票	380
	C草地看台	套票	380
	F草地看台	套票	380
	J草地看台	套票	380

资料来源:上海站F1票务网. http://www.021f1.com/view-f1dingpiao-206.html

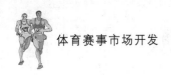

（四）体育赛事门票市场促销策略

体育赛事门票市场促销除了常规的促销策略之外，还可以采用以下的促销策略。

1. 服务促销

体育赛事门票市场服务促销是指通过提升服务来促进门票销售的一种策略。也就是说赛事门票营销部门要建立以观众为导向的服务理念，努力提高门票销售的服务质量和服务水准，促使观众建立对该赛事产品的认知和兴趣，进而促使观众购买该赛事门票。

2. 礼品促销

礼品促销是指在体育赛事门票销售中通过发放、赠送各种小礼品来吸引、激发观众购买门票积极性的一种促销策略。通常用于促销的礼品有赛事纪念章、吉祥物、观赛助威用品、体育彩票等。选择一个价廉物美的具有纪念意义的独特的礼品在购票时赠送能起到事半功倍的促销效果。

3. 明星促销

明星促销就是指在体育赛事门票销售中通过聘请运动明星、娱乐明星签名售票来吸引、激发观众购买门票积极性的一种促销策略。由于运动明星、娱乐明星拥有大量的"粉丝"，因此这种促销方法会让众多的追星族趋之若鹜。

4. 优惠促销

优惠促销是指在体育赛事门票销售中通过优惠方式来吸引、激发观众购买门票积极性的一种促销策略。通常的优惠方式有：购买套票、联票可以打折优惠，购买非热门项目、热门时间比赛的门票可以打折优惠，老年人、军人、残疾人、学生等群体可以享受购票优惠。

5. 活动促销

活动促销是指在体育赛事门票销售中通过举办各种活动来吸引、激发观众购买门票积极性的一种促销策略。通常的门票促销活动有：购买体育彩票送赛事门票活动、购买运动用品送赛事门票活动、购买商品送赛事门票活动等。

相关链接

宝鸡体彩管理站开展"购竞猜型体育彩票，赠足球比赛门票"活动[1]

由中国足球协会主办，陕西省体育局、宝鸡市人民政府承办，陕西省足球运动管理中心、宝鸡市体育局协办的"2011年'六年西凤杯'全国女子足球联赛（宝鸡赛区）"将分别于5月4日～5月8日和6月28日～7月2日在宝鸡隆重举行第2站和第5站的比赛。为借助重大体育赛事扩大体育彩票品牌的社会影响，使广大足球球迷和彩民充分享受体育赛事带来的欢乐，感受体育彩票的公益实惠，宝鸡管理站在全国女子足球联赛两站比赛期间开展"购竞猜型体育彩票，赠足球比赛门票"活动。

活动期间，凡在市区（金台、渭滨两区）电脑型体育彩票投注站购买竞猜型体育彩票（包括新单场竞彩的足球游戏和篮球游戏，传统足彩的14场胜负游戏、任选9场胜负游戏、6场半全场胜负游戏和四场进球游戏）满20元者，均可获赠1张"2011年'六年西凤杯'全国女子足球联赛（宝鸡赛区）"门票。宝鸡球迷和彩民将有机会在体验体育彩票购彩乐趣的同时一睹国内女足高水平比赛风采，感受足球赛事的热烈现场氛围和独特魅力。

> 据悉，中国足球协会全国女子足球联赛是由国内最优秀的足球俱乐部、体育局系统、解放军系统的成年女子足球运动员参加的最高水平的女子足球联赛，宝鸡承办的第2站和第5站比赛参赛队有陕西、北京、解放军、广东等7支国内女足强队。
>
> **任我游深圳专卖购机送赛事门票活动**[2]
>
> 期盼已久的广州赛事盛典即将拉开帷幕，此次盛会共有45个比赛项目，42个大项，56个分项，463个小项，中国已经组建了史上最强阵容参加此次比赛。作为国际知名汽车导航仪品牌，任我游当然不会错过这一与广大车主同欢共庆的机会。继2008年北京奥运会和今年上海世博期间推出"北京欢迎你"和"从容游上海"主题地图之后，任我游这次更是精心炮制了"畅行广州，共赏亚运"的主题地图，通过六大单元，将广州的吃住行一网打尽，为用户提供广州及周边地区周详、贴心的出游信息和玩乐指南。
>
> 为答谢广大消费者，任我游推出了购买指定产品即可获赠精彩赛事门票的活动，门票包括众多热门赛事，更有男子110米栏决赛的门票。数量有限，先到先得！
>
> 亲爱的车主朋友们，任我游邀您一起免费看赛事，见证刘翔冲金时刻。

资料来源：[1] 中国体育彩票宝鸡管理站．http：//www．sxtc．com．cn/FileUp/S169/114271437481017．html；[2] 天极网．http：//digi．tech．qq．com/a/20101120/000255．html

（五）体育赛事门票市场销售渠道策略

体育赛事门票市场销售渠道除了常规的"门售"之外，还应该积极拓宽门票的销售渠道。体育赛事门票市场的销售渠道可采取电话订票、网上订票、送票上门的销售渠道，也可以通过各种超市、银行、邮局、地铁车站、旅行社、航空售票处、体育彩票销售网络等渠道进行代理销售。

（六）体育赛事门票衍生市场的开发策略

体育赛事门票衍生市场的开发可以采取自主开发、委托开发、合作开发、授权开发等策略。一般赛事赞助的回报、赛事广告的媒体、赛事彩票抽奖兑奖的凭证等门票衍生市场采取自主开发的模式。一般作为观众乘车的凭证、旅游优惠的凭证、购物优惠的凭证、作为医疗救治服务的凭证等门票衍生市场则采取委托开发、合作开发或授权开发等模式。

本章小结

1. 体育赛事门票，是证明持有者有权进入体育场馆观看、欣赏体育竞赛表演的凭证。体育赛事门票可以从赛事阶段、销售对象、销售方式、制作形式、使用次数、出票形式等方面进行分类。满足观赏型体育消费者的消费需要、丰富人们的文化生活，提升生活质量、烘托赛场氛围，激励运动员斗志，提升赛事组织者收入，吸引赞助商、媒体积极性眼球，推动赛事文化及体育文化的发展等是体育赛事门票市场开发的意义所在。

2. 体育赛事门票市场可开发的资源可以分为赛事观赏资源和赛事衍生资源两大类。经济效益和社会效益并举，最大限度满足不同类型观众群体的需求，方便、快捷、优质服务于购票者，严格控制赠票、杜绝假票等是体育赛事门票市场开发的原则。努力提升赛事的观赏价值，满足观众观赏高水平比赛的需求，增加收藏元素，运用防伪技术，为不同阶层设定符合

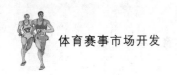

其承受力的票价,采取多种销售渠道进行代理销售等是体育赛事门票市场开发的策略。

思 考 题

1. 体育赛事门票有哪些类型?
2. 体育赛事门票应提供哪些信息?
3. 概述体育赛事门票市场开发的意义。
4. 体育赛事门票市场可开发的资源有哪些?
5. 体育赛事门票市场开发应掌握哪些基本原则?
6. 试述体育赛事门票市场开发的策略。

本 章 案 例

第6届全国城市运动会票务管理使用办法

六城执委会[2007]16号

为做好第6届全国城市运动会(六城会)票务工作,特制订本管理办法。

一、票务管理范围

本办法所指的票务包括六城会开幕式、闭幕式门票(包括总彩排和预演门票),六城会各竞赛项目比赛门票。

二、固定席位

各比赛场馆按要求划出固定席位,除固定席位外其余门票均可用于售出。具体划分为运动员教练席、记者席、工作人员席、观摩席、安保席、主席台区6类。开幕式、闭幕式及相关项目决赛票务另行安排。

(1) 运动员、教练员凭本比赛项目运动员证、教练员证在本场比赛划定的运动员、教练员席入座。各场馆应按竞赛部的要求划出席位并表明类别,安排专人管理。特殊场次凭附加票证入场。

(2) 记者(文字、摄影)凭执委会颁发的记者证和专场证件在指定记者区域入座。各场馆应按宣传部的要求划出席位并标明类别,安排专人管理。特殊场次凭附加票证入场。

(3) 工作人员凭执委会颁发的有效区域工作证按规定在工作人员区域入座。各场馆应按执委会办公室或赛区协调委员会的要求划出座位并标明类别,安排专人管理。

(4) 观摩席所需赠票比例由接待部根据各项目、各场馆具体情况而定,原则上控制在场馆座位总数的5%~10%,个别场次如因特殊需要,赠票比例可适当提高。用于回报六城会赞助企业的比赛观摩用票,由执委会资源开发部根据其与有关企业签订的合同按需领取。

(5) 安保人员席位由执委会安保部商各项目竞委会、各场馆和有关安保部门确定,安保人员凭六城会执委会颁发的证件入席,席前不设"安保人员席"标志,但要安排专人管理。

(6) 主席台区凭主席台门票、有效区域工作证进入,或由接待部提出要求,执委会办公室根据各项目、各场馆的具体情况,协商各项目竞委会后统一印发请柬。

三、票务销售办法

(1) 除固定席位和赠票外,其余门票实行市场销售。其中六城会开、闭幕式门票和有关赛事的赠票由执委会办公室提出方案报执委会审定。执委会资源开发部统一负责六城会门票的制作和销售工作。

（2）六城会开、闭幕式门票（包括彩排和预演门票）由执委会资源开发部统一销售。其余各单项比赛门票，由各单项竞委会委托比赛场馆进行，收入由资源开发部和各场馆机构按照一定比例分成。

（3）各售票单位要遵循先内部后公开、先团体后个别的原则进行售票。开、闭幕式及重要比赛项目的售票进度，由售票单位当日报执委会资源开发部备案。

（4）内部售票办法包括：①外省市观摩团订票工作由执委会接待部牵头办理，应预先向各代表团发出购票通知。为方便各省市区购票，拟定于赛前代表团联络员会议期间集中办理购票业务。②执委会资源开发部对执委会各部门、各赛区统一上报预订的开、闭幕式门票及各项决赛门票进行统筹协调，并报请执委会批准后，交各售票单位办理。③由于部分项目比赛门票的需求量较大，各售票单位对各场馆每场比赛要保留一定数量的票额。对特殊原因需计划外购票的，须向执委会资源开发部申请，并凭其出示的购票证明在规定期限内向各售票单位办理购票。

（5）六城会开、闭幕式门票公开售票日期，由执委会资源开发部确定。其他比赛门票公开售票日期，由各单项竞委会自行确定，并在有关新闻媒体刊登，尽可能让更多的观众观看体育比赛。

四、票务管理程序

（1）六城会开、闭幕式门票及各单项比赛门票由执委会资源开发部负责设计、印刷、广告、核对和分类，门票印制前须将样板报执委会安全保卫部审核。

（2）门票印制完成后，资源开发部将门票清单交执委会票证中心，票证中心按审定的门票分配表，再下单给资源开发部。资源开发部按要求将赠票部分交票证中心，其余用于自行销售和通知各售票单位前来领取。

（3）各领票单位对所领门票应仔细核对，发现问题要及时提出，根据规定手续填写领票清单。开、闭幕式门票领取情况由执委会资源开发部负责统计，其他单项比赛门票由各售票单位负责统计。所有门票领取情况均需报执委会票证中心备案。

（4）领取门票后，各场馆票务人员应将大会规定的固定席位，即运动员、教练席、记者席、工作人员席、观摩席、安保席、主席台区的票抽出，封存并妥善保管，严防失窃。

五、观摩票和赠票

（1）观摩票作为执委会的赠票，由票证中心在总票中首先提取，然后统一加盖非卖品印章或赠票印章后分别送交执委会办公室和资源开发部进行分发。

（2）各场比赛观众应达到规定人数比例，对未达到规定比例的场次，可赠送门票组织观众观看，但要对执委会报告原因和组织方式及时间。在赠送门票时，应将有价票加盖非卖品印章或赠票印章，改票手续须单项竞委会负责人及场馆负责人签字，财务、票务人员盖章验收方可生效，改票清单须报执委会资源开发部备案。

六、票务结算

（1）售票工作结束后，开、闭幕式门票及各单项比赛项目门票的结账工作于开、闭幕式及各单项结束后15个工作日内清算。

（2）各单项竞委会应做好比赛门票的结账工作，在比赛结束后3天内将"六城会比赛售票清单"报送执委会资源开发部备案。

（3）六城会执委会审计监察部要加强对票务工作的审计监察。

七、附则

（1）本办法由执委会票证中心负责解释。

（2）本办法自颁布之日起施行。

中华人民共和国第6届城市运动会执行委员会
2007年6月12日

案例思考题

1. 第6届全国城市运动会的门票分为哪几种类型？
2. 第6届全国城市运动会门票市场开发有什么特点？
3. 你认为同类运动会的门票市场应该怎么进行开发？

推荐阅读

1. 钟天朗.体育服务业导论[M].上海:复旦大学出版社,2008
2. 杨铁黎.转型期我国体育赛事市场化运作特征与对策研究[M].北京:北京体育大学出版社,2008
3. 周学云.我国综合性体育赛事资源开发[M].北京:人民体育出版社出版,2008
4. 李颖川.体育赛事经营管理[M].北京:人民体育出版社出版,2008
5. 田雨普.大型体育赛事的经营管理[M].北京:人民体育出版社出版,2007

第四章 体育赛事媒体市场开发

本章内容提要
- 体育赛事媒体市场开发的定义
- 体育赛事媒体市场开发的意义
- 体育赛事媒体市场开发的资源
- 体育赛事媒体市场开发的原则与策略

第一节 体育赛事媒体市场特征

在21世纪的今天,体育赛事与媒体的关系已经到了密不可分的地步。尤其是大型综合性体育赛事和具有广泛影响力的单项体育赛事,日益依赖媒体的巨大传播力量来获得观众、赞助、广告和品牌知名度。而媒体也通过直接或间接介入体育赛事而获得新的发展机会和利润来源。在体育赛事运作管理过程中,组织者和管理者需要不断同媒体合作伙伴打交道。同样的,在体育赛事市场开发的过程中,体育赛事市场开发人员也理所当然地需要高度重视赛事媒体市场的开发,通过与电视、网络和其他媒体的广泛接触、协作与互动,体育赛事的市场开发效果将如虎添翼、事半功倍。

一、体育赛事媒体市场开发的定义

(一)媒体与体育媒体的含义及发展简况

1. 媒体的概念、类别及功能

所谓媒体,是指传播信息的媒介,通俗地说就是宣传的载体或平台,能为信息的传播提供平台的就可以称为媒体了。至于媒体的内容,应该根据国家现行的有关政策,结合广告市场的实际需求不断更新,确保其可行性、适宜性和有效性。

关于媒体的分类有不同的方法,按其表现形式可以划分为平面媒体、电波媒体和网络媒体三大类:①平面媒体:主要包括印刷类、非印刷类、光电类等;②电波媒体:主要包括广播、电视广告(字幕、标版、影视)等;③网络媒体:主要包括网络索引、平面、动画、论坛等。从出现的先后顺序来划分:报纸刊物应为第1媒体;广播应为第2媒体;电视应为第3媒体;互联网则应被称为第4媒体;移动网络应为第5媒体。其中第4、第5媒体属于新媒体范畴。但是,就目前的影响力来看,广播的今天就是电视的明天。电视正逐步沦为"第2媒体",而互联网正在从"第4媒体"逐步上升为"第3媒体"。虽然电视的广告收入一直有较大幅度的增长,但"广告蛋糕"正日益被互联网、户外媒体等新媒体以及变革后的平面媒体所瓜分,所有广告主所创造出来的数据已经让这一切成为不争的事实。同时,平面媒体已经涵盖了报刊、杂志、画册、信封、挂历、立体广告牌、霓虹灯、空飘、LED看板、灯箱、户外电视墙、餐盒等广告宣传平台；电波媒体也已经涵盖了广播、电视等广告宣传平台。

媒体主要有以下5项功能：监测社会环境、协调社会关系、传承文化、提供娱乐和教育市民大众。在特定的社会环境和政治背景下，媒体具有独特的政治责任和普遍的社会责任，因而也就具有一定的拟人化权利和义务，加之其广泛传播的特点，其播放的资源信息就必须对公众和社会负责。

相关链接

在中国，传媒产业发展环境逐步优化，平面媒体政策相对宽松，广电媒体市场准入大门渐启，市场拓新先机开始显现，科技含量不断提高，传媒业正呈现出强劲的产业化发展趋势，传媒产业雏形已经形成，并且传媒业的快速发展带动或促进了相关行业的发展。从传媒资本的角度看，中国传媒的市场化改革的进程明显加快，而且国家的有关政策也开始松动，由原来的严格控制到现在的限制性进入。

中国电视、互联网、手机用户、网民数量已经是全球第一，广告收入增长迅猛，媒体是增长最快的消费品。但人均广告支出只有美国的2%～3%，前景看好。中国新媒体用户大多小于30岁，其中1/4具有大学本科以上学历。新媒体上市公司是传统媒体的2～3倍。2007年，中国网络广告市场规模已经超过100亿元人民币，年度增幅更是达到75%。中国网络广告市场展示出令人期待的高速增长势头。

资料来源：百度百科.媒体——中国媒体产业的发展

2. 体育赛事与媒体的关系

体育与媒体的关系是体育赛事市场运作中必须高度重视的内容，是体育赛事运作管理的重要环节和关键点。随着竞技体育的开展越来越普及，许多项目都在走职业化发展道路，在对市场资源争夺与竞争空前激烈的前提下遇到了各种各样的新问题，其中之一就是项目如何定位，以什么形象走入市场，也就是对赛事如何进行推广、宣传和运作的问题。此外，媒体在开发和培育有市场潜力的职业体育赛事过程中起到了哪些作用，也是赛事市场开发者和新闻媒体从业者在不断思考的问题。新闻媒体为职业体育赛事提供了一个宣传与创作的平台，当前火爆的职业体育赛事如NBA、世界杯足球赛、网球大满贯、拳王争霸赛等都是与新闻媒体的介入分不开的。职业体育赛事的推广与发展需要借助媒体的力量，媒体对体育赛事的报道，能引起广大观众的关注，激发体育迷的热情并"制造"明星。媒体也因报道赛事而增加了自身的价值与受众数量，新闻媒体与职业体育赛事之间建立起来的相互作用、相互依赖的关系越来越密切。当代体育赛事与电视和网络新媒体的关系是互惠双赢的：现代体育赛事与电视、网络平台的结合极大地促进了体育赛事商业化运作的成长与成熟，电视和网络的普及大大缩短了全球观众与体育赛事的距离，人们可以足不出户就欣赏到高水平的赛事直播和转播。由此，现代体育赛事的传播速度大大加快，与之密切关联的赛事博彩产业也获得了突飞猛进式的增长。另一方面，丰富多彩的高水平体育赛事大大丰富了电视和网络的内容资源和节目素材，大大提升了各类媒体的广告、赞助收入和其他相关商业收入。由此可见，当代体育赛事与主流媒体如电视、网络的关系是唇齿相依、荣辱与共和共生共存的。

第四章 体育赛事媒体市场开发

> **相关链接**
>
> 整个NBA商业构成中,媒体版权收入依旧是占据最大比例的部分。很大程度上,NBA可以被看作是一个成熟的媒体娱乐产品。NBA在网络和手机载体上的媒体呈现形式,意味着未来收入的高低。
>
> "我们竭尽全力地在挖掘NBA媒体形式的创造性,"高德施密特说,"有时候,新的媒体形式出现得太快,可能会影响到我们在主流电视版权销售时的收入,但是大家都在争取未来的受众。在欧洲地区,由于时差问题,我们必然要做出更丰富的媒体产品,所以数字化媒体对NBA欧洲很重要。现在的球迷,都希望随时随地能主动看到他们要看的比赛画面,在欧洲,我们推出了宽带直通的产品,能达到高清和订制的需求。"跟主流电视媒体的合作,其实是NBA欧洲整个产品链条中最重要的部分——没有电视主流媒体的传播和推广,这项美国职业篮球联赛的知名度得不到提升,其他所有运作都是空中楼阁。
>
> 过去的20年,NBA已经在欧洲各大市场进行媒体布局,他们和法国Canal+、西班牙Sogecable、意大利的Sport Italia以及Sky I原talia都有着长期的媒体版权合同,在俄罗斯的合作伙伴是NTV+,也有了13年的合作基础。
>
> 合作模式上相对灵活,电视版权销售价格也不是特别高,图谋的自然是通过主流媒体平台传播,来进一步加深NBA的欧洲影响力。唯一无法在主流电视平台上站立的市场,居然是英国这个和美国关系最密切,几乎可以说是同文同种的市场。不过在2009年,NBA跟在英国已经落地生根的ESPN取得了合作,英国受众通过订阅ESPN付费电视服务,可以稳定地收看到NBA赛事。
>
> 资料来源:颜强. NBA开辟欧洲疆土攻略 拓展与欧洲众媒体合作形式[EB/OL]. http://basketball.titan24.com/nba/2011-01-17/96393.html

3. 体育赛事媒体市场的发展历程

体育赛事媒体市场的发展历程是与媒体的诞生和推广密不可分的,同时也有赖于媒体对体育信息和赛事资源的兴趣激发与相互吸引。20世纪20年代,电视的发明成为现代体育赛事媒体诞生的先河,而20世纪90年代互联网的民用化和日益普及成为新世纪体育赛事媒体飞跃发展的全新契机。

与传统的平面媒体和无线电广播媒体相比,电视和网络媒体在体育赛事传播中的优点是巨大的:①能够用屏幕画面提供和观赏高清赛场画面,实现实时信号和图像的传输,现场感大大增强,同时可以相对有效地规避语言和文字的跨文化交流和信息交换差异,真正实现了时间上和空间上的突破,世界各地的体育迷和观众都可以通过电视转播和网络直播收看自己喜爱的体育赛事节目;②可以随时插入相关信息,如关于本场次比赛的球员信息、背景知识、赛场所在城市和赛场周边信息、当天的天气情况及交通信息、球场路线、比赛技术统计等内容,这些信息和内容可以帮助观众更为全面而立体地采集和感知赛事氛围和具体细节,大大提升了观赛的质量和收获;③可以应用电视转播技巧和最新的图像插入与处理技术,实现细节回放、广告插播、明星和观众特写等,既满足了观众的审美需求,又满足了赞助商、广告商的商业利益需求,成为一种极具魅力和刺激性的赛事传播手段和体育营销路径。

体育赛事媒体市场发展的关键转折点来自于电视转播权的发展,它是伴随着电视对体育赛事的转播而产生的一种崭新的体育商业化运作方式。1936年,体育赛事电视转播技术应用于柏林奥运会,这标志着电视转播技术在体育领域应用的开始。1948年,BBC为伦敦奥运会付费转播奥运赛事,标志着体育电视转播权进入萌芽阶段。1958年,国际奥委会将电视转播权写进了《奥林匹克宪章》,明确将奥运会体育赛事的内容界定为娱乐内容。之后,美国三大广播公司在购买转播权上展开了激烈的竞争,不断推动体育赛事转播费用的上涨。1984年,尤伯罗斯主导了第23届夏季奥林匹克运动会的市场开发和商业运作,其核心举措之一就是大幅度提高了电视转播费用,从而最终帮助国际奥委会走出了破产的阴影。1995年之后,国际奥委会实施长期的电视转播权销售战略,不断开发美国之外的市场,奥运会转播权价格成为天文数字。除奥运会之外,众多知名单项体育赛事和顶级联赛的电视转播和网络直播收入也占办赛支出和收入的相当比例。据统计,欧洲的顶级足球俱乐部的电视转播收入占其全部收入的10%~20%,个别球会更是高达38%。英超热点赛事的电视转播权收入占到赛事总体收入的6成以上。

相关链接

2009年4月11日,中央电视台和全运会组委会在山东济南正式签约,结成战略合作伙伴。作为第11届全运会电视合作伙伴,中央电视台将负责整个运动会的电视媒体服务。其中包括本届全运会的开闭幕式的直播,主要赛事的转播,以及倒计时100天、30天的各项活动的报道;直播本届全运会圣火采集,北京火炬起跑仪式,并对火炬传递进行全程报道。

中央电视台对本届全运会采用组合形式全方位报道,报道模式参照2008年北京奥运会的报道模式,将奥运会报道的理念运用到本届全运会的报道中。除了电视报道,中央电视台还拥有互联网、移动平台等新媒体的独家视频,新媒体报道模式也将首次运用到全运会当中。

资料来源:央视网.央视与全运会组委会结成战略合作伙伴[EB/OL].http://sports.cctv.com/20090411/102938.shtml

(二)体育赛事媒体市场开发的概念、内容及销售方式

1. 体育赛事媒体市场开发的概念

体育赛事媒体市场开发是指体育赛事运作管理机构根据赛事媒体资源的分布状况和市场需求,依据市场原则和赛事市场开发方案所进行的媒体市场推广、媒体资源与权益的有偿转让和媒体市场管控的工作过程。

2. 体育赛事媒体市场开发的主要内容

体育赛事媒体市场开发工作涉及多方面的利益和考量,需要整合大量的人员、信息和资源,参考诸多相关法律法规和市场要素信息,工作过程也十分繁杂。具体而言,体育赛事媒体市场开发主要包括以下4个方面的内容。

(1)赛事媒体市场资源的分析与整合 体育赛事的诸多媒体资源是市场开发的基础,任何一项体育赛事的媒体市场开发,必须首先建立在资源分析和资源整合的前提下。因此,这也成为媒体市场开发的第一步任务。首先,赛事组织者和市场工作人员要群策群力,开展本项赛事的媒体市场资源检索与分析,做到不遗漏、不遗忘、不浪费。任何与赛事有关的媒

第四章 体育赛事媒体市场开发

体资源和权益都要统筹考虑,合理配置,优化组合。

(2)需求分析与推广 体育赛事媒体市场开发的对象和目标指向是各类体育媒体,它们是体育赛事媒体市场上的需求者,它们对于赛事潜在媒体利益和商业价值的判断和认可程度将成为决定其出价的关键。因此,作为体育赛事媒体市场开发者,要尽最大可能了解各类媒体对赛事媒体权益的设计、划分、转让和保障的期望,通过不断调整和回应潜在合作媒体的期望,达到强化沟通、协调一致的目标。同时,赛事媒体市场开发部门要开展诸如媒体活动日、媒体推广酒会等亲和力强、曝光率高的活动项目,加强媒体市场推广的力度,增进供需双方的了解和友谊,为媒体权益转让协议的达成奠定良好的合作基础。

(3)谈判与合同签订 体育赛事主办者和体育媒体之间,既是合作双赢的关系,也是竞争博弈的关系,双方的权益划分将建立在细致而艰苦的公关活动和商业谈判的基础之上。谈判是达成协议的必经程序,也是双方深入沟通、加强了解和洽商协作的重要一环。在谈判过程中,媒体市场开发一方要坦率、真诚,同时要深入理解和体会媒体合作方的利益诉求。另一方面,对于同赛事章程和主办方核心利益相违背、与已有的赞助商和广告商协议相矛盾的媒体要求,也要委婉而坚决地予以拒绝。

经过媒体市场谈判,双方将达成一致并签订相应的媒体权益转让协议。在协议中应明确双方的权利、义务划分,合同价款的金额、付款方式和付款时间,协议执行的期限与监控措施,违约的风险与责任划分,违约的救济方法等。

(4)媒体市场开发的执行、监督与评估 媒体市场开发的执行,是基于媒体市场合作协议的框架而开展的具体媒体市场开发工作,它贯穿在体育赛事进行的全过程,甚至在赛事结束后还有部分扫尾工作或连续性工作要做。获得权益的体育媒体要严格依据合作协议进行赛事的新闻报道和直播、转播工作,严格按照合同规定处理各种与媒体合作协议相关的体育广告、赞助活动,避免产生合同纠纷和产权争端。媒体市场开发部门要监督协议的执行,并提供优质而细致的媒体合作服务,随时解决合作媒体提出的问题,热情、高效地回应其合理诉求。在赛事进行过程中,市场开发部门要持续收集媒体合作协议的执行数据和信息,在赛事举办和结束后,开展赛事媒体市场开发的效果评估,为今后的相应工作提供数据和经验。

3. 体育赛事媒体市场开发的销售方式

体育赛事媒体市场开发既有流程性工作(如公关、谈判等工作),也有权益转让工作。在权益转让工作中,核心问题是协议订立和销售方式的确认。具体而言,媒体市场开发的销售方式主要有5种:①议价购买;②广告置换;③公开招标;④中介运作;⑤一揽子计划(指将数届赛事的媒体权益打包销售)。

> **相关链接**
>
> 第30届夏季奥林匹克运动会于2012年7月27日~8月12日在英国伦敦举行。中央电视台(CCTV)是伦敦奥运会在中国的独家授权转播机构,形成以CCTV-1为旗舰频道、CCTV-5为主频道、CCTV-7为辅频道、CCTV-10为补充频道的组合报道体系。奥运期间,CCTV-新闻等频道发挥新闻报道优势,自由灵活地报道奥运;高清频道与CCTV-5并机播出。

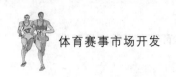

> 伦敦奥运会期间，中央电视台在伦敦国际广播中心建立1 000平方米的前方报道中心，在开幕式、闭幕式、田径、游泳、体操、乒乓球、羽毛球、篮球、排球、射击、赛艇、皮划艇等重点项目设立现场评论席、混合区直播点等单边报道资源。在奥林匹克中心区的电视塔上(TV tower)还建立了一个外景演播室。
>
> 中央电视台继承"充分利用奥运品牌资源，全方位、多渠道地实现传播效益最大化"的总体报道思路。在报道中强调"以人为本"，并用多种制作方式最大限度突出现场，最大限度突出现场中的中国元素。在报道理念中，还将强调"充分展示竞赛魅力，传递爱国主义和体育精神。"竞赛魅力——突出的是"赛事"。把赛事播出放到最核心的地位，投入的所有频道都将围绕赛事资源展开。爱国主义——是所有奥运会电视转播机构都强调的理念。奥运会在各项体育赛事中拥有最广泛的收视人群，而联结家庭的纽带就是"爱国主义"。体育精神——挖掘每一个比赛过程，通过一个个竞争、胜利、失败、坚持的故事，感染电视观众。

资料来源：搜狐娱乐.2012伦敦奥运会央视播出计划[EB/OL]. http://yule.sohu.com/20110920/n319993644.shtml

二、体育赛事媒体市场开发的意义

（一）增强赛事传播力度，提升赞助效益

体育赛事媒体市场开发工作有利于增强体育赛事的传播力度、广度和深度，让观众更好地欣赏比赛、获得赛事知识和新闻，理解体育，增进其对体育的热情，丰富大众文化生活。同时，体育赛事媒体市场开发工作，有利于扩大赛事影响力，从而提升赛事赞助商的兴趣和投入力度，提升体育赛事的赞助效益。

（二）推广赛事品牌，增强赛事竞争力

体育赛事媒体市场开发工作有利于推广赛事品牌，通过电视、网络等诸多媒体的新闻报道和赛事转播，可以极大地扩展赛事的受众范围，提升赛事品牌知名度和忠诚度，从而增强赛事的吸引力和市场竞争力。

（三）筹集办赛资金，优化资源配置

体育赛事媒体市场开发工作有利于筹集和积累办赛资金，优化赛事的资源配置，特别是媒体资源配置。把赛事组织和运作的全过程与新闻媒体的宣传报道权益结合在一起，已经成为近年来国际体育赛事的惯常做法，例如，很多国际赛事会根据观众作息时间和核心目标受众的工作、休息时间紧密结合，一些非重点受众不得不熬夜看比赛。同时，通过整合赛事资源，实现媒体市场开发资源的打包处理和交叉协作，将赛事媒体资源使用效率优化，从而不断优化体育赛事媒体市场的效益，实现赛事媒体市场开发的目标。

另外，媒体市场开发的意义还体现在媒体本身。媒体在参与市场开发的过程中，不仅为赛事组织者提供了直接支持，扩大了市场开发效益，还为媒体创造了许多广告机会。如在转播和报道赛事的过程中，媒体可以借助赛事的影响力，对企业进行营销，通过插播广告和征集企业冠名的专栏、专刊与专题节目等方式，也为媒体本身创造了大量的经济收益，而这些额外的收益通常都归媒体本身所得。同时，借助于体育赛事的转播与报道，提高了媒体的知名度和收视率、阅读量，可谓是名利双收。

第四章 体育赛事媒体市场开发

> **相关链接**
>
> 网易体育2011年2月15日报道：美国著名的媒体公司时代华纳将与著名的湖人队展开合作，而双方的牵手也可谓是强强联合，按照计划，双方将一起合作创办两个电视台的体育频道，其中一个频道是西班牙语的，另外一个频道是英语的。时代华纳和湖人队的合作将长达20年，目前双方已经达成了协议，协议的第一个赛季从2012～2013赛季开始，届时该体育频道将涉及湖人所有的季前赛、常规赛、季后赛的征程。而这种方式将会对湖人球迷乃至全美球迷都产生重大的影响。
>
> 而此次时代华纳和湖人队的合作也可谓商机无限，因为这些节目都是付费内容，虽然并不是全美的所有观众都能够成为其受众群体，但是凭借篮球的魅力以及湖人队强大的号召力，势必能够引起很大的反响。事实上，此前一直有流言称，湖人队正在规划、开始做属于他们自己的电视频道，而他们也在寻找相关的合作者。最终，湖人队和时代华纳公司迅速"牵手"，双方决定在一起合作。
>
> "双方的合作协议迅速达成了。"说这番话的是蒂姆—哈里斯，他是湖人队主管市场开发的执行副总裁，他对此次湖人队和时代华纳的合作感到满意。因为这样的合作，将使湖人队赚得盆满钵满。在过去湖人队和福克斯体育合作的时候，每年就大约能够收到3 000万美元的版税，而这次与时代华纳合作，利润也一定不会少。事实上，在此前这种球队和媒体公司的合作模式下，得到的盈利是很可观的一笔数字。此前NFL联盟的道奇队就是一个很明显的例子，他们就是这种商业运作的获利者。现在，全美篮球界的翘楚湖人队也欲走上这样一种商业模式。
>
> 资料来源：网易体育.湖人将与时代华纳合办体育频道 合作期长达20年[EB/OL]. http://sports.163.com/11/0215/16/6SUQ8TT600051CA1.html

三、体育赛事媒体市场开发的资源

（一）广播、电视与新媒体转播报道权

1．现场报道权

现场报道权是指媒体把体育赛事作为采访、报道和宣传推广的对象，近距离接触体育赛事的信息和过程，把体育赛事信息、图像及时传播给观众的权利。在现场报道时，记者在新闻现场边采录音（画面）、边采访、边解说报道的形式，包括直播和录播两种播出方式。现场报道就是主持人在新闻事件现场手持话筒将新闻事件的发生、进展向观众做口头叙述，同时通过镜头展示现场动态和环境。新闻价值学说认为，体育新闻事件发生与新闻传播出去之间的时间距离越小，新闻价值就越大，时效性也越强。电视新闻现场报道改变了过去那种先拍摄活动画面，后写文字解说，再由播音员配音播出的老一套电视新闻制作模式，采取了无剪辑摄像，省略了编辑合成工序，与新闻事件进展作同步新闻传播。其时间差距极微，因而新闻价值特别大。西方电视界认为，好的现场报道不应过于简单、肤浅。高标准的报道往往是经过精心准备的，其中包括新闻稿的精心写作。美国电视界认为，新闻节目主持人就是站在观众身边的记者，当重大事件发生时，新闻主持人应该站在新闻现场，以记者的身份调查、报道、评论。告诉观众发生了什么、怎么发生的，这件事意味着什么。对体育赛事主办方而言，允许体育新闻媒体到比赛现场开展新闻采集和访问报道，是一项非常重要的媒体市场权

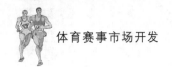

益；对体育媒体而言，能够获得体育赛事新闻的现场报道权，将极大地强化体育媒体竞争力，获得更新、更真实的体育新闻和现场画面，增强媒体权威性和媒体传播力，从而最终提升媒体市场认可度，增加媒体广告收入和媒体品牌影响力。

2. 集锦播放权

集锦播放权是指合作媒体通过支付价款获得体育赛事集锦的画面和比赛信息，然后将集锦内容通过媒体平台播放给观众的权利。由于现场报道权的稀缺性和目标观众观赛时间的紧张，现代体育赛事媒体权利的一个重要表现形式就是集锦播放权，通过收看赛事集锦，观众可以用最短的时间获得最为精粹的比赛瞬间画面和信息，从而得到观赛快感。因此，观众对比赛集锦的需求相当旺盛，体育媒体因而也就对集锦播放权趋之若鹜。媒体可以花费相对少的资金成本获得颇受市场欢迎的体育比赛集锦，然后在播放集锦前后插播广告，增加媒体收视率和访问点击量，获得品牌推广和更多商业回报。

3. 网络媒体直播权

网络媒体直播权是伴随着网络新媒体的产生而日益发展起来的全新体育赛事媒体形式和媒体权益。它由网络体育媒体支付价款，向赛事主办方购买体育比赛的网络直播权利，向网络观众实时传输比赛画面和语音信息，获得相应的广告效益和品牌回报。目前，网络直播权的转让已经较为普遍，流程也相对成熟，其转让价值的高低与赛事的精彩程度和密度紧密关联。如世界杯足球赛、美国 NBA 联赛和英超联赛的网络直播权转让价格很高，而中超联赛和 CBA 联赛的网络直播权价格就相对低廉。

相关链接

在伦敦奥运会倒计时98天之际，中央电视台新媒体平台中国网络电视台（CNTV）举办了2012伦敦奥运会直播产品说明会。据了解，作为国内唯一一家可以进入奥运赛场的新媒体，CNTV 将对全部 5 600 小时的奥运赛事进行直播，包括电视上无法收看到的 4 000 多个小时的赛事，这也将是中国奥运报道历史上规模最大、节目最全的一次赛事直播。

伦敦奥运会将于7月27日～8月12日举行，26个大项共将产生302枚金牌。本月18日，伦敦奥运会倒计时100天，央视就已全面进入"全景奥运"的报道周期，向观众全方位呈现奥运赛事的魅力。

伴随5月10日伦敦奥运会圣火在希腊雅典采集，5月19日伦敦奥运圣火正式开始世界范围内的传递，央视伦敦奥运直播也将渐入高潮。6月7日，伦敦奥运会倒计时50天，央视4小时特别节目《伦敦时间全球脚步》将直播连线举办过奥运会的各个城市，讲述它们的奥运故事，此外还将全面展示中国体育代表团和奥运会转播主持人、嘉宾阵容；名为《人在奥运年》的100个中国奥运军团人物篇和由张斌主持的奥运会前主打原创节目《行至伦敦》也将同步播出。

6月30日，央视第一批工作人员将出发前往伦敦。据悉，在现场报道方面，CNTV 将与央视一道，向前方派出多达500名记者和30个采访组的庞大报道团，在奥运比赛场为国内观众带来"在现场"般的伦敦奥运报道。据央视体育频道总监江和平透露，央视作为伦敦奥运会中国内地地区独家转播机构，7月3日零时将继北京奥运会后再次启用"奥运频道"台标。

> 7月20日伦敦奥运圣火传递到伦敦,27日伦敦奥运会正式开幕。据介绍,担任此次开幕式的导演和监制都大有来头,他们分别是曾执导过奥斯卡获奖影片《朗读者》、《时时刻刻》的史蒂芬·戴德利和《贫民窟的百万富翁》的导演丹尼·博伊尔,两位英国国宝级导演的强强组合,大片式的开幕式吊足观众的胃口。而央视直播开幕式的形式同样值得期待。2010年广州亚运会时,央视曾推出过白岩松版开幕式,即通过新闻报道的解说方式把开幕式背后信息和相关情况传达给观众。记者了解到,央视新闻频道将继续沿用白岩松式的解说直播伦敦奥运会开幕式。
> 由于北京和伦敦存在近8小时的时差,奥运会期间,国内不少观众将更为倚重网络渠道获取赛事资讯。据CNTV副总经理夏晓辉介绍,CNTV将针对1 024小时的重点赛事信号进行独家解说包装,比电视直播提供更多内容,将分别配以专业的、方言的、趣味的解说增强网民参与的热情度。此外,央视和CNTV前方记者、主持人还会在第一时间发送赛事评论微博,观众都可以参与互动。
> 为了在最短时间内向国内发回最新赛况,央视还将在伦敦国际广播中心建立一个1 000平方米的前方报道中心。在直播开、闭幕式、田径、游泳、体操、乒乓球、羽毛球、篮球、射击等重点项目时,将设立现场评论席、混合区直播点等单边报道资源。包括7月28日的首金之争、7月31日的飞人大战和8月9日的刘翔决战等焦点赛事,都将享受到这些资源带来的便利。而奥运会3D转播也将首次在央视成为现实,共计约300小时的3D转播信号,覆盖了开、闭幕式、田径、游泳和体操等项目。

资料来源:北京日报. CNTV全程直播伦敦奥运会——包括电视上无法收看到的4 000多小时赛事[EB/OL].
http://bjrb.bjd.com.cn/html/2012-04/21/content_75317.html

(二) 媒体合作伙伴与媒体活动日

1. 媒体合作伙伴

媒体合作是基于体育赛事运作管理机构和体育新闻媒体的密切关联而开展的搜寻合作媒体、共享体育赛事资源和权益的过程。与体育赛事运作管理机构签订媒体合作协议的合作媒体称为赛事的媒体合作伙伴。随着体育赛事运作管理的深入发展,传统的赛事指定媒体和官方媒体不再是赛事运作管理机构的固定选择,尤其是商业性比赛的媒体合作伙伴,可以来自全球的各个角落,前提是合作媒体具备强大的实力和良好的协作意识,双方能够基于利益最大化来实现资源共享和双赢。选择媒体合作伙伴是体育赛事媒体市场开发的关键点之一,它直接关系到赛事媒体推广和市场营销的效果与成败。媒体合作伙伴有义务协助赛事运作管理机构做好赛事的媒体宣传和新闻报道工作,强化赛事品牌推广和赞助商、广告商的引入与协作。赛事运作管理机构有义务提供合作媒体需要的赛事资源信息,供其开发利用和营销推广。据国内知名的体坛网信息显示,其电视媒体合作伙伴包括欧洲体育频道、中国网络电视台和湖南卫视,独家中文版权合作媒体则包括《扣篮杂志》、《户外杂志》、《队报》、《马卡报》、欧洲体育杂志联盟等11家国际知名报刊,网络媒体合作伙伴则包括新浪网、腾讯网、搜狐网、上海热线、北国网、艾瑞网、开心网、人民网、雅虎中国、千龙网、百度、猫扑体育、浙江在线、凤凰网等28家知名网络媒体。

2. 媒体活动日

媒体活动日是由赛事主办方、运动队和明星共同商定和参与的为赛事媒体提供见面和

采访报道机会的媒体公关活动。通过新闻媒体的集中采访和报道,可以提升赛事的品牌号召力和影响力,提升赛事的竞争力和吸引力,也有利于优化赛事与媒体的关系,增进赛事信息和运动队、明星信息的传播,是一项一举多得的体育媒体市场开发活动。2011年12月12日,NBA洛杉矶湖人队在加利福尼亚州的埃尔塞贡多举行了2011~2012赛季的媒体日活动,科比和费舍尔等当家球星参与了媒体互动和新赛季宣传推广互动,引起相关媒体的兴趣,为新赛季湖人队的宣传推广和比赛造势,增进了球队、明星与媒体的友谊与合作,起到了良好的市场推广效果。

第二节 体育赛事媒体市场开发的原则与策略

一、体育赛事媒体市场开发的原则

(一)强强联合原则:选择强势媒体

在体育赛事媒体市场开发过程中,要把握选择强势媒体的原则。随着媒体市场竞争的激烈和新闻媒体形式的多元化,很多不同类别和来源的新闻媒体都希望借助体育赛事平台获得发展和赢得利益。与日益增多的新闻媒体相比,优质的体育赛事资源是相对稀缺和供不应求的。在这种情况下,要想获得体育赛事传播力度的强化和品牌推广强度的优化,就必定要求赛事媒体市场开发人员注重选择媒体的区分度和工作细致程度,通过优中选优和层层竞标,筛选出最为优势的合作媒体。从近年来国际知名体育赛事和我国大型综合性赛事的媒体竞标和签约执行情况看,选择国际影响力大、信号覆盖广泛、信号质量好、广告回报率高的强势媒体,是赛事市场运作工作的普遍做法。通过这种从内容到过程的强强联合,可以全方位提升体育赛事的市场认知度和普及度,全面提升赛事的品牌认知和市场回报水平。

(二)丰富性原则:丰富媒体活动类型

在把主要的媒体资源分配给强势合作媒体的同时,要注重多元化和丰富媒体的来源及活动类型。具体而言,媒体选择上要力求将主体资源配给优势媒体,其他资源多元化配置给更多的媒体,以便取得媒体关系的优化和长久维系,同时获得尽可能多的媒体合作利益。同时,多元化媒体活动的类型,强化与媒体的沟通与公关协作,真正建立起良好的媒体关系,为长期共赢合作奠定坚实的基础。越是影响力大、办赛传统悠久的高水平赛事,其潜在的媒体合作者越多,市场吸引力越大,选择和搭配不同的媒体与自身的赛事运作资源相匹配,成为赛事媒体市场开发人员的一项重要工作任务。在获得强势媒体优先支持与合作的同时,也不应忽略其他媒体的合作需求与参与要求。这既是赛事长远发展与媒体公关的需要,也是实现效益最大化、传播更广泛办赛目的的重要举措之一。

(三)潮流化原则:拓展媒体对象来源

要把握时代潮流和科技进步的脉搏,随时调整和更新合作媒体的来源与媒体形式,多元化、实时传输赛事信息,同时注重媒体合作成本的调控,做到最优的配置、较低的成本,运用一切可以协作的媒体尤其是新媒体资源,拓展媒体传播的宽度和广度。新媒体是近年来异军突起的媒体类型的总称。随着互联网技术和移动通信技术的不断革新,人与人之间、人与信息之间的交换互通呈现出实时化、全覆盖的特征。年轻群体和时尚人群更加注重体育消费的潮流化和实时性。在这种情况下,新媒体技术与体育赛事媒体市场开发工作必然地紧

第四章 体育赛事媒体市场开发

密结合在一起,大大促进了赛事传播媒体对象来源的丰富性和多元化。

（四）创新性原则：开发新的媒体需求

随着时代的变迁和体育赛事内容的变化以及观众本身欣赏水平和要求的提高,媒体必须表现得更加全面和专业,才能持续赢得观众的心。因此,媒体的需求也在不断拓展和扩张之中。这对于体育赛事媒体市场开发者而言,既是挑战,也是机遇。要不断探寻、思索和开发新的媒体需求,提升与媒体沟通和协作的力度,实现赛事组织者和媒体的全天候、多角度互动,提升媒体市场开发的效率和效益,这既是赛事媒体市场开发人员的责任,也是其工作的基本要求之一。

相关链接

2009年11月12日下午,中央电视台(CCTV)台长焦利先生与国际足联FIFA秘书长杰罗姆·瓦尔克先生在CCTV演播室就2010、2014世界杯转播权正式签约:CCTV独家拥有FIFA授予的2010、2014年两届世界杯决赛阶段比赛在中国内地地区的电视、广播、新媒体(含互联网、手机及其他所有新媒体平台)转播权及其分授权权利,视频点播权、音频点播权及其转授权权利。

同时,CCTV独家拥有2010、2014年两届世界杯期间所有由FIFA主办的包括联合会杯、女子世界杯、国际沙滩足球世界杯、室内5人制足球世界杯等在内的其他各项赛事在中国内地地区的电视、广播、新媒体(含互联网、手机及其他所有新媒体平台)转播权及其分授权权利,视频点播权、音频点播权及其转授权权利。

这意味着在今后近5年的时间内,CCTV仍然是中国球迷欣赏国际足联主办的各项赛事的最主要平台。CCTV副总编辑李挺先生表示:CCTV从1978年开始转播世界杯足球赛,同FIFA的良好合作已达30年。FIFA主办的各项比赛通过CCTV在中国得到了很好的传播,这次签约将巩固双方的合作关系。中央电视台体育频道总监江和平先生表示:CCTV一次购买两届FIFA世界杯及期间其他赛事的转播权是史无前例的,这将更有利于CCTV制订更长期的世界足球报道规划,为广大球迷提供更优质的足球媒体产品。

国际足联秘书长杰罗姆·瓦尔克先生指出:与CCTV的合作对于FIFA是非常重要的,CCTV是FIFA在中国合作时间最长的媒体,CCTV为世界杯在中国的推广起到了其他媒体无可替代的作用。这次签约对双方都具有非常重要的意义。FIFA将继续加强同CCTV的深入合作,让FIFA主办的各项比赛在中国得到更好的传播。

在签约仪式上,CCTV体育频道总监江和平先生重点介绍了CCTV 2010年南非世界杯报道规模以及报道计划。届时,CCTV将派出阵容强大的报道团,为中国观众带来最前沿、最全面的报道,这将是CCTV历届世界杯报道中前方报道团规模最大的一届。在世界杯赛期间,CCTV仍将推出大型晚间专题节目《豪门盛宴》,为观众提供全方位的新闻和赛事资讯,这也是2006年世界杯和2004年、2008年欧洲杯晚间专题节目的品牌延续。在世界杯开始之前,CCTV还将制作《南非行动》节目,体育频道的主持人将前往南非世界杯的9座承办城市,体验那里的足球文化和世界杯氛围,感受南非独特的自然、人文、社会风貌,帮助普通的中国观众实现同世界杯亲密接触的梦想。此外,广大观众熟悉的《我爱世界杯》、《三味聊斋》等系列节目也在筹划之中。

资料来源:搜狐体育频道.CCTV与FIFA再度合作 强势传播2010年南非世界杯[EB/OL]. http://sports.sohu.com/20091113/n268187831.shtml

二、体育赛事媒体市场开发的策略

（一）体育赛事媒体市场开发策略的特点

1. 资源的重新整合而非单纯寻找新资源

对于体育赛事媒体市场开发工作而言，如何发挥媒体资源效用的最大化，从而不断提高媒体市场开发的经济效益，始终是工作的主要目标和价值指向。随着信息技术发展和电视、网络及其他新媒体传播手段的不断涌现，体育赛事媒体资源呈现出丰富化和新颖性的特点，这就为赛事媒体开发人员不断寻找新的媒体市场开发资源提供了无限可能。然而，正如市场营销学经常提及的"维护老客户的成本远低于开发新客户"的理念，对于体育赛事媒体市场开发人员而言，发现并重新整合现有的媒体市场开发资源，其成本和难度以及性价比要远优于寻找新资源，从这个意义上说，赛事媒体市场开发的第一个特点就在于资源的重新整合而非单纯寻找新资源。体育赛事的媒体市场开发人员，要从整体高度审慎把握和分析自己所运作的赛事包含的各种不同的媒体市场资源，开展资源分析与整合打包工作，进而形成多层次、全方位的赛事媒体开发资源，通过包装与整合工作，提升赛事媒体市场资源的价值与市场认可度，全面提升赛事媒体市场开发的品牌价值和经济效益。

2. 市场的重新细分而非单纯发现新市场

体育赛事媒体市场开发的目标和效益来源最终指向媒体市场，特别是在体育赛事商业化日益发展、国际化程度不断加深的背景下，媒体来源多元化、类型多样化，媒体市场的竞争十分激烈，无论是媒体之间的需求竞争还是媒体与赛事市场部门的供求竞争，都呈现出白热化局面。在这种情况下，如何把现有市场分析透彻、合理细分，将成为体育赛事媒体市场开发人员的首要任务。与这种已有市场的重新细分和差异化理念相比，发现新市场的难度正在不断增加，全球体育赛事媒体市场的透明度和覆盖面正在趋于完全化。赛事媒体市场开发者当然不能放弃发现新市场的努力，但是做好现有市场的功课显得更加重要了。任何体育赛事的市场开发工作，本质上都是一个分析市场及其潜在的消费者、寻找商业机会并着力实现经济价值的过程。随着现代体育赛事市场竞争的加剧和商业渗透力的不断增强，体育赛事市场开发工作面临越来越复杂的局面。在这种情况下，赛事媒体市场开发人员需要重新审慎分析和解读本项赛事的潜在市场需求，打破传统的市场格局理念，在市场的二次细分中寻找新的赛事市场机会，为提升赛事的品牌价值和经济效益而不断努力。

相关链接

继2011～2012赛季英超联赛与2011～2012赛季美国职业橄榄球联赛(NFL)揭幕掀起本赛季PPTV网络电视体育节目收视高峰之后，由欧莱雅特约直播的2011网球上海大师赛也在PPTV网络电视上(http://sports.pptv.com/dashibei/2011/)完美收官。10月8日～10月16日的9日内，通过PPTV官网、PPTV客户端、PPTV-iPad、PPTV-iPhone等多终端直播渠道观看比赛的网友点击数量超过千万，处于网络视频行业领先地位。

蝉联世界职业男子网球协会(ATP)年度最佳赛事的上海大师赛是PPTV网络电视继温网、美网与中网之后，携手欧莱雅推出的又一网球精品赛事直播。上海大师赛属于ATP世界巡回赛中等级最高的ATP1000大师赛级别，仅在全球9座城市举行，亚洲范围内仅有上海这一站，其规模和总奖金仅次于四大满贯。

第四章　体育赛事媒体市场开发

　　凭借最领先的直播优势,PPTV网络电视一直致力于为广大的球迷群体提供播放最流畅、内容最全面、7天×24小时的高清体育赛事,长期直播英超、意甲、西甲、中超、CBA、网球四大满贯等顶级体育赛事,是中国涵盖直播赛事量最大的媒体。此次网球大师赛也是PPTV网络电视在多平台联动合作的初次尝试。通过PPTV网站、PPTV客户端、PPTV-iPad、PPTV-iPhone平台上的完美呈现,全面实现了PPTV的直播间植入资源与网页端各种特殊资源的应用,获得了观众的一致认可。通过与欧莱雅特约直播的大师杯,PPTV再次证明其成为体育爱好者们关注赛事的主流渠道,知名度位居体育直播NO.1。

　　目前,PPTV网络电视覆盖全球超过2.4亿华人,依托全球领先的流媒体视频直播技术和多终端直播平台与庞大用户规模,借势顶级赛事的强势品牌效应,PPTV体育频道已经在球迷心目中形成强烈的品牌认知度。

资料来源:网易体育频道.PPTV多终端直播上海大师杯千万点击完美收官[EB/OL]. http://sports.163.com/11/1019/11/7GNNO3MG00051CDG.html

(二) 体育赛事媒体市场开发的具体策略

1. 信号质量的保障与提供

　　无论是电视转播画面还是网络直播图像,都要求清晰而流畅,否则将严重影响观众的收视效果,从而影响相关媒体的市场认可度,最终决定媒体市场的经济效益和生存空间。因此,对于体育赛事市场开发而言,信号质量的保障和提供既是主要的工作任务和考量标准,也是市场开发的首要具体策略内容,必须高度重视。对于赛事信号质量的保障与控制,主要可以从以下角度进行把握和掌控:①优质的硬件设备;②专业高效的摄影摄像团队与软硬件维护团队;③良好的传输平台与后台服务。

2. 媒体服务的完善与创新

　　在体育赛事进行期间,总是会有大量的各类新闻媒体和广告媒体穿插其间,汇聚在赛场周边。这些新闻媒体需要租用合适的转播间、工作机位和记者席位,需要日常工作和生活的后勤保障服务,需要各种传播设施和资料支持,这些也都是媒体市场开发需要高度重视的问题。正所谓"细节决定成败",媒体服务的完善和创新将成为赛事媒体市场开发人员长期努力的目标之一。事实上,媒体服务的创新与个性化一直是当代大型体育赛事运作管理机构和营销团队致力的焦点问题之一,要在激烈的赛事运作竞争中脱颖而出并保持长久的优势,加强媒体服务、实现创新驱动的发展是必由之路。

相关链接

　　第11届全运会媒体村2009年10月11日开村,各大媒体新闻工作者将陆续入住。专门建设媒体村,这在全运史上还是第一次。全运会开幕后,预计将有近4 000名中外记者汇聚济南进行赛事报道。

　　媒体村位于十一运主场馆济南奥体中心向南1.5千米,分为南北两个区,共36栋楼,可提供3 700个床位。媒体村欧式风格,环境优美,每套公寓里安排5名记者入住,三室两厅两卫的套房,宽敞明亮,都配备了电视、空调、冰箱等电器。每个房间里都有网络

> 端口,村里的3G网络也已全部覆盖。媒体村共有2 000名志愿者和服务员提供服务。餐厅可满足1 500人同时就餐,而且菜品也是非常丰富。交通便利同样是媒体村的一大优势。整个媒体村紧邻运动员村,赛场间都有媒体班车。
>
>   随着十一运开幕式即将拉开,越来越多的媒体记者汇聚济南。媒体村专门成立了接待中心,负责记者的接待服务工作。全国全运广播联盟、电视联盟、报纸联盟等新闻合作平台纷纷搭建,共享资源。目前,全国全运广播联盟的12间直播间已经搭好,调试完毕;各大电视媒体的直播设施也陆续到位,只等全运会开幕。

资料来源:腾讯网财经频道.首个全运会媒体村开村[EB/OL]. http://finance.qq.com/a/20091012/000753.html

3. 媒体传播与赞助的互动共赢

对于体育赛事媒体而言,他们期望赛事运作管理机构提供更多的权益和服务,也期望通过参与赛事传播而获得更多的商誉和经济效益。同时,体育媒体既是赞助的来源方之一,也是潜在的赞助对象,两者之间存在着交叉互动的关联。一方面,媒体可能为赛事带来更多潜在的赞助商和广告商;另一方面,媒体有可能通过参与赛事传播而获得更多的赞助与广告机会,媒体传播与赞助形成互动共赢的利益格局。从21世纪初,大型体育赛事和高水平体育联赛都在依赖媒体传播的巨大力量提升其品牌知名度和赛事吸引力,从根本上提高其赞助收益和办赛效益,媒体传播与赞助的互动双赢进一步凸显,并成为一股不可遏制的洪流奔腾向前。

4. 媒体市场开发的差异化、顺序性与限定性

鉴于体育赛事媒体市场竞争的激烈以及媒体类型和背景的多元化,媒体市场开发要遵循差异化、顺序性和限定性的策略。具体而言,应该把更多的优先权益让渡给具有更广影响力、更强品牌号召力和资源支持的强势媒体,同时兼顾其他媒体的需求,形成顺序性的开发思路和权益排序。对于已经让渡给优先购买媒体的独占性权利,要明确限定并禁止其他媒体的干扰和损害。媒体市场开发既是一项灵活务实的商业活动,更是一项具有严格规定性和纪律性的严谨工作,每一个从事赛事媒体市场开发的工作者,都应秉持上述原则和观点来开展工作。

5. 媒体市场开发策略的多元化与灵活性

在体育赛事媒体市场开发的过程中,要秉持多元化和灵活性的态度和策略。赛事媒体开发工作归根结底是一项基于协议的市场公关和营销活动。从本质上说,其目标和交易对象是合作伙伴而非竞争对手,具有感情因素和市场规则的双重性。在这种情况下,如何充分考虑双方的价值和权益诉求,就成为赛事媒体开发人员的重要任务。保持多元化和灵活性,无疑将会使媒体市场开发工作事半功倍。事实上,在当代高水平体育赛事举办过程中,媒体与赛事组织者的协作贯穿始终,各方必须表现出足够的合作态度和热情与耐心,赛事媒体市场开发工作必然要求坚持多元化与灵活性的原则与态度,以期实现媒体市场开发工作的圆满成功。

第四章 体育赛事媒体市场开发

> **相关链接**
>
> 　　2012年伦敦奥运会刚刚结束。在这场世界顶级的体育盛会中,国内众多广播电视节目和网站,都推出了全方位、立体化、多视角的视频节目。从赛事新闻的实时报道、经典赛事的点播回放到赛场内外的精彩花絮,给观众带来奥运精彩的同时也使其感受到了更多运动竞赛中的享受与快乐。
>
> 　　赛事评点彰显创意:对国内的观众而言,因赛程时间差的问题,愿意观看直播的基本都是铁杆的运动粉丝或者是明星粉丝。他们对于实时直播除了在观看的极致体验上有独特需求外,还有更外延的需求。详细的赛程、赛前分析、赛后统计、精彩评论等都是观看实时直播人群最关心的问题。这一切,CCTV和地方电视栏目都已贴心地考虑到,其中CCTV在本届奥运会的直播大战中仍然遥遥领先,但一些地方台的相关报道也是可圈可点的。金牌榜变化和奥运花边资讯是吸引观众的亮点。随着奥运比赛日程的推进,完成的比赛项目越多,对经典赛事回顾、金牌盘点等视频的观看需求越大。这时候,节目创意策划、编辑整合能力,显得尤为关键。奥运期间,一些电视台和网站通过对观众兴趣爱好、观看行为等数据的挖掘整理,对这些杂乱无章的视频内容进行归类整理,推出了经典赛事回顾、赛事点播、每日盘点、金牌英雄、历届金牌、自制节目等众多板块,方便了观众观看欣赏。
>
> 　　报道创新各显神通:奥运会不仅仅是一场各国运动员之间的竞赛,也是媒体报道的竞赛。就国内来说,五大门户在奥运报道上各显神通。凤凰网的特点是有观点、有态度,不管是Banner(网站页面的横幅广告)标题还是独家评论,都显示出凤凰网的新闻报道风格;腾讯网的特点是资源丰富,和上百名运动员签约,并结合腾讯旗下众多产品进行消息推送;新浪网的特点是结合微博进行推广,发起多个奥运主题活动,将互动功能与奥运节目播出相结合;搜狐网的特点是整合搜狐矩阵,结合搜狗弹窗、视频、微博,用大平台战略做全面覆盖;而网易网的特点是主打移动战略,在包括网易新闻、网易邮箱、网易应用等多款移动终端产品以及Wap站平台上,全天候进行奥运内容的推送。此外,在头条的报道上,各网站也是观点鲜明,不同的定位使报道侧重点也稍显不同。以8月7日为例,中国体操选手陈一冰在比赛中被裁判压分,只得一枚银牌,各家门户网均将此事作为头条进行报道,但是报道风格却各有不同。新浪网的标题是《争议!陈一冰0.1分失金》,腾讯网的标题是《吊环陈一冰完美表现屈居亚军》,搜狐网的标题是《吊环陈一冰遭压分遗憾摘银》,网易网的标题是《陈一冰吊环摘银裁判疑压分》,而凤凰网的标题是《黄玉斌炮轰裁判:这是掠夺,这是明抢》。
>
> 　　纵观本届奥运会,由于众多媒体充满创意的对节目内容和形式的报道编排,让我们更为全景地获得观赏体验,也更充分地领略到奥运精神,这是媒体背后的功课,却也是充满创意的较量。创新,使媒体充满活力。

资料来源:中国新闻出版网.伦敦奥运媒体赛场内外大比拼[EB/OL]. http://news.xinhuanet.com/zgjx/2012-08/17/c_131791824.html

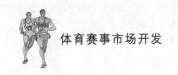

本 章 小 结

体育赛事媒体市场开发工作是整个体育赛事市场开发工作的重要一环,直接关系到赛事运作的成败和可持续性。本章内容的学习和把握,可以从以下几个方面综合考虑并融会贯通为一个整体。

1. 通过体育赛事媒体开发的谈判、执行和监督评估工作,可以为赛事品牌宣传、竞争力维护和提升、效益与回报的增长、公关关系的保持和优化等提供较强的市场支撑。

2. 在体育赛事市场开发的过程中,要保持灵活性和多元化,以法律和协议为行为准则,同时注重媒体服务工作,为媒体伙伴关系的维护与拓展提供坚实的基础,从而最终对赛事市场开发工作起到关键性支撑作用。

3. 体育赛事媒体市场开发是整个市场开发工作的关键环节之一,该项工作是基于体育与媒体关系的互动双赢和密切关联而设置和开展的。体育赛事媒体市场开发伴随着电视和网络媒体技术的革命而不断优化和深入,呈现出多元化和丰富性的特点。

4. 体育赛事媒体市场开发的资源主要分为广播、电视及新媒体转播权和媒体合作伙伴与活动日两大类,具体活动形式呈现多样化。

5. 在体育赛事媒体市场开发中,要秉持强强联合原则、丰富性原则、潮流化原则和创新性原则,应用最新技术手段,灵活应用具体的媒体市场开发策略。

思 考 题

1. 体育赛事媒体市场开发的资源有哪些?
2. 简述体育赛事媒体市场开发的内容。
3. 分析体育赛事媒体市场开发的具体策略。

案 例 分 析

CBA联赛的媒体服务

材料一: 新华社北京2008年12月4日体育专电,为实现服务媒体的宗旨,CBA联赛本赛季进行了一系列改革。12月4日,CBA还第一次为媒体提供了电子报,通报联赛进程。第一期《电子报》4日通过电子邮件形式发到各个媒体负责跑CBA记者的信箱中,这一期内容并不多,主要是将前两周的比赛成绩汇总,展望下一周主要场次,以及相关对手之间的以往战绩等。不过在《电子报》内,联赛表示要逐渐增加包括收视率、官方通告、球迷反馈等内容。《电子报》只是CBA这个赛季对媒体服务变化的一部分。根据新的规定,各赛区现在必须给媒体提供工作间、上网宽带或无线上网服务、电源插座和食物饮料等。在记者走访的青岛、长春、东莞等几个赛区都看到,每个赛区都按照规定提供相关服务。即便是在长春这样场馆设施比较落后的地区,俱乐部也花费4万~5万元临时搭建了无线上网平台,媒体服务区也都有专人负责。新赛季CBA联赛从球员、裁判、赛区和媒体等几方面进行大力度改革,媒体服务更是重中之重。CBA联赛希望通过媒体的监督作用,不断完善联赛的服务质量,

第四章 体育赛事媒体市场开发

杜绝以往的不良风气,在后奥运时代开创新的职业联赛模式。

资料来源:中国军网.CBA为媒体推出电子报[EB/OL]. http://www.chinamil.com.cn/site1/xwpdxw/2008-12/04/content_1572616.html

材料二:一直以来NBA都是CBA效仿的对象。本赛季(2008~2009赛季)记者们在媒体工作室享用饼干的时候,还不忘夸上一句:"不错,待遇有所提高啊!有向NBA靠近的迹象。"到底NBA媒体环境是什么样的呢?记者采访了曾经在NBA采访过的记者,了解了NBA的媒体服务环境。据了解,NBA能够提供一个便捷舒适、很人性化的工作环境。NBA球馆新闻中心宽大明亮,基础设施一应俱全。NBA场馆内的媒体席根据媒体的影响力划分,强势、主流和地方媒体一般都能够获得离场边不远,有很好视野的座位,像转播季后赛的TNT和ABC评论员的座位就设在场边咫尺相隔的桌子边。弱势一点的,或初来乍到的国际媒体的座位离场边远很多。媒体席一般都有一台小电视,可以播放很多频道的节目,可以听ESPN、TNT、ABC等知名电视台相关的报道和评论,无疑给记者们提供了不少新闻素材。媒体席提供免费取用的各式饮料。中场休息的时间,记者们可以回到媒体工作室看一会电视,与同行闲聊一会,等到比赛快开始时,装一杯可乐,拿一桶爆米花,继续回媒体席看比赛。到用餐时,记者们只需要付上一点费用,就可以吃到不错的工作餐。CBA的记者比赛前后的采访机会只有新闻发布会,想要进入更衣室采访或在通道"逮住"球员采访两句是很难的,除非是关系不错的长期跟队记者;有记者想要做专访,大多是私下打电话或者约出来采访相熟的教练和球员。而在NBA球员休息室,混合采访区、新闻发布会等多个渠道畅通无阻,记者们根本不用担心完不成任务。NBA另一个让人感到舒适的地方是创造了一个很好的采访环境。一般采访的记者都是在比赛前一个半小时左右来到球馆,去媒体室取一些相关的资料文件,像当晚比赛谁受伤缺席、哪位明星到场助兴、比赛中可能出现的一些有意义的数字等,都是对写稿有帮助的背景材料。按照NBA规定,球队在比赛前一个半小时必须开放更衣室,供记者提问。比赛结束,主客队的更衣室一般在球员洗浴结束后就可以开放,继续让记者采访,随后也会有新闻发布会,两队主教练和球员分别亮相,接受记者提问。记者还可以去更衣室取最终的技术统计和相关人员在新闻发布会的发言文字稿,即使时间紧张发言文字稿还没有出来也没关系,因为球队的官方主页上会有即时的更新。

资料来源:南国早报网. CBA欲效仿NBA做细节魔鬼,媒体工作环境还差得太远[EB/OL]. http://news.ngzb.com.cn/staticpages/20090421/newgx49ed65d5-1789763.shtml

材料三:昨天是北京队新赛季的首场比赛,篮协在媒体服务工作上提出了很多新方案,不过落实到地方赛区,执行起来还有不少难度。新赛季媒体采访采取预约制,但《媒体手册》迟迟没有下发,媒体并不知道该找谁预约。结果,当摄影记者们来到首钢体育馆时,现场提供的背心数量远远不够,即便是已经另寻其他渠道进行预约登记的记者,也依然得不到满足。经过多方面协商,最终没有背心的摄影记者被允许进入场地。但场地内的保安对此并不知情,安保人员一度拒绝了两名摄影记者进入场地工作,后来经过多方协调才解决。文字记者席新赛季被移到看台上,与技术台有3层楼的距离,无线网络问题从比赛开始到结束一直没得到解决,给记者的工作造成了很大的障碍。

资料来源:人民网体育频道. CBA媒体服务工作待加强,保安粗暴拒绝记者进场[EB/OL]. http://sports.people.com.cn/GB/22149/16322035.html

案例思考题

通过阅读以上 3 段有关 CBA 联赛媒体服务工作部分举措和媒体从业人员反馈的材料，谈谈如何更好地完善 CBA 联赛的媒体服务流程，提高 CBA 联赛的媒体服务质量，提升 CBA 联赛媒体服务工作的满意度？

推荐阅读

1. 刘清早.体育赛事运作管理[M].北京:人民体育出版社,2006
2. 鲍明晓.财富体育论[M].北京:人民体育出版社,2012
3. 丛湖平,罗建英.体育赛事产业区域核心竞争力形成机制研究[M].杭州:浙江大学出版社,2011

第五章 体育赛事特许产品市场开发

 本章内容提要：
- 体育赛事特许产品的含义及分类
- 体育赛事特许产品市场开发的含义及意义
- 体育赛事特许产品市场开发的特点及要求
- 体育赛事特许产品市场开发的对象
- 体育赛事特许产品市场开发的流程
- 体育赛事特许产品市场开发的原则
- 体育赛事特许产品市场开发的策略

第一节 体育赛事特许产品市场开发概述

一、体育赛事特许产品的含义及分类

体育赛事特许经营是国际和国内体育组织、重大体育赛事、著名运动员无形资产的重要内容和经营开发的重点领域。在国外,体育特许产品的经营收入已经成为众多大型体育赛事和体育组织的主要收入来源。体育特许产品的经营收入蕴藏着巨大的发展潜力。奥运会、亚运会、世界杯等有着强大影响力的国际大型综合性和单项赛事已经认识到开发赛事特许产品的重要性。在2000年悉尼奥运会上,加盟体育赛事特许经营的企业有104家,特许零售点超过2 000个,特许商品的总零售额达5亿美元,仅就其特许权使用费一项收入就将近6 000万美元,比悉尼申办奥运时3 300万美元的预期目标上升了55%。相比之下,2004年雅典奥运会体育赛事特许经营商仅有18个,但其特许零售点超过7 600家,以7.28亿欧元的总销售额打破了奥运商品销售的最高纪录。如今,体育赛事特许产品开发无论是在国内还是在国外赛事市场开发的舞台上,其独特魅力已超过了赛事赞助商,体育赛事特许产品开发这一新的赛事经济形式已成为赛事市场开发的亮点。

(一) 体育赛事特许产品的含义

体育赛事特许产品的实质,即一个体育组织(授权人)拥有自己的品牌名字、专用标志或与其产品(服务)相联系的商标专利权(特许权)。该体育组织通过一种合同的形式,收取其他组织(或者许可人)一定的费用后而允许该受许可组织(受许可人)在其生产的产品上使用该体育组织(授权人)商标或专用标志的权利。这种被特许使用该体育组织的专用标志或商标的产品就是体育特许产品。换句话说,体育特许产品就是经体育特许权所有者允许而生产的产品,是印有该体育特许权所有者标志的实物产品。

作为体育特许产品重要组成部分的体育赛事特许产品是指一个体育赛事拥有其自己品

牌名字、专用标志或与其产品、服务相联系的商标专利权(特许权)。该体育赛事运作管理机构通过一种合同的形式,收取其他组织(受许人)一定的费用后允许该受许组织(受许人)在其生产的产品上使用该体育赛事专用的特殊标志(赛事名称、会徽、吉祥物、会歌、口号及理念等)标志的产品。如北京奥运特许产品是指北京奥组委授权特许企业设计、生产、销售带有奥运会标志、吉祥物和中国奥组委商用标志的产品。特许企业以向北京奥组委交纳特许权费的方式获得生产或销售特许商品的权利,通过生产或销售特许商品而获得收益。北京奥运特许产品主要包括:胸章纪念章类、服装服饰类及配饰、玩具、文具、工艺品、珠宝首饰、日用品、音像制品及出版物、体育用品、食品及其他,共计 11 个大类 40 多个小类,有近万种商品。

(二)体育赛事特许产品的分类

体育赛事特许产品主要分为 3 类,即标志产品、专用产品和推荐产品。

(1)"标志产品"是指经许可可直接使用体育赛事会标、吉祥物专用造型设计开发并可上市销售的产品(包括礼品、纪念品、视听音像制品等)。

(2)"专用产品"是指经许可使用体育赛事名称、会标、吉祥物等专用标志,以"××体育赛事专用产品"形式进行宣传推广,在同类产品中具有排他性和唯一性的产品。

(3)"推荐产品"是指经许可使用体育赛事名称、会标、吉祥物等专用标志,以"××体育赛事推荐产品"形式进行宣传推广的产品。

以第 6 届全国城市运动会为例,特许产品主要包括:赛事特许纪念品、赛事指定产品和赛事指定服务。首先,赛事特许纪念品是特许经营的主要内容,特许企业可以获取授权生产或销售带有赛事特殊标志(会徽、吉祥物、口号、理念等)的各类纪念品,包括普通金属及贵金属纪念品、毛绒玩具、树脂玩具、运动服饰、纪念表等。此外,赛事邮品也是特许纪念品的一个重要组成部分,主要由赛事运作管理机构与当地邮政局合作开发,将带有赛事特殊标志的邮资图案使用于明信片、邮票等系列邮品,面向全国及地方发行。其次,赛事指定产品是特许企业使用赛事特殊标志,生产、销售指定产品,企业享有生产和销售的排他权,包括伞具、皮具、陶瓷器、饮用水、特色食品、粮油用品等。再次,赛事指定服务是特许企业为赛事提供指定服务,企业享有指定服务的排他权,包括指定新闻发布场所、指定印刷服务、指定航空服务、指定旅游接待服务、指定餐饮服务和指定交通服务等。

二、体育赛事特许产品市场开发的含义及意义

(一)体育赛事特许产品市场开发的含义

所谓体育赛事特许产品市场开发是指赛事运作管理机构把带有赛事专用的特殊标志(赛事名称、会徽、吉祥物、会歌、口号及理念等)作为经营资源授予被特许企业使用,企业为扩大特许产品市场份额,提高产品销量和知名度,而将特许产品或服务的信息传递给目标消费者,激发和强化其购买动机,并促使这种购买动机转化为实际购买行为而采取的一系列措施。

体育赛事特许产品开发是体育赛事资源开发的重要组成部分,是经营与开发体育赛事有形与无形资源,挖掘、整合各项资源的重要形式。体育赛事特许产品市场开发主要是针对两个目标市场,即以直接参赛人员为重点的赛事内需市场和以赛事观众、市民、游客等为主的社会销售市场。

第五章　体育赛事特许产品市场开发

（二）体育赛事特许产品市场开发的意义

体育赛事特许产品的开发是赛事市场开发的重要组成部分，也是赛事运作管理机构为实现其办赛目标的重要环节。它是推广赛事理念，提升赛事品牌的重要载体；对激发赛事热情，筹集赛事资金起着十分重要的作用。此外，体育赛事特许产品市场开发对赛事举办地、赛事本身以及进入体育特许产品经营领域的企业来说都具有重大的意义。具体表现在以下4个方面。

1. 传播理念，展现赛事及举办地的精神风貌和文化底蕴

通过体育赛事特许产品的市场开发，能使诸如赛事的会徽、口号、吉祥物、邮品、纪念币等特许产品以更为直接的方式接触到广大消费者。通过赛事特许产品的宣传和销售，能够让消费者更为直观地了解赛事的主旨；能够体现赛事举办地的文化积淀及鲜明的时代特色；能够展示举办地的地域特征、风土人情和精神风貌。例如，北京奥运会特许商品的开发是以奥林匹克品牌内涵为核心，加入了中国元素，将古老的中国传统文化和现代奥林匹克精神有机地融合在一起，打造出具有中国特色的奥运品牌。奥运会特许产品的品牌定位符合奥林匹克品牌理念。体育赛事特许产品的市场开发作为赛事推广的重要载体宣扬了奥林匹克精神、促进了奥林匹克运动的发展，同时也起到宣传中国、宣传北京的积极作用。

2. 宣传赛事，提升体育赛事品牌在公众中的影响力和知名度

体育赛事特许产品市场开发发挥了良好的广告效益。体育赛事标志代表体育赛事的形象，体育特许产品则成为沟通体育赛事运作管理机构与支持者之间情感联系的桥梁和纽带。经营体育赛事特许产品有助于体育赛事运作管理机构与消费者建立紧密联系，是扩大体育赛事的品牌知名度、提升品牌价值的重要载体。购买、使用体育赛事特许产品表达了消费者对体育赛事的追随和支持。因此，为了满足消费者纪念、收藏、馈赠亲友和日常消费等需求，有效开发体育赛事特许产品能产生良好的宣传效应，可以提高消费者对体育赛事品牌的忠诚度和归属感。例如，球迷穿着印有NBA球队字样的T恤衫不仅表明了他们对运动员和球队的忠诚，同时也是流动的广告。当球迷们穿着T恤出入公共场所时，也把广告带到了这些场合。因此，体育赛事特许产品是提升体育赛事品牌在公众中影响力和知名度的一种有效传播手段。

3. 筹集资金，扩大体育赛事的收入来源，减少现金支出

体育赛事特许产品可以为体育赛事运作管理机构带来直接的经济收入。经营体育赛事特许产品的收入是世界上许多体育赛事运作管理机构市场开发收入项目中仅次于电视转播权及赞助收入的另一项大的收入来源。在国外，体育赛事特许产品的经营收入已经成为众多大型体育赛事的主要收入来源，体育赛事特许产品的经营收入蕴藏着巨大的发展潜力。国际上一些大型体育赛事如奥运会、世界杯等有着强大影响力的国际型体育赛事的标志产品收入相当可观。1988年的韩国汉城奥运会就有特许经营商62家，为韩国奥组委带来1 880万美元的收入；1996年的美国亚特兰大奥运会特许经营商125家，创造了9 100万美元的收益；雅典奥运会仅23家特许经营商便带来了6 150万美元的收入。同样，特许经营也为十运会带来不菲收入。通过公开拍卖、定向邀标等形式，云锦、金属制品、毛绒玩具、运动服饰、接力火炬、雨花石制品、水晶玻璃制品、旗帜、手表、瓷砖、陶瓷饰品、旗袍等的特许标志使用及指定新闻发布会场、指定印刷服务权等特许经营项目，以及其他商业资源开发实现了合同成交金额2 500余万元。体育赛事特许产品的市场开发中，赞助商可以提供现金，也可以

提供体育赛事运作管理机构所需要的物资,从而减少现金的支出。如体育赛事往往需要大量的饮用水,可以通过饮用水供应商提供的饮用水作为专用产品,此时赛事运作管理机构则可以减少购买饮用水的支出。在实践中,我们往往要以赛事运作管理机构所必须购买的物资作为接受特许产品供应商用产品替代现金。如果这些特许产品不是赛事运作管理机构预算内购买的物资,则必须坚持以提供现金赞助为主的赞助方式,除非这些不是赛事直接使用的产品可以转换为现金或明确这些产品的使用途径,否则不仅会减少赛事的现金收入,还会造成相关特许产品的积压,造成浪费。我们要特别注意的是有些赞助物资包括特许产品有明确的使用期(如饮料等),如果不对这些物资进行适当的控制,将直接影响到赞助效益。

4. 推广品牌,实现赛事和特许企业的双赢

体育赛事特许经营的重要特点就是"标志互用"。体育赛事与企业的标志会同时出现在产品上,借助对方的品牌形象对自己的品牌进行宣传。体育赛事运作管理机构利用特许产品生产商已有的销售渠道进入新的市场,获得更多的机会接触新的消费者,培养了消费者对体育赛事品牌的认知度。同时,体育赛事特许产品生产商可以借助体育赛事在广大体育消费者心目中的良好形象来销售自己的产品,对企业的品牌进行宣传,使自己的产品和品牌获得新消费者的认可,增加收入和扩大品牌影响力。例如,某知名家电产品与某体育赛事运作管理机构进行体育特许经营计划,双方在家电产品上互用标志,原来家电产品的消费者可能并不是该体育赛事的消费者,但因购买该家电产品而对体育赛事有所了解,发展成为体育赛事的消费者。同理,体育赛事的消费者也可能成为该家电产品的消费者,这是一种体育赛事运作管理机构与体育赛事特许产品生产商借助对方品牌的影响力实现自身品牌双赢的合作经营方式。如花了150多万买下第10届全运会特许经营权的江苏至胜孔子文化传播有限公司不仅广泛宣传了公司形象,也获得不少利润,销售额突破了1 000万元。

三、体育赛事特许产品市场开发的特点及要求

(一)体育赛事特许产品市场开发的特点

近年来,体育赛事特许产品开发在规模、水平、内容、形式上的不断升级和变化,使得开发收益不断突破,取得了十分显著的成效,为赛事特许产品的持续、合理、高效的开发奠定了良好的基础。如在开发内容上,呈现出品类上的横向扩展与纵向细化,使得体育赛事特许产品经营权在更多应用领域得到发展;在开发形式上,从最初单一的特许经营权分类销售形式发展到现在特许经营权分拆销售、分类销售与统一销售的多元形式,使得赛事运作管理机构能够根据赛事级别、规模与地区市场环境选择更为高效、合理的销售形式,避免了单一销售形式可能导致的特许产品经营权价值的流失。体育赛事特许产品开发特点具体体现在以下几方面。

1. 核心资源的多元性

一般商业特许经营的专利技术、差异化产品、先进管理模式是特许人可用于交易的核心资源,因资源的长期存在其价值随市场的不断开拓而增值。与面对市场所采取的知识型、技术性策略不同,在国内综合性体育赛事的偶然性、时效性、轰动性所带来的种种效应中,赛事品牌价值并不具备足以形成强有力的消费市场,为受许人带来直接经济效益。为赛事特许经营创造的先天条件是来自政府的政策优势与垄断的体育消费市场,其核心资源则是丰富的产品资源组合、不断被认知和升值的特殊标志、行政推动的销售渠道以及无须摊销成本的

赛事新闻报道和广告宣传。这些核心资源就是赛事特许产品经营权的重要构成。因此，政策优势与市场垄断往往成为赛事运作管理机构在营销特许产品经营权时的"卖点"，这也是赛事资源与商业资源所展现的不同特性。

2. 开发目标的多元性

商业市场开发的目标是为营利，赛事市场开发的目标是为筹资，但绝不仅仅是为筹资。在赛事市场开发中，特许产品经营联系的环节是最庞杂的，也是最多的。赛事运作管理机构既要考虑经济效益，又必须时刻监控特许经营市场中产品品质、价格水平、销售渠道、竞争机制等有可能造成对赛事以及举办地社会舆论的负面影响。因此，确保市场开发效益最大化、经营过程的安全、稳定及赛事品牌的商誉是赛事运作管理机构授权经营的重要目标。

3. 授权形式的多元性

在一个商业特许经营项目中，特许人可以选择直接特许或复合特许的形式将经营资源授予受许人。两种形式在同一项目中使用的情况很少发生，但体育赛事特许产品市场开发往往出现直接特许与多层特许的复合型授权形式。这是因为商业特许经营资源通常作为一个整体向受许人进行分销，这样能够保证特许经营品质和系统的稳定和监控，如肯德基、麦当劳等快速食品连锁加盟店。而体育赛事特许产品资源的无形特性决定其可根据市场选择自由分拆或整体分销或组合分销。每个受许人获得不一样的产品授权，从而制订不同的开发计划。相比一般商业特许授权形式，体育赛事的复合型特许授权形式更呈现出扁平化、分散化和自主化的特性。

(二) 体育赛事特许产品市场开发的要求

体育赛事特许产品市场开发的基本要求是：①在开发规模上应使产品开发能力在品种开发、设计理念、品质工艺上达到较高的水平；②在开发内容上应使赛事特许产品经营权在更多应用领域得到发展；③在开发形式上应使赛事运作管理机构能够根据赛事级别、规模与地区市场环境选择更高效、合理的销售形式，避免单一形式销售可能导致的特许产品经营权价值的流失；④在产品的选择上，应坚持赛事运作管理机构承办赛事可以直接使用的产品，也就是说，这些产品应该是赛事预算中需要购买的产品。

四、体育赛事特许产品市场开发的对象

体育赛事特许产品市场开发对象是指赛事运作管理机构根据赛事级别、规模与地区市场环境在特许产品市场开发中所确定的目标事物，并通过其持续、合理、高效地对特许产品进行开发，为体育赛事运作管理机构提供收入来源。体育赛事特许产品市场开发的对象主要是体育赛事特许产品生产企业、体育赛事特许产品销售企业、体育赛事特许产品消费者及中介机构等。

(一) 体育赛事特许产品生产企业

体育赛事特许产品生产企业是指经体育赛事运作管理机构批准，负责设计、生产和供应带有体育赛事标志的特许商品企业。体育赛事特许产品生产企业所生产的产品应当设计新颖、质量优良和环保。体育赛事特许产品生产企业需按规定向体育赛事运作管理机构支付特许权费、市场营销费、最低保证金等费用。体育赛事特许产品生产企业能获得在生产和销售的产品上使用赛事标志的权利。体育赛事特许产品企业对赛事标志使用的权利范围较少，但参与的准入费用通常也低于体育赞助的准入费用。以北京奥运会为例，特许权费的比

例一般为商品零售价特许权费的比例,一般为商品零售价的5%～15%,最低保证金一般为合同年度预期特许权费总额的30%,可充抵特许权费。表5-1为北京2008年奥运会部分特许生产企业及生产的特许产品情况。

表5-1 北京2008年奥运会特许生产商名录(部分)

产品类别	公司名称
玩具类	北京凯艺玩具有限责任公司、福建嘉雄玩具有限公司、江苏宏大纺织股份有限公司、晋江恒盛玩具有限公司、上海欧享龙工贸有限公司、上海均瑶(集团)有限公司、广州新莱福磁电有限公司、上海海欣玩具有限公司
文体用品	浙江广博集团股份有限公司、中国第一铅笔股份有限公司、贝发集团有限公司(含纸制品)、北京探路者旅游用品有限公司(运动水壶)、宁波三A集团有限公司(棋牌)
珠宝首饰	深圳市富理实业有限公司、深圳市恒丰首饰有限公司、浙江佳丽珍珠首饰有限公司、周大福珠宝金行(深圳)有限公司、北京元隆雅图文化传播有限责任公司、麦基格瑞(北京)产品设计开发有限公司(合金饰品)
日用品	浙江友谊菲诺伞业有限公司(伞类)、四川鑫利达皮具伞业有限责任公司(伞类)、温州海螺集团有限公司(伞类)、湖南华联瓷业有限公司(陶瓷制品)、吉邦远东贸易(深圳)有限公司(陶瓷制品)、江苏宜兴精陶股份有限公司(陶瓷制品)、隆达骨质瓷有限公司(陶瓷制品)、东莞意高皮革制品有限公司(箱包)、裕荣昌轻工制品(深圳)有限公司(箱包)、北京沃美护目镜科技有限公司(眼镜)、北京雅视一仟眼镜有限责任公司(眼镜)

(二)体育赛事特许产品销售企业

体育赛事特许产品销售企业是指经由体育赛事运作管理机构授权的体育特许产品销售企业,承担着体育特许产品渠道拓展及市场销售等任务,需要通过市场手段获得最大化体育特许产品的收益。作为体育特许产品销售企业可在批准授权的零售区域内开设体育赛事特许商品零售专卖店和零售点,且只能销售体育赛事特许商品。相对于体育特许生产企业对厂家设计、生产能力的高要求,以及每年预交的数额不菲的最低保证金,优育特许零售商的加入门槛不算高。一般情况下,体育特许零售商按照开店数量和店面面积向体育组织缴纳特许加盟费。以北京奥运会为例,按店铺经营面积的不同,每家零售店每年只需缴纳5 000～20 000元的特许加盟费。另外,在提供银行或金融机构出具的履约保函后,每年只需按销售收入的2%缴纳市场营销费即可。北京奥运会特许企业和赞助企业在全国各地开设的专卖店、专柜货销售点达到3 400多个。邮政系统和供销合作社系统的参与,使特许零售辐射到了更加广阔的地区。在体育特许商品零售方面,2007年北京奥组委还开通了北京奥运网店,方便了广大网民通过互联网来购买奥运商品。"境内奥运网店"是北京奥组委授权在中国内地独家销售奥运特许商品的网站,消费者可以在任何时候浏览"境内奥运网店"并购买奥运特许商品,而且能保证将消费者选购的商品送到全国1 800多个城市或地区。

(三)体育赛事特许产品消费者

体育赛事特许产品消费者是指体育赛事特许产品开发过程中所主要针对的构成赛事内需市场的直接参赛人员,以及构成社会销售市场的赛事观众、市民、游客等。其中赛事内需市场的消费水平、产品档次及价位较高。体育赛事特许产品开发要针对不同市场的不同特征、消费人群的不同特点进行体育特许产品的分类开发。一项关于消费者购买奥运特许产品的调查显示,大多数消费者喜欢购买纪念收藏品类,其次为体育休闲服饰类产品、时尚品和体育用品等。调查还发现来自不同地区的消费者对于奥运特许产品的偏好也不尽相同。例如,北京市民经常购买的商品是一系列徽章;外地国内游客比较喜欢的商品除徽章外还有钥匙扣、T恤等;外国游客喜欢的商品则有帽子、服装等。由此表明,消费者需求的多样化将为体育赛事特许产品提供更广大的市场,从而提高赛事的收益。

（四）中介机构

中介机构是指经由体育赛事组织授权代理体育赛事特许产品的经营与开发工作的专业机构。中介机构因拥有专业团队,能够很好地发挥其丰富的专业知识、经验和技能,利用其灵活的信息渠道、多样的手段及全国性乃至世界性的经纪网络优势,使其在体育赛事特许产品经营与开发方面卓有成效,从而成为体育赛事特许产品市场开发不可或缺的组成部分。例如,十运会期间,其资源开发部门除设置特许经营处全面负责特许产品的开发销售工作外,还选择了一家经验丰富、具备业内诚信的合作管理商,授权其在十运会公司的监督下,进行十运会标志商品的设计、生产、营销、售后服务、财务和防伪的全程管理。在这种模式下,体育赛事运作管理机构只需要投入精力管理一家合作伙伴,而具体的操作事宜由合作伙伴负责,因为分工明确,所以收效显著。

五、体育赛事特许产品市场开发的流程

（一）体育赛事基本情况分析

体育赛事基本情况分析是指体育赛事运作管理机构自行或授权特许产品经销商对赛事基本情况进行分析的过程。需要分析的赛事基本情况主要包括以下。

1. 体育赛事规格

以赛事规格为标准,大型体育赛事可以划分为国际性赛事、洲际赛事、地区赛事、国家级赛事、国内赛事。一般说来,体育赛事的规格越高,赛事的特许产品市场开发资源数量越多、质量越高,由此产生的经济效益就越大。而小型体育赛事因其影响力有限,通常不会进行特许产品的市场开发。

2. 体育赛事的周期性

体育赛事周期从宏观角度分析,是指横跨赛事前后,它对赛事本身,进而对社会经济等领域有着一段时期的深远影响。一般将赛事周期界定为从赛事准备、开始到结束阶段的完整运作时期。

根据"周期与主体"交替原则,将体育赛事分为5种类型。分别是周期性综合赛事、周期性单项赛事、联赛、临时性赛事和主体参与型赛事。

（1）周期性综合赛事　是指根据一定期限,有时间、有规律地举办包含2个运动项目以上（含2个）的综合性体育赛事活动。如奥运会、亚运会、全运会等。这类体育赛事的综合性特征导致其规模、层次及参赛人数和社会关注度都比较大。所以该类赛事的体育赛事特许产品市场开发资源较为丰富。但是鉴于此类赛事的举办地并不固定,因此其特许产品市场开发工作每届之间皆有很大的差异。这种差异性反映了举办国或举办地的地域特点和文化特点。

（2）周期性单项赛事　特点是赛事中运动项目仅此一项,比较单一。这种特点导致了赛事水平相对较高,参赛方和观众的关注程度比较深。围绕一项体育项目而开发的特许产

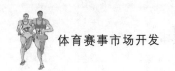

品主题鲜明,对资深体育迷的吸引度较高。此类赛事因为也具有周期性,因此举办地的不同也为每届的赛事的特许产品市场开发注入了不同的动力。

(3) 联赛　主要特征是区域性和项目性较为明显。由于此类赛事的模式较为固定,在高水平、职业化程度较高的联赛中多采用主客场制,而且赛事周期长,所以市场开发力度相对较深。联赛的特许产品市场开发通常以俱乐部为单位,俱乐部的历史背景、战绩水平和经济状况都影响着特许产品市场开发的规模和需求。

(4) 临时性赛事　通常是指不在赛事主办单位计划之内,往往由某些单位与个人临时发起而申办与组织的赛事。此类赛事可供筹备的时间、可供市场开发的时间十分有限,因而时效性强,市场化特征比较明显,策划组织比较灵活。选择或策划临时性体育赛事的目的不只是追求即时获利,而往往是赛事的申办与组织者通过赛事追求某些政治效益或社会效益。因此,其市场开发是临时性体育赛事必然的内容和任务。临时性体育赛事特许产品的开发是该类赛事市场开发的主要方面。正因为此类赛事具有"临时发起"的特点,往往在时间上不允许寻找赞助商或者高等级的合作伙伴,通过寻找多种类的特许产品供应商是有效的途径。

(5) 主体直接参与型赛事　将体育健身与生产、生活结合起来。例如,体育节、登山节、拔河比赛等。该类赛事着重强调社会效益的深远影响,对经济收益并不十分看重。因此特许产品市场开发力度相对较小,某些比赛甚至没有对其特许产品进行开发。

(二) 体育赛事特许产品市场分析

体育赛事市场分析是指赛事运作管理机构自行或授权体育特许产品经销商对体育赛事市场开发所针对的不同目标市场的市场规模、位置、性质、特点、市场容量及吸引范围等调查资料所进行的经济分析。主要包括以下3个方面的内容。

(1) 体育赛事特许产品市场需求预测分析　包括现在市场需求量估计和预测未来市场容量及特许产品竞争能力。通常采用调查分析法、统计分析法和相关分析预测法等方法。

(2) 体育赛事特许产品市场需求层次和各类地区市场需求量分析　即根据各市场特点、人口分布、经济收入、消费习惯、行政区域等因素,确定不同消费者的需要量以及运输和销售费用。一般可采用产销区划、市场区划、市场占有率及调查分析的方法进行。

(3) 估计赛事特许产品生命周期及可销售时间　即预测市场需要的时间,使生产及分配等活动与市场需要量作适当的配合。因为体育赛事特许产品是以某一赛事为依托,所以特许产品的生命周期与该项赛事的各个阶段高度相关。而赛事的周期性则决定特许产品的可销售时间。

通过市场分析,可以更好地认识体育赛事特许产品供应和需求的比例关系,采取正确的经营战略,满足市场需要,提高体育赛事特许产品市场开发活动的经济效益。

(三) 体育赛事特许产品市场规划

体育赛事特许产品市场规划是指赛事运作管理机构自行或授权特许产品经销商针对特许产品目标市场选择、销售网络规划布局等问题制订发展计划的过程。该过程大体包括以下内容。

(1) 体育赛事特许产品市场定位　特许商品的定位要以有利于推广体育赛事品牌形象为目标,以赛事本身的举办理念为主导。针对赛事不同阶段的市场需求特点和细化的消费需求推出不同层次和特色的特许产品,满足消费者投资收藏、礼品馈赠和自用消费等需求。

(2) 体育赛事特许产品类别规划　随着赛事特许产品消费市场的发展,在主推传统赛事特许产品的同时,逐步推出不同品类的特许产品。

(3) 体育赛事特许产品销售网络规划　销售网络的规划应在赛事市场开发总体规划的指导下,以有利于赛事品牌推广、满足市场需要和方便消费者购买为目标,依靠地方政府商业主管部门的指导,发挥大型商业连锁集团、赞助企业营业网点、特许经营自有销售网络的优势,并鼓励其他社会组织和个体销售商积极参与特许商品的销售,形成覆盖广泛的特许产品销售网络。

(4) 体育赛事特许产品销售市场布局　体育赛事运作管理机构赋予特许零售商在指定区域、渠道开设销售点权利,并承担相应的销售任务及市场管理的责任,还要提高对假冒商品的防范力度,避免相互间争夺商业资源。

(四) 体育赛事特许产品市场宣传

体育赛事特许产品市场宣传是指赛事运作管理机构自行或授权特许产品经销商通过人员推销、广告、营业推广或公共关系等促销手段,向消费者传递赛事特许产品的信息,引发、刺激消费者的购买欲望和兴趣,使其产生购买行为的活动。在体育赛事特许产品市场开发中,营销宣传工作一般包括以下内容。

(1) 制订赛事特许产品营销宣传总体工作计划和阶段性工作实施方案。

(2) 赛事运作管理机构设立专门的部门,负责与各特许产品经销商进行沟通与协调。

(3) 设计、推广赛事特许产品营销宣传视觉识别系统,并与整个赛事市场开发品牌形象系统相统一。

(4) 召开新闻发布会,组织各媒体对特许产品市场开发工作进行专题性集中报道。

(5) 定期收集、整理并向媒体提供赛事特许产品营销宣传材料,制作、发行与特许产品营销宣传相关的实物广告或出版物。

值得注意的是,赛事运作管理机构应该对赛事特许产品的零售价格采取统一管理,各经销商不得擅自调整。各商家只能在总原则范围内采取适合自身的促销手段。即使某些特许产品出现库存积压状况,经销商也不能擅自采取降价手段销售,只能在赛事运作管理机构的统一安排之下,在规定的时间对指定品类的特许产品采取某种价格折扣或折让策略。

第二节　体育赛事特许产品市场开发的原则与策略

一、体育赛事特许产品市场开发的原则

体育赛事特许产品市场开发原则是体育赛事特许产品在开发过程中的重要指导思想。为了实现赛事目标,赛事特许产品开发部门会在产品开发前期拟定开发原则,对赛事经营过程中的开发思路起点睛之用,同时为开发部门在选择经营机构和经营模式时提供导向。体育赛事特许产品市场开发一般应遵循以下原则。

(一) 公开招标原则

为了选择较好的企业生产赛事特许产品,体育赛事特许产品开发部门一般都会采取公

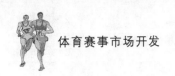

开招标的方式进行企业选择。公开招标、公开拍卖、竞争性谈判等规范的市场操作方式,目的是以第三方监督业主与投标商合作交易的公平、公开、公正,避免国有资产流失,也为市场提供了良好的竞争环境。在赛事运作中,引入专业评估机构不但规避了国有资产估值和处置的政策风险,也使资源价值得到合理评估,避免非专业的市场预测过高或过低预期特许产品市场价值,提高特许产品运营的竞争标准,降低未经充分竞争造成的机会成本。

(二)质量保证原则

对于任意一种赛事特许产品的开发生产,赛事特许产品开发部门都必须以保证其产品质量为前提。如果赛事的特许产品存在质量问题,会挫伤赛事参与者、支持者对赛事的感情,不仅有损赛事的品牌形象,对后续进行的特许产品市场销售和管理也可产生不良影响。因此,在赛事产品市场开发的同时要加强对赛事特许产品制造企业的监督,严格监控产品质量。

(三)满足需求原则

赛事特许产品开发部门在进行产品开发生产时,在保证其产品质量的前提下,还要进行合理的市场细分与产品策略分析,充分考虑不同消费者的需求。在一场体育赛事的举办中,赛事运作管理机构参赛团队、企业、赛事观众等都有对赛事特许产品的需求,为满足其需求,就应针对不同的目标市场依据其特点进行产品的开发设计和市场推广。

(四)适度开发原则

近年来,随着体育赛事的不断增多,赛事特许产品的开发规模日益扩大。赛事无形资源的价值陆续被市场和企业所认知和挖掘,一些体育赛事的特许产品开发部门因策划不当造成过度开发特许产品,导致赛事资源的浪费和流失。因此,对体育赛事特许产品市场开发应当考虑到市场需求和容量。适度地进行特许产品市场开发,既能有效地抑制特许产品品种的泛滥,提高特许产品的开发质量和便于集中销售;也能降低特许经营商的市场风险。

(五)社会效益与经济效益相统一的原则

体育赛事特许产品开发是赛事市场开发的重要组成部分,也是赛事运作管理机构为实现赛事目标的重要环节。赛事运作管理机构在发挥赛事特许产品开发筹资功能的同时,要本着可持续发展的态度发展赛事,注重赛事品牌文化的建设与宣传,通过大型文体活动、公益活动传播赛事标志以提高其曝光率。在宣传赛事的同时影响潜在消费者,赢得社会各界的认可与支持,迅速拓展赛事特许产品市场。在赛事特许产品开发的社会效益与经济效益的双向满足中,实现赛事、企业与社会各方的"多赢"。

(六)充分发挥社会中介机构作用的原则

国内大型综合性体育比赛中,由于赛事品牌价值不高或是赛事运作管理机构市场开发经验不足使得赛事特许产品市场开发力度拿捏不当,收效甚微。因此,体育赛事可以考虑将赛事特许产品的市场开发工作交由经验丰富的中介机构经营,充分发挥中介机构的优势,保证赛事特许产品市场开发的效率和效益,同时,也有利于市场操作的专业化和规范化。在实际运作中,还要加强与中介机构的沟通与协调,加强对中介机构的规范管理,以确保目标的顺利实现。

二、体育赛事特许产品市场开发的策略

（一）体育赛事特许产品设计策略

体育赛事特许产品是特许企业在与赛事运作管理机构签订特许经营合同后，经批准生产的带有赛事名称、会徽、吉祥物等知识产权的各类商品。特许商品不仅要满足消费者馈赠、纪念、收藏等需求，而且要成为体育赛事宣传推广的载体。因此，体育赛事特许产品的设计是整个特许产品市场开发的首要环节，特许产品的设计是否受到广大消费者的喜爱，对后期体育赛事的营销与推广有着极其重要的影响。

1. 注重理念创新，体现赛事特色

赛事特许产品设计的理念应具有创新性，打破固有的思维定式，将新的视角、新的观念融入特许产品的设计，将赛事特许产品与普通同类产品区别开来，展现其个性化。这样，不仅有利于刺激消费者购买，还能够扩大赛事的影响，获得更高的关注度。与此同时，赛事特许产品的设计要符合赛事本身的品牌定位，体现赛事独特的品牌内涵。体育赛事特许产品应起到弘扬体育精神、彰显赛事主旨、宣传举办城市的作用。因此，应在设计中融入赛事举办地的文化和赛事的体育精神，打造独具特色的赛事特许产品。例如，北京奥运会特许商品的品牌定位符合奥林匹克品牌理念，产品设计以奥林匹克品牌内涵为核心，同时加入了中国元素，例如吉祥物"福娃"将中国古老的传统文化和现代奥林匹克精神有机地结合在一起，打造出具有中国特色的特许产品。特许产品同时还强调绿色奥运、科技奥运、人文奥运理念，首次出现的"闪存"引起了极大关注，实现了良好的社会效益和经济效益。

2. 打造新颖外观，强调功能实用

赛事特许产品的外观设计要大胆创新，同时，也要讲究功能实用。特许产品作为赛事特殊标志的重要载体和形象识别标志，也要注意体现赛事的品牌文化内涵和赛事举办地的地域特色。特许产品外观的设计应保证特许产品的设计开发与赛事形象保持一致，避免因产品在开发创意过程中的随意性对赛事形象造成影响。奥运会特许商品的"中国传统风格"的成功案例，通过了3个方面予以体现：其一，开发了具有中国特色的产品，如丝绸、印章、茶叶等；其二，采用了中国传统的颜色，如红色、镏金等；其三，运用了中国传统的图案，如12生肖、熊猫、龙凤等。外观的设计还可以参考消费者的需求和流行趋势，阶段性地推出不同的新产品来吸引消费者。特许产品在功能方面要注重实用性，特别是特许指定产品，比起赛会的纪念品、邮品等更讲究美观和收藏价值。体育特许指定产品多为消费者直接使用，优质的工艺和良好的实用性能避免特许产品成为华而不实的鸡肋。

3. 丰富产品类别，满足多样需求

消费者需求的多样性决定了特许产品类别的多样性，在进行产品设计时要注意产品组合的宽度和深度。扩大产品组合的宽度能够有助于特许产品进入并且满足新的市场，宣传赛事，提高收益。例如，北京奥运会将特许产品从收藏、投资领域扩大到消费领域，填补市场空白，全方位推广北京奥运并扩大了奥运会在国内外的影响力。除了扩大产品组合宽度，特许产品经营商在产品设计时可以增加每一种产品线的品种，扩大产品组合深度，丰富产品层次。例如，第7届全国农运会特许商品包括19类（表5-2），满足了消费者投资收藏、礼品馈赠和日常消费等不同需求。

表 5-2　第 7 届全国农运会特许商品类别

序号	类别	品种
1	邮票邮品	邮票、邮折、邮册、明信片等
2	纪念币章	纪念币、币型纪念章、贵金属纪念章等
3	玩具系列	毛绒玩具、塑料玩具、树脂玩具等
4	贵金属制品	贵金属金条、银条、各类摆件、挂件和徽章等
5	非贵金属制品	铜、锡、不锈钢、镀金、镀银纪念品、日用品及徽章等
6	陶瓷制品	陶瓷系列纪念品、日用品
7	珠宝玉石	各类宝石、玉石、琉璃等首饰、纪念品
8	皮具箱包	各类皮制行李箱、公文包、书包、腰带、钱包等
9	服饰帽子	带有会徽、吉祥物的运动装、休闲装、T恤衫、文化衫、运动帽等
10	文具用品	各类办公文具等
11	家纺用品	日用毛巾、靠垫、运动毛巾、布艺饰品、床上用品等
12	运动装备	室内、户外运动配套用品,装备等
13	特色产品	各类有民族特色或地域特色的工艺品、收藏品等
14	生活用品	各类便携、实用的小家电,冲茶器、咖啡壶,雨伞等日用品
15	手表眼镜	纪念手表、眼镜、望远镜等
16	宣传用品	旗帜、充气吉祥物、助威棒、气球和幸福圈
17	时尚礼品	收音机、MP3、MP4、音响等
18	挂带饰品	手链、吊附、钥匙扣、车饰等
19	其他产品	适合作为体育赛事特许商品的其他类别产品

资料来源:第 7 届农民运动会特许商品网,http://www.ny2012.cn/

4. 针对不同人群,突出产品差异

特许产品的设计分类要满足不同的目标市场,而突出产品的差异化能够使特许产品接触到不同目标市场的消费群体。首先,可从消费者购买能力的角度出发,特许产品的设计分别针对高、中、低端市场。其中,中低端产品面向普通百姓,保证质量且价位合理;高端产品定位于高收入人群和收藏爱好者,以确保满足不同消费人群的需求。如北京奥运会特许产品福娃玩偶的价格为 39～300 元的差价,50 元以下 15 个品种,50～100 元 38 个品种,100～200 元 4 个品种,200～300 元 6 个品种,充分满足了不同人群的需求。其次,特许商品的设计可针对不同年龄阶层的特定需求,设计符合不同年龄层消费者喜好的产品,在外观设计上,针对不同消费群体推出不同风格的产品。如成年人较喜欢雅致、精美的商品;年轻人追求时尚与新潮的产品;而儿童则喜欢卡通、可爱的商品等。

(二)体育赛事特许产品定价策略

赛事特许产品供应商的开发,往往为许多大型赛事带来了较丰厚的利润收入或者为赛事运作管理机构减少了现金支出。因此,特许产品的价格定位就显得尤为重要。纵观国际各类体育赛事,吉祥物、纪念品等赛事特许产品都是体育赛事收益最高的项目之一,据资料统计,估计每届奥运会吉祥物的收入占奥运会总收入的 10%。然而,特许商品的价格策略又是一个非常复杂的问题,在定价方面,特许产品定价过低会影响赛事运作管理机构从特许经

营活动中得到的收入,定价过高则超出了消费者的购买能力,影响赛事的品牌形象和社会效益;同时定价过高可能流失部分消费者或造成一定程度的重复购买行为。因此,一定要经过严谨、准确的市场调研,充分了解市场需求和消费者购买行为后,才能对赛事特许产品进行较为合理的价格制定。

1. 影响体育赛事特许产品定价策略的因素

赛事特许产品的价格是各因素综合影响的结果。可能影响体育赛事特许产品定价策略的因素主要包括以下 5 个方面。

(1) 竞争环境　就体育赛事特许产品而言,由于经营的排他性,其生产和销售处于一个完全垄断市场中,只允许赛事运作管理机构指定的某一个或几个特许销售企业销售,几乎没有竞争对手。因此,赛事特许产品定价策略决策部门完全控制特许产品市场价格。

(2) 产品成本　通常情况下,体育赛事特许产品的社会必要劳动时间与普通产品没有任何差别,而单个企业生产特许产品所耗费的实际生产费用基本上等于其生产普通产品的实际生产费用。因此,产品成本因素对特许产品定价策略的影响较小。

(3) 供求关系　在完全垄断的特许产品销售市场中,特许销售企业无权受市场供求关系影响而随意改变价格,只有在赛事运作管理机构的允许下,在规定的时间、规定的地点调整特许产品价格。不过,在体育赛事举办阶段的后期或赛事闭幕之后,市场需求大幅减少,通常会影响赛事运作管理机构制定出对部分特许产品的折扣定价策略。

(4) 企业定价目标　对于特许产品销售企业来说,他们只能被动接受或与运作管理机构商谈确定特许产品的价格。因此,在定价时,企业本身的定价目标就显得并不重要了。

(5) 赛事的品牌溢价　就参赛运动员较多、竞技水平较高、目标受众面较大的大型体育赛事而言,其品牌溢价能力往往无可估量。对于溢价能力较大的体育赛事来说,它的特许产品往往价格较高,而就地区性、低级别的体育赛事而言,其品牌溢价较小,特许产品的价格一般不会比普通商品价格高出太多。

从以上分析可以看出,影响体育赛事特许产品定价策略的因素主要包括竞争环境和赛事的品牌溢价,而产品成本、供求关系和企业定价目标对定价策略影响较小。

2. 常见的体育赛事特许产品的定价策略

(1) 分级定价策略　分级定价策略又称分档定价心理策略,是指在制定价格时,把同类产品分成几个等级,不同等级的产品,其价格有所不同,从而使消费者感到产品的货真价实、按质论价。就赛事特许产品而言,就是对同一特许产品类别中的不同品质等级的特许产品,分别进行不同的价格定位,以满足不同消费群体对特许产品的需求,同时也保证特许产品的销量。如 2008 年北京奥运会吸收了悉尼和雅典奥运的经验,采用了分级定价策略,即将奥运吉祥物产品从价格上充分照顾到不同消费能力的人群,拉开了档次,运用产品多样化和差别化价格实现了利益最大化。对于还属于发展中国家的中国来说,一整套的福娃玩偶高达 500 多元人民币,这让许多消费者难于将 5 只福娃抱回家。但是我国奥组委同时推出了价格较为便宜的福娃,从而满足了消费能力较低的消费人群对奥运特许产品的需求。

(2) 产品捆绑定价策略　产品捆绑定价策略又称产品组合定价策略,是指企业将两种或两种以上的相关产品,制定一个合理的价格捆绑打包出售。在赛事特许产品的销售上,特许销售企业将不同种类的特许产品联合在一起,制定合理的价格出售,这样有助于增加各种不同特许产品的销量,实现特许产品利润最大化。

(3) 折扣与折让定价策略 折扣与折让定价策略是指对产品基本价格做出一定的让步,直接或间接降低价格,以争取顾客,扩大销量。赛事特许产品的折扣和折让定价策略是指在体育赛事举办阶段的后期或赛事闭幕之后,对于一些库存量大的特许产品,由赛事运作管理机构统一制定打折销售的政策,在规定的时间、规定的地点对特定的特许产品进行打折销售,减少某些特许产品的库存积压。如在北京奥运特许产品退市的前一天,北京10家奥运特许商品专营店在北京奥组委的统一批示下都打出了最低折扣,仅王府井工美大厦一家特许商品专营店就创造了200余万元的销售额。

(4) 心理定价策略 为了使每一件产品都能满足消费者的某一方面的需求,其价值与消费者的心理感受有着很大的关系。这就为体育赛事特许产品心理定价策略的运用提供了基础。由于体育赛事特许产品的消费者通常不注重产品的性价比,赛事的溢价效应往往使消费者可以接受用高于普通产品许多的价格购买特许产品。赛事特许产品定价策略决策部门可以对消费者的心理活动多进行琢磨,针对消费者对不同特许产品显示声望、彰显地位等不同需求制定价格。

(三) 体育赛事特许产品的生产企业与销售企业选择策略

体育赛事特许产品经营机构的选择标准是基于赛事特许产品开发模式,对多家竞选企业从资信财务状况、经营业绩、自有渠道到市场运营能力等方面进行综合评价。根据不同赛事对特许产品开发的要求,可选择以某一方面的侧重点为衡量标准。如北京奥运会其特许产品经营商的选拔就是以严格的资质审核和丰富的市场网络为选择标准。也可根据授权对象与职能来选择具体的标准,如亚运会通过分设生产商、零售商以及区域市场代理等多项职能来进行资质评选(表5-3)。

表5-3 特许生产商、特许零售商、特许专营商(区域代理)评选标准

特许生产商	特许零售商	特许专营商(区域代理)
社会声誉、资信财务状况和经营业		
相关资质认证	品牌代理经验	零售经验
产品研发和设计能力	市场营销网络	市场营销能力
生产组织和质量管理能力	销售网络建设及连锁管理能力	管理团队建设及管理能力
社会责任管理体系	仓储和物流配送能力	仓储和物流配送能力
市场营销能力	特许商品零售方案	信息系统建设能力
物流配送能力		现有顾客群的层次性
信息系统建设和管理能力		年度销售额的预计
		周边商圈经营环境及商业氛围
		隐性市场隐患情况
		店面设计

1. 体育赛事特许产品生产企业选择策略

一般情况下,每个特许产品类别至少须选择两家生产企业,以保证特许产品的生产质量。

1) 选择方式

(1) 公开征集 体育赛事运作管理机构可以在其目标受众市场内,通过电视、网络、报

刊等各类媒体向社会各界发布标志产品生产企业征集书，公开征集特许生产商。

（2）定向征集　体育赛事特许产品生产企业定向征集是指向某个特许产品类别的行业内两家以上具备资格的企业发出邀请，通过竞争的方式产生生产企业。

（3）实地考察　体育赛事运作管理机构可以直接到目标企业进行实地考察，通过撰写考察报告，比较分析后确定最终的生产商。

2）选择标准

（1）财务状况　在选择生产企业时，必须首先考察和了解企业财务状况的好坏，要求企业必须具备稳定充足的现金，以备按时按量支付给赛事运作管理机构所需的资金。通常说来，特许生产企业必须向赛事运作管理机构支付的费用和函件包括如下3种：一是特许权费，特许产品生产企业必须按照赛事运作管理机构确定的特许权费率支付特许权费；二是最低保证金，特许产品生产企业须先缴纳最低保证金，一般为每合同年度预期特许权费用总额的30%，可冲抵特许权费；三是履约保函，特许产品生产企业在签署特许授权书时，须按照预测年销售额的一定比例向赛事运作管理机构提供银行或金融机构出具的履约保函。

（2）设计能力　在考察生产企业时，还应注重其设计能力的评估。一个好的特许产品设计团队必须能够综合地考虑以下要求，才能在企业生产的特许产品中体现出这些要求。①社会发展要求：设计研发出好的赛事特许产品，必须以满足社会需要为前提。为此，特许生产商必须加强对国内外技术发展的调查研究尽可能吸收世界先进技术。②经济效益要求：设计研发品类丰富的赛事特许产品的主要目的之一，是为了满足体育赛事市场不断变化的需求，以获得更好的经济效益。好的特许产品设计应是既可以满足消费者各种不同需求，又可以节约能源和原材料，提高劳动生产率，降低成本等。③使用的要求：好的特许产品要为社会所承认，并能取得经济效益，就必须从体育赛事特许产品市场和消费者需要出发，充分满足消费者对于特许产品投资收藏、礼品馈赠、陈列观赏等需求。④制造工艺要求：生产工艺对特许产品设计的最基本要求，就是特许产品结构应符合工艺原则。也就是在规定的产量规模条件下，能采用经济的加工方法，制造出合乎质量要求的产品。这就要求生产企业所设计的特许产品结构能够最大限度地降低产品制造的劳动量，减轻产品的重量，减少材料消耗，缩短生产周期和制造成本。

（3）生产能力　由于体育赛事特许产品种类的广泛性，不同生产企业的产品和生产过程差别很大，赛事运作管理机构在评估目标生产企业生产能力之前，必须确定该企业的生产能力计量单位。常见的生产能力计量单位如下：①以产出量为计量单位。调制型和合成型生产类型的制造企业生产能力以产出量表示十分确切明了。这类企业它们的产出数量越大，能力也越大。如生产玩具系列、皮具箱包、服饰鞋帽、文具用品、家纺用品、生活用品等特许产品的企业。②以原材料处理量为计量单位。有的企业使用单一的原料生产多种产品，这时以工厂年处理原料的数量作为生产能力的计量单位是比较合理的。这类企业的生产特征往往是分解型的，使用一种主要原料，分解制造出多种产品。如生产金属制品、陶瓷制品、珠宝玉石等种类的特许产品的企业。③以投入量为计量单位。这类企业的生产能力有一个显著特点，就是能力不能存储，手工业和服务业往往属于这种类型。如生产各类有民族特色和地域特色的工艺品和收藏品。

（4）质量管理　一个合格的特许产品生产企业，应该具备一整套符合企业自身的系统、全面有效、预防性较高、动态、持续受控的质量管理体系，并且要求特许生产企业的产品必须

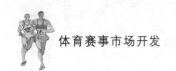

同时具备社会性、经济性和系统性。社会性要求生产企业产品质量的好坏不仅从直接的消费者,而且从整个社会的角度来评价,尤其涉及生产安全、环境污染、生态平衡等问题时更是如此。经济性要求产品质量不仅从某些技术指标考虑,还要从制造成本、价格、使用价值和消耗等几个方面来综合评价。除此之外,还必须明确质量是一个受到设计、制造、使用等因素影响的复杂系统。

(5)诚信经营　诚实守信是建立市场经济秩序的基石。考察目标企业的诚信经营建设情况,就是了解该企业在其以往生产经营过程中,是否出现过假冒伪劣、合同欺诈、赖账拖欠、虚假业绩、不实广告、盗版侵权、金融诈骗等干扰和破坏我国社会主义市场经济秩序的行为。

(6)防伪技术　防伪技术是指为了达到防伪目的而采取的措施,它在一定范围内能准确鉴别真伪,并不易被仿制和复制的技术。体育赛事的光环带给特许产品的溢价不可估量。因此,在一般情况下,特许产品的零售价会高于同类产品的市场价格。这也给非特许生产企业进行伪造或假冒赛事特许产品等违法活动提供了最直接的动因。为了加强对体育赛事知识产权的保护,维护赛事知识产权人及相关权利人的合法权益和赛事的品牌价值,赛事特许产品生产企业必须掌握先进、高效防伪技术,在其生产的特许产品包装物上附着合适的防伪标志。从生产制造的源头行动,杜绝一切"搭便车"行为的发生。

(7)保密措施　商业秘密是体育赛事特许产品市场开发中至关重要的因素,对其侵犯不仅导致赛事运作管理机构的直接经济损失,而且令特许生产项目的竞争优势丧失,严重破坏了建立起来的特许经营模式。体育赛事特许产品生产的商业秘密是指尚不为公众所知悉,能为赛事运作管理机构和生产企业等权利人带来经济利益,具有实用性并经权利人采取保密措施的技术信息和经营信息。为保证赛事相关权利人的合法权益,在赛事运作管理机构要求的保密期内,生产企业必须采取切实可靠的保密措施,做到不失密、窃密,这是对特许生产商的基本要求。常见的体育赛事商业秘密主要有尚未公开发布的吉祥物、会徽、口号等赛事标志的样式、内容,赛事特许产品市场开发的实施细则等。

(8)物流管理　物流是指利用现代信息技术和设备,将产品从供应地转移到接收地的准确、及时、安全、保质保量、门到门的合理化服务模式和先进的服务流程。而物流管理是指企业在生产过程中,根据物质资料实体流动的规律,应用管理的基本原理和科学方法,对物流活动进行计划、组织、指挥、协调、控制和监督,使各项物流活动实现最佳的协调与配合,以降低物流成本,提高物流效率和经济效益。体育赛事运作管理机构可从内、外两个方面来评价企业物流绩效。

内部绩效衡量系统或物流系统内部各成分,如生产工厂、仓库和运输设备等,其指标包括设备利用率、仓库存储量和卡车利用率等。外部绩效评价是非物流组织对预期目标的反映,如消费者、股票市场、政府和第三方代理商,其指标包括次品修复时间、配送频率、产品及时送达比率等。

特许产品生产企业的物流管理的好坏,直接决定着特许产品从生产企业转移到销售企业的成本和效率,关系着特许产品流通全过程的通畅和稳定。

2. 体育赛事特许产品销售企业选择策略

1) 选择方式

与体育赛事特许产品生产企业选择相同,赛事运作管理机构在选择特许产品销售企业是同样可以采用公开征集、定向征集和实地考察等方式。

2) 选择标准

(1) 财务状况　特许产品销售企业的财务状况是否良好是选择时的首要标准。一般要求特许产品销售商保持较高的资金和存货周转率,并且拥有充足稳定的现金,以备按时承担如下义务:①缴纳特许权费:特许销售商按营业面积定期向赛事运作管理机构缴纳特许权费。特许权费主要用于销售网络规划、市场调查、管理和培训和市场管理等。②缴纳市场营销费:特许零售商应每年向赛事运作管理机构按照年度销售收入的一定比例缴纳市场营销费,作为赛事运作管理机构组织集中宣传促销的专项经费。③提供履约保函:在与赛事运作管理机构签订特许销售合同时,特许销售商须提供银行或金融机构出具的履约保函。

(2) 市场调研和分析能力　市场调研和分析是销售企业开展经营活动的第一步。销售企业处于商品流通的最终阶段,直接为最终消费者服务,包括购、销、调、存、加工、拆零、分包、传递信息和提供销售服务等职能。

合格的特许产品销售企业需要具备较高的市场调研和分析能力。市场调研是指为了提高产品的销售决策质量、解决存在于产品销售中的问题或寻找机会等,而系统地、客观地识别、收集、分析和传播营销信息的工作。市场分析则是对市场规模、位置、性质、特点、市场容量及吸引范围等调查资料所进行的经济分析。一个销售企业市场调研和分析能力的好坏直接决定着其销售决策是否正确。销售决策主要包括选择企业所服务的市场面,确定企业向市场销售的具体产品的性质、质量和数量,制定合理的价格,展开有效的促销宣传及分布合理的销售网点。

(3) 营销策划能力　所谓市场营销策划,是指销售企业内部或外部的策划人员,对某一个企业或某一商品或某一活动,在准确分析企业营销环境和基础上激发创意,对企业一定时间内营销活动的方针、目标、战略以及实施方案与具体措施进行科学的策略谋划和周密的计划安排。考察企业的营销策划能力,可以从企业过往的市场策划项目入手,了解和测评其产品策划能力、价格策划能力、营销渠道设计策划能力、促销策划能力。

(4) 销售网点建设能力　在考察特许销售企业销售网点建设能力时,主要了解和评估其市场销售网络的覆盖范围、销售终端的数量以及销售能力,构成销售网点的总体销售能力。在具体分析时,可从以下几个方面来评估企业销售网点建设能力:①各销售网点的财务状态。主要包括偿债能力比率、效率比例、盈利能力比率分析。②各销售网点的绩效分析。主要从定性和定量两个方面进行分析。以产出为基础的定量分析,主要分析各网点的销售额、利润、存货周转率等;以行为为基础的定性分析,则分析各网点服务部门的工作质量、产品保证、消费者投诉处理能力等。③各网点对整个销售网络的贡献分析。可运用收益性分析法、潜在市场与实际成绩对比发、消费者满意度调查法评估各网点的贡献率。④销售网络运行状态评估。即对销售网络的效率、功能、衔接关系、积极性进行监督和评估。⑤货架陈列设计能力。合格的特许产品销售企业必须有足够的货架设计陈列能力,以达到增加销售网点销售利润,改善各类特许产品库存量,创造陈列的美观性,争取最大的陈列面,建立消费者的方便性,保护特许产品品质的作用。

(四) 体育赛事特许产品的渠道规划策略

1. 体育赛事特许产品销售渠道的含义

体育赛事特许产品销售渠道是指将体育赛事特许产品从生产者向消费者转移过程中的

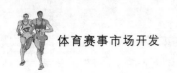

具体环节。体育赛事特许产品只有通过适当的销售渠道,才能以最高的效率和最低的费用,在适当的时间推向适当的市场,最终到消费者手里。它不仅可以及时满足对特许产品需要的消费者,也可以促成潜在消费者进行消费。

2. 体育赛事特许产品销售渠道规划策略

体育赛事特许产品销售渠道规划策略是指为实现特许产品分销目标,为所有备选渠道结构进行评估和选择,从而开发出新型的营销渠道或改进现有营销渠道的各种方案的集合。

体育赛事特许产品销售渠道规划策略主要包括以下内容。

(1) 渠道长度策略 渠道长度策略是指为完成赛事特许产品的营销渠道目标确定多种渠道长短的数目,即渠道层次。常见的有零层渠道、一层渠道、二层渠道及三层渠道。零层渠道通常称为直接分销渠道,是指特许产品生产者不经过任何中间商直接把产品销售给最终消费者,多用于分销产业用品。赛事运作管理机构可从过定点专卖、电子商务、集团订购等方式进行零层渠道营销。一层渠道是指由特许产品生产者把产品先销售给零售商,然后再由零售商出售给消费者。二层渠道是指通过批发商或代理商、零售商把特许产品销售给消费。三层渠道是指通过代理商、批发商、零售商再把产品销售给最终消费。

(2) 渠道宽度策略 渠道宽度策略是指赛事运作管理机构决定选择多少个中间商来为自己销售特许产品。一般有3种渠道宽度策略,即密集分销、选择分销和独家分销。密集分销是指赛事运作管理机构尽可能多地授权中间商销售其特许产品,如零食、徽章等。选择分销是指赛事运作管理机构在某一地区仅通过几个精心挑选的、最适合的中间商推销特许产品,如特许的服装、鞋帽、家用电器等。独家分销是指赛事运作管理机构在某一地区仅通过一家中间商推销特许产品,如收藏品、贵金属制品等特许产品。

例如,第6届全国城市运动会特许产品开发的市场渠道(表5-4)。

表5-4 第6届全国城市运动会特许产品开发的市场渠道

销售形式	销售渠道	营销对象	销售点数量	销售收入比重
自主销售	赛区销售	观众、学生	37个	12.5%
	接待宾馆酒店销售	运动员、教练员、官员	76家	42.5%
	大型活动销售	观众、游客	27个	9.38%
	社会团购	个人、单位及其他团体组织		35%
代理销售	商超代理	社会零售	18家	0.625%
	院校代理、远城区赛点代理	中学、大专院校学生观众	17个	0.2%

资料来源:周学云、陈林祥.我国综合性体育赛事资源开发[M].北京:人民体育出版社 2008

(3) 渠道系统策略 渠道系统策略是指渠道成员之间实现不同程度的一体化经营或联合经营,它们之间的联系较为紧密。渠道系统策略组要有3种即垂直分销渠道系统、水平式分销渠道系统和多渠道分销系统。

体育赛事多采用多渠道分销系统分销。多渠道系统是对同一或不同的细分市场,采用多条渠道的分销体系。大致有两种形式:一种是制造商通过两条以上的竞争性分销渠道销售同一种类的特许产品;另一种是制造商通过多条分销渠道销售不同种类的差异性产品。如北京奥运会特许零售(表5-5)。

第五章 体育赛事特许产品市场开发

表 5-5 北京奥运会部分特许零售商

序号	特许零售企业	授权销售渠道	百强企业
1	百联(集团)有限公司	自由零售网络及其他经北京奥组委核准的渠道	全国百强
2	北京李宁体育用品有限公司	中国内地	服装类百强
3	北京王府井百货(集团)股份有限公司	自有零售网络	贸易类百强
4	上海贝发贸易有限公司	上海、浙江、河南、江西及其他经北京奥组委核准的渠道	地区百强
5	湖南省湘体产业发展有限责任公司	湖南省自有渠道	
6	南京新街口百货商店股份有限公司	自有渠道及其他经北京奥组委核准的渠道	地区百强
7	上海均瑶集团有限公司	上海、江苏、浙江、山西、河北、湖北、河南、贵州及其他经北京奥组委核准的渠道	地区百强
8	中国银行股份有限公司(类别:贵金属制品及纪念章、高档胸章套装)	中国内地、香港、澳门	金融百强
9	中体产业集团股份有限公司	自有渠道	
10	北京叠翠旅游纪念品有限责任公司	北京地区旅游景区、饭店、学校及其他经北京奥组委核准的渠道	

资料来源:根据 2008 年北京奥运会官方网站资料整理

(五)体育赛事特许产品市场开发的监控策略

体育赛事特许产品市场开发的市场监控是指体育赛事特许产品开发机构从特许产品市场的竞争机制、品质监控、产品定价、销售渠道 4 个方面,对特许产品开发计划的各环节与特许经营机构的市场行为进行监督、管理和指导,确保体育赛事开发社会效益与经济效益目标顺利实现的过程。它在整个赛事特许产品市场开发的过程中尤为关键,只有严格过程管理,完善市场监控体系才能确保特许产品市场规制有效实行,实现开发收益的稳步增长。

1. 流程监控标准化

运作流程监控能够及时有效地发现特许产品市场流通环节中出现的问题。因此,通过标准化的流程管理的方式,即明确各环节由谁负责、由谁执行,各环节的执行顺序以及哪些环节可以被分解等,来监督赛事产品开发机构与经营机构履行各自职责,达到有效控制产品开发与市场销售环节,从而使特许产品开发过程规范有序地进行,提高赛事特许产品市场开发的整体效率。

2. 质量监控全程化

产品质量监控主要是产品开发机构为维护产品消费者权益而实施品质管理与监控的过程。对于特许产品开发的质量监控,应制订产品质量检验标准,完善各个流通环节的品质监控制度。在特许产品设计前期,向赛事特许产品开发机构审报特许产品的设计方案;在产品制造与供货阶段,赛事特许产品必须经过各地方质监部门的检验与认证后才能准予发行;在赛事特许产品进入市场流通后,有关部门应指派专员不定期地对特许产品进行现场抽查,查处不合格产品。

3. 销售监控动态化

销售网络作为产品对外展示、扩大影响的重要载体,是产品开发市场监控中难度最大、最关键的环节。对于体育赛事特许产品的销售网络监控,重点要依靠现代化的网络平台,实施对特许产品销售网络的动态监管,做到对数据、信息的及时反馈。例如,建立特许产品互

联网数据连接平台,将各个终端销售点的数据定期向特许产品经营机构汇报,保证产品信息、资金动态、销售状况等信息的及时反馈。

4. 契约履行法制化

特许经营合同是确立赛事主办方与特许经营商之间特许经营关系的基本法律文件,而特许产品市场经营的特点决定了特许经营合同的复杂性。因此,在特许产品开发的契约履行监控中,主要是在双方制订合同条款时,应明确双方的权利与义务,对体育赛事特许产品开发过程中所包含的各项法律关系作出详细的、周密的约定,在双方发生争议时,做到有章可循,有法可依,以维护特许经营合同双方关系的稳定发展。

本 章 小 结

1. 体育赛事特许产品是指一个体育赛事拥有专利权(特许权),该体育赛事组委会通过合同的形式,收取其他组织(受许人)一定的费用后而允许该受许组织(受许人)在其生产的产品上使用该体育赛事专用的特殊标志的产品。体育赛事特许产品主要包括标志产品、专用产品和推荐产品3种类型。

2. 体育赛事特许产品市场开发是指赛事运作管理机构把带有赛事专用的特殊标志作为经营资源授予被特许企业使用,企业为扩大特许产品市场份额,提高产品销量和知名度,而将特许产品或服务的信息传递给目标消费者,激发和强化其购买动机,并促使这种购买动机转化为实际购买行为而采取的一系列措施。体育赛事特许产品市场开发具有核心资源的多元性;开发目标的多元性;授权形式的多元性等特点。体育赛事特许产品市场开发的意义表现为:①理念传播,展现赛事以及主办地的精神风貌和文化底蕴;②宣传赛事,提升体育组织品牌在公众中的影响力和知名度;③筹集资金,扩大赛事的收入来源;④品牌推广,实现赛事和特许企业的双赢。

3. 体育赛事特许产品市场开发的对象是生产企业、销售企业、中介机构和消费者。体育赛事特许产品市场开发的流程包括:①体育赛事背景分析;②体育赛事特许产品市场分析;③体育赛事特许产品市场规划;④体育赛事特许产品市场宣传。

4. 体育赛事特许产品市场开发应遵循公开招标、质量保证、满足需求、适度开发、社会效益与经济效益相统一和充分发挥社会中介机构的原则。体育赛事的市场开发策略主要有:①体育赛事特许产品设计策略;②体育赛事特许产品定价策略;③体育赛事特许产品的生产企业与销售企业选择策略;④体育赛事特许产品的渠道规划策略;⑤体育赛事特许产品市场开发的监控策略。

思 考 题

1. 什么是体育赛事特许产品? 一般分为几类?
2. 什么是体育赛事特许产品市场开发? 体育赛事特许产品市场开发重要意义是什么?
3. 体育赛事特许产品市场开发有哪些特点?
4. 体育赛事特许产品市场开发的对象有哪些?

5. 体育赛事特许产品市场开发的流程有哪些？
6. 体育赛事特许产品市场开发应遵循哪些原则？
7. 体育赛事的市场开发策略主要哪些？具体内容是什么？

案例分析

2008年北京奥运会特许商品计划

一、北京奥运会特许商品计划指导思想

遵照《主办城市合同》及《第29届奥运会市场开发计划协议》的规定,遵循"绿色奥运、科技奥运、人文奥运"理念,积极发挥特许商品宣传北京奥运会,促进群众参与奥运的作用。广泛吸收优秀企业参与,建立覆盖全国的销售网络,充分满足广大群众对奥运特许商品的需求。结合中国国情,创新管理模式,构建公开、公平、规范的竞争平台。与各级政府主管部门密切协作,保证产品质量,加强市场拓展和监管,培育和发展运行规范、竞争有序、秩序良好的奥运会特许商品市场。

二、北京奥运会特许商品计划的工作目标

（1）宣传推广北京奥运品牌形象　通过实施特许商品计划大力传播北京奥运会、北京残奥会以及中国奥委会和中国残奥委会的品牌形象,营造良好的奥运氛围,广泛传播奥运精神。

（2）宣传北京奥运理念　在特许商品开发和销售过程中,充分体现"绿色奥运、科技奥运、人文奥运"理念,宣传"同一个世界,同一个梦想"的主题口号,弘扬中国文化,宣传北京,宣传中国。

（3）为中国优秀企业参与奥运会构建平台　努力吸引中国优秀企业参与特许商品开发与销售,积极推广"中国制造"的优质产品,推动民族工业发展。

（4）为北京奥运会筹集资金　通过实施特许商品计划,实现为北京奥运会筹集资金的目标。

三、北京奥运会特许经营基本运营模式

（1）北京奥组委向特许企业授权　奥组委负责制订特许经营管理政策并监督执行,主要行使授权、审批和管理职能,授权企业生产和销售特许商品,批准企业产品方案及开店申请,收取特许权费及相关费用。特许企业依据授权定点生产、定点销售,其中特许生产商主要进行商品的设计开发,特许零售商主要从事特许商品的销售,双方签订合同建立直接的购销关系,按照商业方式运作。

（2）特许企业向奥组委交纳特许权费　特许权费视商品类别不同而采用不同的费率,特许权费率按特许商品零售价的一定比例收取,一般在特许商品零售价的5%~15%浮动。特许企业按合同规定向奥组委缴纳最低保证金和履约保函。

（3）特许企业不享有奥运营销权　北京奥运会特许经营是指北京奥组委授权企业设计、生产和销售带有北京奥运会、残奥会和中国奥委会、中国残奥委会标志的商品,但未授予企业奥运营销权利。因此,特许企业不享有奥运营销权。

四、北京奥运会特许商品开发及销售市场规划

（一）特许商品开发规划

1．特许商品定位

特许商品的定位以有利于推广奥运品牌形象为目标，以"绿色、科技、人文"奥运理念为指导，倡导创意新颖、品质优良、环保健康的商品开发理念，以面向大众消费需求为主导。针对不同阶段的消费特点和细化的消费需求推出不同层次和特色的特许商品，满足消费者投资收藏、礼品馈赠和自用消费等需求。

2．商品类别规划

随着奥运消费市场的发展，在主推传统奥运特许商品的同时，逐步推出不同种类的消费品和时尚用品。

（二）特许商品销售市场规划

1．特许商品销售网络规划的总体思路

销售网络发展要在《奥运特许商品销售网络总体规划》的指导下，以有利于奥运品牌推广、满足市场需要和方便群众购买为目标，依靠地方政府商业主管部门的指导，发挥大型商业连锁集团、赞助企业营业网点、特许经营商自有销售网络的优势，并鼓励其他社会和个体销售商参与特许商品销售的积极性，形成覆盖全国的特许商品销售网络。

2．销售市场布局的基本原则

（1）分区域/渠道授权原则 北京奥组委赋予特许零售商在指定区域/渠道开设销售点的权利，并承担相应的销售任务及市场管理的责任，提高对假冒商品的防范能力，避免相互间争夺商业资源。特许零售商根据与奥组委签订的合同在授权范围内开店和从事经营活动。

（2）分级管理原则 根据不同的特许商品市场发展阶段，奥组委授权特许零售商铺设特许商品销售网络并对特许零售商进行直接或分级管理。经奥组委批准，零售商可在授权范围内发展次级分销商并对其进行管理。

（3）协调发展原则 发挥各级奥运会市场开发参与者（包括全球合作伙伴，北京2008赞助企业、特许生产商等）现有渠道优势，鼓励社会和个体销售商积极参与。按照奥组委销售网络总体布局规划协调管理。

五、特许企业的管理政策

（一）特许生产商管理政策

（1）非排他原则 每个商品类别至少选择两家特许经营商。

（2）产品方案审批管理 特许商品设计应符合北京奥组委的奥运标志使用规范和商用指南。同时要求特许商品的设计富有创意。所有产品设计须报北京奥组委批准。

（3）商品质量管理 奥组委根据国家关于质量管理的相关规定制定特许商品质量监督管理办法，并会同政府质量主管部门不定期对特许商品质量进行检查。

（4）特许商品定价管理 特许商品应保持统一的市场零售价。特许生产商提出特许商品零售价建议，经北京奥组委批准后实施。奥组委将出台特许商品定价指南，引导特许生产商合理定价。

（5）特许生产商的零售权 经北京奥组委批准后，特许生产商获得授权类别商品的零售权。特许生产商设立的专卖店须符合北京奥组委店面形象要求,开店手续及管理政策参照特许零售商的管理政策。

（6）财务安排　特许生产商向北京奥组委承担如下义务:①支付特许权费:特许生产商按照北京奥组委确定的特许权费率支付特许权费;②支付最低保证金:特许生产商须交纳最低保证金,一般为每合同年度预期特许权费总额的30%,可冲抵特许权费;③提供履约保函:特许生产商在签署特许合同时,按照预测年销售额的一定比例向北京奥组委提供银行或金融机构出具的履约保函;④投入市场营销费:特许生产商应保证投入一定比例的市场营销费进行特许商品的市场推广和宣传,北京奥组委有权利对市场营销费的使用情况进行审计。

（二）特许零售商管理政策

（1）销售目标管理　奥组委在审核特许零售商年度开店规划的基础上,核定特许零售商合同年度的指导性销售任务指标,并以此作为考核特许零售商业绩的依据。

（2）开设店铺管理　特许零售商开设特许商品零售店(包括销售专柜及销售点)须提出书面申请并经北京奥组委批准。零售点应做到特许商品种类齐全,购物环境舒适安全。

（3）店面形象管理　特许零售商须按照奥组委《2008年北京奥运会特许商品零售店店面形象手册》装修店面,并经奥组委验收合格后方可开业。

（4）分销商管理　特许零售商可以发展次级分销商,分销商须符合北京奥组委的分销商选择标准。特许零售商按奥组委提供的分销服务合同文本与其分销商签约,并报奥组委备案。

（5）财务安排　特许零售商向北京奥组委承担如下义务:①缴纳特许加盟费:特许零售商按营业面积每年向北京奥组委缴纳特许加盟费。根据每个店面营业面积的大小,特许加盟费标准在5 000~20 000元人民币。特许加盟费主要用于零售网络规划、市场调查、管理和培训、市场管理等。②缴纳市场营销费:特许零售商应每年向北京奥组委按照年度销售收入的2%缴纳市场营销费,作为北京奥组委组织集中宣传促销的专项经费。③提供履约保函:在与北京奥组委签订特许零售合同时,特许零售商须提供银行或金融机构出具的履约保函。

六、特许商品计划的营销宣传

特许商品的营销宣传以推广北京奥运品牌形象,促进特许商品销售为目标,宣传北京奥运会、北京残奥会,弘扬中国传统文化,展示北京地方特色,营造人文奥运氛围。

七、特许商品防伪及市场管理政策

为保护奥林匹克知识产权,保障特许企业的权益,维护特许经营市场秩序,奥组委将与政府主管部门密切配合,采取有力措施,采用有效的防伪技术,打击制假贩假行为。

（1）提高特许商品防伪技术　特许商品使用标签防伪技术,每一件特许商品均须配挂一枚防伪标签,以防假冒商品流通。

（2）实行工商备案制度　经授权的特许企业及其生产、销售场所均需在工商管理部门登记备案。奥组委向特许企业颁发授权证书。

（3）建立维权协作机制　奥组委积极与政府主管部门和执法部门合作,加强特许商品的生产和市场流通管理,严厉打击生产和销售假冒伪劣特许商品的行为。

（4）加强抵制假冒商品宣传教育　奥组委将凭借媒体,开展宣传教育,提高消费者识别能力，倡导消费者拒绝假冒商品，购买真品支持奥运会。建立举报制度，鼓励公众举报侵权行为。

案例思考题

1. 试述北京奥组委的特许产品生产商与零售商的选择策略。
2. 试述北京奥组委的特许产品的市场管理策略。

推荐阅读

朱明侠，魏铁梅. 特许经营[M]. 北京：对外经济贸易大学出版社，2007

第六章 体育赛事彩票市场开发

本章内容提要
- 彩票、体育赛事彩票的相关概念
- 体育赛事彩票市场开发的含义及意义
- 体育赛事彩票的发展历程
- 体育赛事彩票市场开发的资源
- 体育赛事彩票市场开发的原则
- 体育赛事彩票市场开发的策略

第一节 体育赛事彩票市场特征

一、体育赛事彩票市场开发的概念

(一)体育赛事彩票相关概念界定

1. 博彩

博彩,顾名思义,是博得各种中彩机会的游戏活动,有输、赢、平3种结局。最早的博彩活动是2 000多年前在古罗马公园以彩票的形式开展的娱乐活动,后来不断演变丰富,现在已经发展为一个完整的产业。关于博彩的性质的描述褒贬不一,但是从语言演化的角度上看,它是对"赌博"一词的美饰。博彩的主要特征是非理性投入、娱乐性与投资相结合。而且所有参与的博彩者的动机无外乎娱乐休闲的舒适心理、碰运气赚大钱的投机心理。

2. 彩票

彩票,亦称奖券、白鸽票,英文称"lottery"。尽管彩票的历史由来已久,但对于彩票的定义始终莫衷一是。在我国由财政部颁发的《彩票发行与销售管理暂行规定》中认为彩票是国家为支持社会公益事业而特许专门机构垄断发行,供人们自愿选择和购买,并按事先公布的规则,取得中奖权利的有价凭证。彩票类型从玩法特征来说目前主要有传统型、即开型、乐透型、数字型、透透型等类型。尽管世界各国发行彩票非常普遍,但初衷都以集资为主要目的,且各类彩票均具有中奖概率极低,赔率高,开奖结果随机成分高,智力因素低的特点。

3. 体育彩票

国家体育总局对体育彩票的定义是:以筹集国际和全国性大型体育运动会举办资金等名义发行的,印有号码、图形或文字的,供人们自愿购买并能够证明购买人拥有按照特定规则获取奖励权力的书面凭证,无论其具体称谓和是否标明票面价格,均视为体育彩票。体育彩票作为一种商品,具有公益性、机会游戏、政府专有的融资工具等特征;作为一种博彩品,它又有娱乐消遣、碰运气、感性投资的特征。时下流行的和体育相关的彩票均属于体育

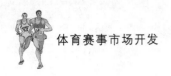

彩票。

4. 体育赛事彩票

体育赛事彩票是具有相应运作资质的机构在体育彩票权力机构的指导下,以体育赛事独有的各种资源为媒介,进行胜负竞猜、技术判断、知识竞答等,并供人们自愿选择和购买,且按事先公布的规则,取得中奖权利的印有号码、图形、文字、面值等图案的一种有价凭证。目前体育赛事彩票从所依靠体育项目载体的多寡可分为单项体育赛事彩票如足球彩票、篮球彩票、赛马彩票和赛狗彩票等,以及综合性体育赛事彩票如奥运彩票和全运会彩票。

(二)体育赛事彩票市场开发

体育赛事彩票市场开发是在体育彩票权力机构授权下,由具有相应运作资质的机构在一定的市场区域范围内,以体育赛事有关的有形和无形资源为彩票开发客体,以体育赛事彩票的消费者及潜在消费者为服务对象,通过运用一系列的市场手段为赛事筹集资金的过程。

二、体育赛事彩票的发展历程

(一)国外体育赛事彩票的发展

1. 国外体育赛事彩票的发展历程

体育赛事彩票自产生之后经历了漫长的发展。大致经过了3个主要的发展阶段:古代体育赛事彩票阶段、第二次工业革命之后阶段和第三次工业革命至今。

(1)古代体育赛事彩票的缓慢发展　古代生产力相对落后,世界各国多数处于奴隶社会时期,少数进入封建社会,商品经济尚欠发达,大量的土地和资本掌握在地主、伯爵和贵族的手里,普通百姓的购买力有限。而贵族欣赏体育比赛的项目也有限,当时的体育项目主要是从士兵作战的训练中演变出来的,角斗和赛马都是战争中必不可少的技能。之后,古罗马的角斗士和英国的骑士赛马慢慢流行,成为较早出现的体育赛事。在当时,赛事举办的资金来源比较单一,主要是由社会上层的贵族出资。发行彩票的资金也以自我筹集为主,主要作为一种有奖奖券,奖励成绩优秀者或幸运中奖者。彩票在当时只具有娱乐的功能,并不具备为赛事举办筹集资金的功能。

(2)现代体育赛事彩票运营模式雏形渐显　第二次工业革命之后,现代化的市场制度和公司运营体制应运而生。公司制度的普及和流行涉及各行各业。在欧洲主要国家如英国、意大利、西班牙等,体育赛事彩票的发行也步入公司运营的轨道中,集资功能逐步显现。1870年赛马彩票正式运营,1921年英国成立首家以足球彩票为主的博彩公司,为体育事业发展面向社会筹集了大量资金。此后,随着资本主义经济的发展,公司制的赛事彩票运营模式又逐渐传入美洲、亚洲及世界各地。

(3)当今体育赛事彩票的快速发展　第三次工业革命之后,信息技术的迅猛发展为体育赛事彩票的发展提供强劲动力。通过与信息技术的广泛结合,赛事彩票载体日益多元化,电视彩票和录像彩票以及网络彩票等相继诞生,从而催生了各种形式的赛事彩票;在销售渠道上,网络的发展使销售渠道从单一的线下销售逐步转变为线下与线上相结合的方式,销售渠道更加新颖快捷;在销售区域上,卫星技术增强了对赛事的转播,加速了体育赛事向世界范围的推广,进而扩展了赛事彩票的发行范围。赛事彩票种类丰富、载体多元化、发行渠道便捷和发行范围拓展也使得发行规模和数量空前绝后。如1992年法国奥委会从体育彩票获得收益为1.66亿美元;慕尼黑奥委会发型体育彩票的收入约为1.2亿美元。这一阶段体育赛事彩票得到前所未有的发展,逐步实现全球化,并形成了相对完整的产业。

2. 目前主要国家体育赛事彩票特征

目前世界各国发行的体育赛事彩票因区域、赛事项目、国家体制的不同有众多差异,突出的表现在发行管理体制、主要发行项目和发行数量区别上。目前各国彩票的最高监控权利属于国家或州政府所有,在主管权力部门监管下由公司相对独立地进行体育赛事彩票运作。目前世界主要国家的体育赛事彩票的主要特征,如表 6-1 所示。

表 6-1 各主要国家体育彩票发行情况概览

国家	主管部门	发行机构代表	玩法种类	主要项目
美国	州彩票委员会	纽约、马萨诸塞州彩票公司	竞猜型、即开型	足球、篮球、棒球、橄榄球、拳击等
法国	国家财政预算部	游戏集团	竞猜型、即开型	赛马、足球为主
意大利	体育主管部门	洛托马提克彩票公司	竞猜型、即开型	赛马、足球等
日本	日本政府	第一劝业银行	竞猜型、即开型	足球、棒球为主

(二)国内体育赛事彩票的发展

1. 国内体育赛事彩票发展概述

旧中国的体育彩票是随着西式赛马产生的。那时的赛马主要在上海、天津、武汉等几个大城市举行。新中国成立后,赛马和马票被废止。十一届三中全会以后,随着改革的深入,博彩的禁区才被打破。以推动我国体育事业的快速发展、满足人民的现实生活的需要为宗旨的体育博彩业应运而生。1984 年,北京市为第 4 届北京国际马拉松赛而发行的"发展体育奖"彩票是新中国第一次发行以体育为内容的彩票,创了中国体育赛事彩票发行的先例。为了规范体育彩票的发行市场和支持我国体育事业的发展,1992 年 7 月正式成立了"国家体委体育彩票筹备组"。1994 年是我国大型综合性赛事较多的一年,为解决东亚会、民运会、农运会、冬运会等多项大型体育活动经费的不足,国务院批准成立了体育彩票管理中心,自此我国体育彩票发行工作全面启动。

我国体育赛事彩票起步较晚,分类发展相对不平衡,玩法主要参照国外已有的经验。另外由于彩票本身含有的博彩性质,致使国内各界对体育赛事彩票的发行看法褒贬不一,其发行的过程也是颇为曲折。国内比较典型的体育赛事彩票主要包括足球彩票、篮球彩票、奥运彩票、全运彩票,香港的赛马彩票也是比较流行的体育赛事彩票。表 6-2 显示国内(大陆)发行的部分主要赛事彩票。

表 6-2 国内部分主要体育赛事彩票概况

名称	发行时间	竞猜对象	玩法分类
篮球彩票	2005~2006 年	NBA 赛季 79 场比赛	竞猜型、即开型、乐透型
足球彩票	2000 年至今	9 场意甲和 4 场英超比赛	竞猜型、即开型
奥运彩票	2008 年奥运会期间	奥运主题、奥运项目	竞猜型、即开型
全运会	1987 年第 6 届全运会	会徽、吉祥物、体育场、运动员、运动器械等	即开型、传统型

(1)足球彩票 我国足球彩票试点发行从 2000 年财政部下发的《关于同意国家体育总

局发行足球彩票的批复》开始，次年财政部批准了国家体育总局体育彩票管理中心拟定的《中国足球彩票发行与销售管理办法》和《足球彩票游戏规则》。第1期足球彩票的发行以9场意甲比赛和4场英超比赛为竞猜对象（表6-3），采用买五注体育彩票送一注足球彩票的方式在北京等12个省市进行试点销售，2002年扩大到全国26个省市。

表6-3 中国足球彩票竞猜对象变迁情况

年份 竞猜对象	2001年	2002年	2003年	2004年	2005年	2006年
	意甲、英超	意甲、英超、世界杯、德甲、法甲	欧锦赛、德甲、法甲、意甲、英超	欧锦赛、美洲杯、亚洲杯、意甲、英超、奥运会	意甲、英超、德甲、北欧三国（芬超、挪超、瑞超）	意甲、英超、德甲、世界杯

（2）篮球彩票 我国篮球彩票的发行现状不如足球彩票发行乐观。2005年，国家发行了3种篮球彩票，分别是数字型、透透型、竞猜型。竞猜对象是美国职业男篮NBA在2004~2006赛季的138场比赛。国内发行比较典型的地区是上海和广州，其中上海发行的篮球彩票是在其试行规则的规定下进行，忽视了篮球球迷之外的观众，销量有限，2006年停止发售；广州借鉴全国的经验，发型了数字型和透透型彩票，在一定程度上取得不错的销售额，但是由于宣传不到位、专业人员和设施的缺乏，导致2007年停止销售。

（3）全运会彩票 1985年第1届全运会彩票（时称"奖券"）正式发行，是国务院首次批准的为全运会比赛筹资的综合体育赛事彩票，且该彩票属于传统型，每月1期，共发行了22期。在此后举办的全运会中，全运会彩票的发行种类和数量增长显著。第7届全运会发行了即开式彩票，共28枚；第8届全运会全套30枚；第9届运动会系列共有4组82枚，有即开型刮开式、电脑型卷筒式、电脑型散式3个门类。已发行的4届全运会集资彩票均以该届全运会的会徽与吉祥物作为主要构图元素，并辅以体育场、运动员、运动器械等内容。历届全运会彩票的历史价值与收藏价值也得到了逐步的上升，其发行为全运会资金的筹集做出了巨大的贡献。

2. 我国体育彩票管理及公益金使用模式

我国对包括体育赛事彩票在内的各类彩票实行国家垄断专营。1994年，国务院将中国人民银行确定为主管彩票工作的机关，2000年起改由财政部接管全国彩票业的管理工作。目前我国体育彩票采取4个层次管理的模式。首先是国务院，国务院根据体育总局对各省体育彩票的实际需求、当地财政情况和近年销售额等情况，审批各省的销售额度；其次是财政部，负责起草体育彩票的管理法规、政策、办法和执行监管的职能；第3层是国家体育总局，依法负责体育彩票的管理工作；第4层则是体育彩票管理中心，由其负责具体的发行和管理工作。

体育彩票公益金按照国家规定比例从体彩销售中提取，专门用于支持特定社会公益事业的资金。我国体育彩票从1994年开始全国发行，1994~2006年，我国共筹集体育彩票公益金513亿元。其中226亿元上缴中央财政，用于发展体育事业和其他社会事业的资金已经各占一半。在公益金使用方式上，不同时期具有不同的使用方式。2001年前，我国体育彩票公益金主要采用专项支出的方式进行使用，如1994~1997年体育彩票公益金主要用于竞技体育发展，1998~2001年则主要用于发展群众体育事业。2001年后，我国体育彩票公益金则主要采用混合使用的方式，即首先确定一个基数，基数以内用于发展体育事业，超过基数的部分,按比例用于体育事业和纳入财政收入。2006年前,彩票公益金管理分配办法规定,体育彩票发行80亿元以内彩票公益金全部归体育部门使用,80亿以上部分,20%公益金归体育部门使用,80%上缴中央财政,主要用于补充社会保障基金。从2006年起,体育彩票公益金全额的50%上缴中央财政,由国家财政部门按照"收支两条线"的原则,统一管理,集中分配公益金,用于各项国家公益事业的发展。这进一步体现了体育彩票的社会性、公益性和非营利性的特征。

由于我国优育彩票严格的管理模式,当前我国各类体育赛事运作机构不具有体育赛事彩票发行资格,国家体育彩票中心在以各类体育赛事题材发行彩票后通常以公益金形式返补赛事运作机构,支持体育赛事发展。

三、体育赛事彩票市场开发的作用

1. 扩大赛事收入来源,弥补赛事经费不足

当前世界各国举办的各种类型的体育赛事的融资途径主要包括广告赞助、电视转播、特许经营、政府资助和门票销售等。但在我国由于体制机制的缺陷,国内各类赛事难以完全按市场化运作的方式筹集资金,致使赛事的市场收益不足以弥补办赛经费,存在较大的收支缺口。2008年我国中超联赛门票仅占总收入的12%;广告赞助占总收入的84%。在电视转播权方面,我国电视台是垄断行业,在"谁付给谁钱"的问题上存在相当大的不确定性;综合性体育赛事赞助经营队伍的不稳定使赛事赞助收入难以持续;特许经营权所占的比例较小;体育基金和金融机构贷款在国内基本上空白。因此,我国当前体育赛事的商业融资渠道相对狭隘,融资渠道不合理,体育赛事的举办费用过分地依赖于广告赞助营销。而体育赛事彩票的市场开发则属于一种新颖的有潜力的融资渠道,通过对赛事资源的挖掘,不仅可以为消费者增加可购买体育赛事相关产品的品种,而且赛事彩票收入分配的公益金部分将直接作用于赛事本身,从而能够充分地提高赛事的附加值,进而扩大赛事的收入来源,弥补赛事经费的不足。

2. 促进赛事的宣传,提升赛事关注程度

赛事的影响力和知名度是赛事是否成功举办的关键因素。体育赛事彩票的发行能拓宽赛事的宣传渠道和平台,提高赛事的关注度。常规的赛事宣传渠道主要包括网络、电视、报纸、杂志等各类线上线下媒体,而彩票作为一种赛事产品将从3个方面扩大赛事宣传,提高赛事知名度。①从产品的角度看,体育赛事彩票是一种博彩品,相对于赛事的其他产品而言,它有投资、获大奖、升值的特性,因此它本身蕴藏较强吸引力,自然能够给赛事增加新的卖点,作为新的宣传工具,能够从更大程度上吸引大家关注和参与赛事。②从宣传渠道的角度看,体育赛事彩票的发行为体育赛事的宣传提供了新的渠道。如2009年山东省体彩中心独家承销第11届全运会门票,在全省体育彩票销售网点中选择设置500个门票销售点,实施门票销售的实时管理。赛事彩票与门票销售渠道的重合叠加增加了体育赛事在彩票销售渠道上的曝光率,将吸引更多的彩民知晓体育赛事的举办。③从受众对象角度看,体育赛事彩票的发行能够最大限度地吸引非体育赛事爱好者的眼球。赛事彩民和赛事观众有交叉重叠的部分,但也存在相互独立的部分。对于赛事观众而言,他们可以在彩票发行的过程中购买赛事彩票,深度享受赛事的乐趣;对于非赛事爱好者而言,他们购买体育赛事彩票的行为会引导他们去关注自己购买彩票最终的结果,能提高彩民观看比赛的概率。所以赛事彩票

的发行扩大了赛事宣传,吸引了观众眼球,提升了赛事的关注程度。

3. 拓展就业渠道,提供新的就业岗位

体育赛事彩票的发行涉及行业众多。因此体育赛事彩票大规模的发行能够提供新的就业岗位,拓展就业渠道。从上游看,体育赛事彩票的供应商会因为赛事彩票的发行而增加印刷研发、印刷数量、印刷设计、媒体宣传等,从而为供应商提供新的工作岗位。从中游看,体育赛事彩票销售的过程涉及环节众多,工种复杂,有线下实体销售,有线上网络销售,这些都需要有专门的人员进行控制。另外因赛事彩票发行的科技创新也会带来新的工作岗位。从下游看,赛事彩票发行获得的公益金需要有效地利用,提高公益金使用效率的过程将会为财务、金融等相关职能部门带来新的工作机会。

4. 满足彩民心理需要,丰富文化业余生活

体育本身就是娱乐项目,它对人们的身心健康有着重要的作用。现代社会人们对体育运动的消费日渐旺盛,购买体育赛事彩票成为一种融体育娱乐与博彩游戏娱乐的综合体。人们购买体育赛事彩票的动机,从体育娱乐角度看能让人们从另一个全新的视角参与体育赛事。参与赛事并非一定要到现场观看比赛,通过购买赛事彩票使消费者能够从体育比赛结果的预测和判断过程中获得成功的愉悦和快感,是一种别样的赛事参与过程;从博彩娱乐的角度来看,人们购买体育赛事彩票时的心理既包括献爱心、为体育事业作贡献的心理,还包括追求刺激、悬念的心理因素,这种对未来有期望的购买心理可以帮助人们调整情绪,减轻生活的压力,获得心情的满足。因此,体育赛事彩票是一种丰富人们业余生活的良好途径。

5. 具有较高的收藏价值和深刻的纪念意义

体育赛事彩票是稀缺性的彩票,已成为继邮票、钱币、电话卡之后的第四大类收藏品,具有较高的收藏价值和深刻的纪念意义。主要体现在以下 4 方面:①记载独特的区域文化背景。大型体育赛事资源的稀缺性致使各国各地区很难有机会承办奥运会、世界杯等重大体育赛事。2008 年北京奥运会是中国百年奥运梦想的实现,因此北京奥运彩票的发行就是以中华五千年灿烂文明为主题,嵌入特色的民族风味和文化价值,体现出独具特色民族风格。②记载令人难忘的场景。2008 年奥运会开幕式激动人心的宏大场面,将涌入史册,难以逾越,顶呱刮系列彩票变以开幕式的图案为背景承载 2008 年北京奥运会的记忆。③记载世界顶级运动员的辉煌成就。运动员短暂的生命周期和短暂的竞技周期致使运动员的辉煌成绩不可能长期持续下去,如中国选手刘翔在奥运会跨栏史上的浮浮沉沉,网球天王费德勒奥运征战的跌宕起伏,赛事彩票便成为用来记载这些世界顶级运动员短暂辉煌的载体。④彩票印制方法,图案构成会因赛事不同而相应的变换,这些都构成体育赛事彩票的稀缺性。这种彩票独有的特性使得购买彩票不仅仅是一种博彩行为,而更是一种投资和收藏行为。随着稀缺资源的历史价值的不断提升,体育赛事彩票会有更大的升值空间,它将极具欣赏和收藏价值。

此外,体育赛事彩票的作用还表现为促进国内公益事业的进展,推动国家税收稳步增长等众多方面。

四、体育赛事彩票市场开发的资源

体育赛事彩票市场开发资源是指依托体育赛事本身的各类有形和无形资源,在一定的

彩票发行规则的约束下,能够和彩票充分结合可供开发的赛事资源。主要包括赛事版权资源、赛事主题资源、赛事项目资源、赛事结果资源、参赛队伍/运动员资源和其他衍生资源等。

1. 赛事版权资源

体育赛事的版权资源主要是指体育赛事的组织者和所有者向彩票经营机构出售的、并允许其进行赛事彩票市场开发的资源,即为体育赛事版权资源。我国2005~2006年的篮球赛事彩票,以及至今发行的足球彩票都是以这种方式通过向国外NBA、意甲等赛事管理机构购买版权后在国内发行相应的赛事彩票。

2. 赛事主题资源

体育赛事彩票市场开发的主题资源主要是指在赛事彩票的发行中,任何与赛事宣传主题有关联性的各种载体(表6-4)。这些载体都是构成赛事举办的重要部分,可以是有形的,也可以是无形的。每种载体都有其内在独特的可挖掘的元素。充分利用主题资源进行赛事彩票的设计开发可以丰富体育赛事的文化和商业价值。如2009年山东第11届全运会即开型彩票以吉祥物"泰山童子"和会徽为设计元素,以"和谐中国,全民全运"为主题,票面印制精美,色彩亮丽,尽显中国特色与山东文化特色。

表6-4 体育赛事彩票市场开发主题资源

分类	名称
有形主题资源	开闭幕式、吉祥物、会徽、标准字、场馆等
无形主题资源	赛事历史、主题曲、核心理念、宣传语等

3. 赛事结果资源

体育赛事彩票的结果资源主要指的是彩票发行所依赖的比赛结果资源。无论任何体育比赛最终的结局无外乎输、赢、平,由于对阵双方或多方选手的实力、状态都有一定的不稳定性,输、赢、平的比率存在一定的不确定性。难以预料比赛结果,观众对比赛一方持有特殊心理倾向性,这使得观众对赛事彩票产生好奇心,从而是赛事结果成为重要的体育赛事彩票开发资源。赛事的结果主要包括过程结果和最终结果。最终结果主要包括赛事结束时的比分、得分差、时间、距离、排名、奖牌、获奖者。过程结果主要是指赛事预赛、半决赛、半场、节等结束时的结果。如足球彩票中的半场比赛中的比分、技术统计、进球个数等。目前体育赛事彩票中的竞猜型彩票的设计和发行充分挖掘了不确定性的赛事结果资源,已经成为彩民竞猜的主要对象。

4. 赛事项目资源

体育赛事彩票市场开发中的运动项目资源是指彩票的设计和发行所依靠的各类比赛项目。此类彩票主要是针对综合性体育赛事而言。如奥运会、田径锦标赛、全运会等大型综合型体育赛事项目的种类相对丰富,可开采的资源空间较大。体育赛事彩票项目资源开发的方式主要分为直接开发和间接开发。直接开发是最能体现体育赛事彩票项目资源的属性特征。直接开发是指赛事彩票竞猜的最终对象以体育比赛项目为标的物。如"奥运会上中国代表团获得第一个金牌的项目是××","伊拉克最强势的夺金项目是××"。间接开发是指赛事彩票资源开发过程中依赖的项目。如"美国队在××项目中获得了多少枚金牌"等。这些都是可供开发的体育赛事项目资源。

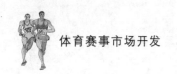

5. 运动队/运动员资源

体育赛事彩票市场开发中的运动队/运动员资源主要是指彩票的设计和发行所依靠的运动队/运动员。此类彩票的发行不仅在单项赛事中广泛使用,在综合性体育赛事也有较大的应用空间。如单项足球比赛中,"先进第一球的球队/运动员是××",2012伦敦奥运会开幕前所开出的"为中国代表队获得第一金的运动队/运动员是××"。这些都是以运动队/运动员资源为依托所进行的体育赛事彩票市场开发。

6. 赛事衍生资源

体育赛事彩票市场开发的衍生资源指的是非赛事主题、项目、结果外的其他各种可开发的资源。例如,赞助商活动的有奖竞猜、媒体广告的获奖信息和比赛之余的娱乐设奖游戏等。衍生资源在整个可开发的资源中占的比重较小,其趣味性、奖金高对观众有较强的吸引力。如在F1赛车比赛中赞助商举办各种游戏互动活动,设置的最高奖项是豪华汽车;在某ATP大师赛决赛前夕,由球童向观众席击球,接到球的幸运观众可以从组委会领取一定的奖品等。这些都可看作是赛事的衍生资源。

第二节 体育赛事彩票市场开发的原则与策略

一、体育赛事彩票市场开发的原则

(一)过程监控原则

过程监控原则是指在实施项目的过程中,对每个环节和环节之间进行及时的监控和调整,最大限度地提高效率。体育赛事彩票发行是一个系统工程,涉及的环节颇为复杂。单从项目管理的角度来看,涉及主要环节包括赛事彩票的设计→流通→销售→中奖→返奖→公益金管理等若干环节。每个环节都是彩票发行的子系统,对每个子系统的监控把握是赛事彩票发行必须关注的细节。在赛事彩票设计阶段中主题资源的利用,玩法设计、游戏规则的制订,流通销售中的系统安全,摇奖和开奖环节中技术与管理标准的监控,公益金使用过程的有效监督等,赛事彩票发行中的每个子系统环环相扣,同属一个链条,都有牵一发而动全身的效果。1996年,世界彩协安全标准体系建立,旨在为世界各地的彩票组织提供一套完整的安全标准体系。因此,为提高赛事彩票市场开发的公信力,必须做好对赛事彩票每个环节的监督检查,只有对赛事彩票市场开发中的每一个环节进行有效的监控,才能确保赛事彩票的公开、公正和公平销售。

(二)独特性原则

体育赛事彩票市场开发的独特性主要是指在赛事彩票市场开发中赛事彩票的设计要充分吸收赛事独特的文化背景资源和赛事独特的项目及规则等资源。奥运会、世界杯、亚运会等大型综合性体育赛事举办的周期性和异地性,使历届大型体育赛事都植入了浓郁的地方文化特色,2010年亚运专题彩票中的即开型彩票以"和谐亚洲"、"写意岭南"、"亚运情怀"内涵,不仅融合了丰富的亚运元素,而且集中体现了浓郁的岭南文化特色,配合精美的印刷,具有独特的收藏价值,深受彩民喜爱。此外,赛事彩票的发行还可充分利用赛事的项目设置、比赛周期以及比赛规则等众多赛事独特资源对赛事彩票的玩法设计进行创新,如目前足球竞猜彩票不仅充分利用足球的游戏规则对每场足球比赛的最终结果进行竞猜,同时也对过程结果即半场比赛的结果进行竞猜,从而有效地吸引了彩民的眼球。总之,体育赛事彩票市场开发必须以独特性为基础,充分利用赛事本身的背景内涵,挖掘赛事举办地的特色历史文化,深入理解赛事的历史,合理利用赛事的各类项目、规则等资源,将其融入赛事彩票的设计和宣传中,这将对扩大赛事彩票的销量,丰富赛事的历史文化意义和纪念价值,开辟差异化营销路线等方面具有重要意义。

（三）差异化原则

体育赛事彩票市场开发中的差异化是指根据体育赛事彩票消费者需求的差异性,或根据体育赛事彩票对市场的细分而确定的各个目标市场的特点,依据赛事自身特点,分别提供不同的服务。体育赛事彩票的发行必须有一定的差异性对待开发理念,体育赛事彩票的研发不能过于盲目。赛事彩票的市场开发首先需要在充分调查赛事自身特点、赛事各种特色性资源基础上,以客户需求为导向,针对目标市场潜在消费者的年龄、教育背景、职业、玩法、心理偏好、选购彩票的方式和种类、购买能力和购买意等方面需求差异,在赛事彩票的定价、玩法设计、销售渠道、人员服务和优惠待遇等众多方面体现出相应的区别对待原则。

（四）合理布局原则

合理布局是指在体育赛事彩票在发行的过程中合理地搭建销售网络,以利于最大限度地发行彩票。彩票发行的网络随着科技的进步日渐完善。现如今主要的销售方式是直销和代理,销售渠道是线下实体代销商（超市、加油站、酒吧、便利店等）、现代科技销售（网上投注、手机投注、电话投注等）。体育赛事彩票的发行同样适用于这些渠道。然而,赛事的举办有一定的地域限制和实效性。因此,在设置销售渠道的过程中必须考虑自身内外的竞争因素,以避免资源浪费。从市场地域的角度来看,彩票销售点的合理安排,每个销售点所产生的辐射范围是多大,会不会出现大量竞争的局面;线上和线下的销售冲突是否很大,是不是可以因此减少实体销售点等,都是在体育赛事彩票发行过程中所要考虑的合理布局要素。

（五）可接受性原则

可接受性原则是指所开发的体育赛事彩票无论在种类、玩法、定价等方面都要与赛事彩票的消费者相吻合,使赛事彩票在市场中易于被消费者购买。目前,我国体育赛事彩票种类少。在美国如篮球、棒球、足球、橄榄球、拳击、网球等都发行相应的彩票,而国内体育赛事彩票仍处于起步阶段,还没有挂彩;在营销策略上,我国赛事彩票定价僵化,市场宣传渠道单一,销售网点分布不均,销售环境较差,无法满足不同阶层彩民的购买赛事彩票的多样性需求。与欧美国家相比,我国体育赛事彩票市场发展空间巨大,赛事彩票的发行只有在种类、玩法、营销策略等各方面全方位地满足消费者的需求,才能易于被消费者接受。

二、体育赛事彩票市场开发的策略

（一）价格策略

体育赛事彩票的价格决定因素包括 4 个方面:发行成本、返奖资金、公益金和发行数量。公式为:

彩票价格＝(预期发行成本＋预期返奖资金＋预期公益金)/发行数量

然而在充分的市场竞争状态中,彩票价格只是一个平均值,彩票发行的实际价格总是围绕其上下浮动。影响其价格的主要因素是市场竞争和因其导致的各种成本的上升。因此,在市场开发中,赛事彩票的定价可以采取以下几种策略。

1. 基本价格策略

基本价格就是上述公式中的彩票价格,这是彩票价格发行的最重要的考量因素,脱离基本价格的定价法难以应对市场的波动。

2. 随行价格策略

随行价格策略是指随市场竞争状况的变化来确定和调整价格的定价方法。体育赛事彩票选择此种策略是由赛事彩票作为商品本身的属性和市场的竞争状况决定的。赛事彩票作为一种商品,其弹性系数相对较小,市场供需基本平衡,竞争比较充分,可替代品较多。目前市场上其他各类彩票的价格相对固定,且已形成相对稳定的市场价格。因此,体育赛事彩票的发行价格应当顺应市场价格的基本走势,及时跟随市场竞争形势的变化,依据消费者的需求,适时调整价格策略,扩大赛事彩票市场销售量。

3. 特殊事件定价策略

特殊事件定价策略是指利用重大特殊事件或重要节日进行促销的定价方法。目前市场上多数产品都会利用此种定价策略。体育赛事彩票采取此种定价策略需要从两个方面进行分析:①赛事举办特殊时间段的价格策略。由于赛事事件本身具有时效性和轰动性的特征,在筹备举办赛事期间,赛事会对消费者产生虹吸效应。消费者关注赛事的程度较高,因此,赛事彩票发行者可以相对地调整赛事彩票的价格。②其他重要节日的价格策略,我国国家法定节假日主要是新年、春节、清明节、劳动节、端午节、中秋节、国庆节以及其他约定俗成的重要节日如情人节、母亲节、父亲节等,这些节日都是赛事彩票进行促销的有利时机。赛事彩票在发行过程中,可以适时加入这些特色的节日元素,丰富彩票文化内涵,从而进行相应的定价。

4. 分层定价策略

分层定价策略主要是指对产品依消费者的不同特征进行不同层次的开发,然后确定每种级别产品的价格。体育赛事彩票的开发可以根据消费者的人口特征、购买能力、购买习惯等特点进行细分,制订出适合于不同阶层消费者购买的彩票,然后根据他们的需求进行定价进而扩大赛事彩票的销售量。

(二)创新策略

体育赛事彩票的创新策略主要包含彩票设计的创新和彩票玩法的创新。

1. 彩票设计创新

彩票设计创新主要是指彩票在消费者眼中呈现出的新颖化、差异化,能够使它们从感觉、感知、思想方面为消费者带来全新的体验。彩票的设计要由表及里、由赛事到观众等多角度地进行考虑。

(1) 由表及里 "表"指的是赛事彩票设计的色彩、形状、大小、动静等。彩票呈献给消费者的直观感受就是其外在的特征。它对吸引消费者眼球产生直接的作用。如何进行色彩搭配、形状是否合理、大小是否适可。例如,中国足球彩票标志源文件里,一个五角星状的小人,四肢和头部用红、蓝、绿、黑、棕5种颜色,中间一双大大的眼睛,正在专注地踢一个足球。这种可爱幽默的形象能够很容易地吸引观众的注意力,勾起人们的购买欲望。

"里"指的是彩票的票面价格、获奖比例、文字图案折射的文化等。这些因素为消费者理性购买彩票提供了依据。如"第11届全运会"为主题的体彩即开型彩票以"和谐中国,全民全运"为主题,票面印制精美,色彩亮丽,泰山童子跃然票面,表达出了浓厚中国文化味,返奖率高达59%,销售格外火爆。

（2）由赛事到观众 "赛事"是赛事彩票设计开发的源泉。赛事彩票的表里的设计也都要依托于赛事的本身,尤其是对赛事主题资源的开发可以深入吸收其精髓,使彩票设计的理念和赛事的主题完美结合。此外,由于赛事资源背景的独特性和难以复制性,这也给赛事彩票的创新提供了良好的依托。

"观众"是彩票的购买者、使用者,满足他们的需求是体育赛事彩票开发的出发点。在彩票实际设计中,前期的市场调研是必备的工作。寻找消费者的赛事彩票需求,获得赛事彩票市场开发的亮点,能为赛事彩票的市场开发增光添彩。

2. 彩票玩法的创新

目前我国体育彩票玩法的趣味性远远不能满足市场的需要,也没有充分发挥体育赛事彩票各种资源的效应。体育赛事彩票玩法创新必须采取必要的创造性措施对赛事主题、赛事结果、赛事项目等资源进行再加工和重新排列组合,通过必要的玩法规则创新,获得新颖的赛事彩票玩法。例如,天津彩票市场出现的专用于即开型分散销售的新品种彩票,票面图案"双孖爆篮"上面有3个刮开区：比分区、奖金区和密码区。刮开"比分区"可见红、蓝两队比分,若红队比分高于蓝队,即中奖,刮开"奖金区"便可知道中奖金额,从而深受彩票消费者欢迎。

（三）渠道布局

体育赛事彩票的渠道布局是指彩票销售终端位置的选择,其布局的原则是健全完整、合理优化、不断创新。健全完整是指彩票的销售终端的分布能够充分和市场对接,没有市场盲区的出现;合理优化是指在一个市场区域内尽量避免因设置问题而出现不必要的竞争,导致资源浪费,还包括每个销售点的装饰设置的合理优化;不断创新是指销售渠道和终端能够以更多便利、快捷、新颖的方式呈现出来,如现在的手机终端。根据目前我国各类彩票渠道布局的特点,可以分为线上布局、线下布局两种。

1. 线上布局

线上布局是指利用现代科技进行非实体店销售的网络销售模式,其载体主要是电脑、手机等现代通讯设备。其布局模式分为两种：①官方网站直接出售：利用赛事官方网站和彩票发行官方网站进行彩票订购。购买赛事彩票的消费者对赛事的关注程度较高。其通过官网获得信息的需要比较强,因此这是一种比较直接有效的途径。我国有专门发行体育彩票的网站,体育赛事彩票在此渠道上发行有利于吸引非赛事观众彩民的参与。②非官方网站出售：主要是指利用其他网络途径如电子商务、区域门户、其他发行彩票网站等相关网站进行彩票的发行和销售。

2. 线下布局

线下布局是指实体销售点位置的统筹安排。主要分为直营和兼营的模式。直营是指彩票销售管理单位直接授权进行专营的终端,主要是指彩票专卖店。直营的主要优势是便于管理,容易形成品牌效应,不足是渠道相对单一。兼营模式是指借助其他非直营渠道进行布局的方法。例如,大型体育赛事的筹备和举办期为促进赛事彩票销售,通常在邮局、超市、加油站、酒吧、便利店、报亭、药店等交通便利、人群集聚、人流量较大和经常出入的位置进行临时布点。此外,还可通过摆放一些无人售票机的方式方便用户购买。这种模式的优势是拓宽销售网络,便于宣传,不足之处是成本相对增加。

(四)营销宣传

体育赛事彩票的营销宣传是赛事彩票发行的必要手段。为扩大体育赛事彩票的销售量,体育赛事彩票在销售中要通过各种营销宣传方式吸引消费者的眼球,大致可分为4类。

1. 公益营销

体育赛事彩票的发行本身具有公益性的特征。从彩票资金的分配来看,除用于返奖资金外,大部分资金最终直接用于公益金,用来支持体育赛事的运作,资助体育事业的发展。所以体育赛事彩票的营销要充分利用体育赛事彩票公益性的特征进行公益活动的宣传促销,以提升体育赛事彩票形象,促进体育赛事彩票销售。

2. 媒体宣传

媒体宣传是赛事彩票最重要的宣传平台,主要包括传统媒体和新媒体。例如,电视、广播、报纸、杂志、网络、户外等。采用媒体方式的赛事彩票宣传是对各种形式的广告媒体进行有效整合,合理选择投放比例,以达到客户最大限度的认知。此外,体育赛事彩票也可借助赛事的媒体宣传渠道。体育赛事的成功运作自身需要大量的营销宣传,如各类平面媒体、网络媒体、电视、画报、赛事门票销售网点、比赛及赛事筹备、举办期间的各类大型文化活动现场等,这些都是赛事宣传的良好渠道。体育赛事彩票的营销可以充分借用赛事的各类宣传渠道,提升赛事彩票的影响力,扩大赛事彩票的宣传效果。

3. 服务营销宣传

终端是消费者购买赛事彩票最后的环节。终端本身也是一个良好的宣传平台,它可以给消费者一个良好的体验,使得消费者能够更加深刻地了解彩票。赛事彩票终端的自身形象和各种宣传将对彩票的最终销量产生重要的影响。因此,必须注重赛事彩票终端形象的设计和服务人员的培训。

(1) 加强终端自身形象建设 消费者走进每一个销售点,都会对这个销售点的第一印象进行评价。第一印象对消费者购买决策产生很强的引导作用,会影响消费者对一个品牌的认知,折射出销售点的经营思路、策划能力、管理水平。因此,店面整洁、干净、卫生是基础。另外,店面的设计也要新颖、舒适。通过对终端销售店的装饰、装修,统一店面形象标志等方式使其焕然一新,成为体现赛事彩票形象的良好窗口。

(2) 提升员工服务能力 赛事彩票销售人员是彩票销售的执行者和形象使者,其行为态度、专业技能深刻影响到赛事彩票的销量,定期对销售人员进行系统有针对性的培训,包括产品知识、导购技巧、行业知识等有利于员工服务技能的提升;通过店内团队建设、考核制度、奖罚制度的制定能增强员工的忠诚度和归属感,激发员工的积极性,有利于员工服务态度的改善。员工服务技能和服务态度的改善能维持员工与消费者之间的关系,有利于赛事彩票的品牌建设。

本 章 小 结

1. 体育赛事彩票市场开发是在体育彩票权力机构授权下,由具有相应运作资质的机构在一定的市场区域范围内,以体育赛事有关的有形和无形资源为彩票开发客体,以体育赛事彩票的消费者及潜在消费者为服务对象,通过运用一系列的市场手段为赛事筹集资金的过程。

2. 体育赛事彩票市场开发资源是指依托体育赛事本身的各类有形和无形资源,在一定的彩票发行的规则下,能够和彩票充分结合的可开发资源。主要包括赛事版权资源、赛事主题资源、赛事项目资源、赛事结果资源、参赛运动队/运动员资源和其他衍生资源。

3. 为满足消费者的需要,扩大体育赛事彩票的市场销量,体育赛事彩票在市场开发中必须具有坚持一定的原则,主要包括过程控制原则、独特性原则、差异化原则、合理布局原则和可接受原则。

4. 在体育赛事彩票市场开发策略中:①价格策略主要包括基本价格策略、随行价格策略、特殊事件定价策略和分层定价策略;②赛事彩票种类创新策略主要是指彩票设计的创新和彩票玩法的创新;③渠道布局策略主要包括线上布局和线下布局;④在营销宣传上要通过借助公益营销,媒体宣传和服务营销等多种方式进行宣传推广。

思 考 题

1. 试述国外体育赛事彩票的发展阶段。
2. 体育赛事彩票市场开发的资源有哪些?

案 例 分 析

2008年北京奥运会彩票市场开发

举办奥运会需要强大的人力、物力、财力做保障,资金筹备成为摆在承办国最棘手的问题。纵观全世界,举办奥运会的资金来源通常包括以下渠道:电视转播权销售、TOP计划、本届奥运会的市场开发计划、社会捐赠、政府补助和发行彩票。发行彩票作为一种传统的集资形式,加入奥运的元素,可以在很大程度上激发民众投彩热情。因此,以奥运为名发行的体育彩票屡见不鲜。2008北京第29届奥运会,国家有关部门对奥运会彩票发行给予了高度重视。财政部已在2007年批准了北京奥运会彩票的发行,北京的奥组委也在同年底正式授权国家体彩中心发行奥运彩票。可以说,北京奥运彩票的发行是众望所归。

一、奥运会彩票类型

目前奥运彩票的开发机制相当成熟。2008年我国发行的奥运彩票主要分为两种,可供彩民的选择空间很大,一种是即开型彩票,即在奥运会召开之前发行;第二种是竞猜型彩票,在奥运会举办期间发行。竞猜内容基本涵盖了奥运会所有的比赛项目。

二、北京奥运会即开型彩票

北京奥运会即开型体育彩票在听取了各方面的意见和建议之后,由国际上最大的彩票设计公司——SG参与设计和制作,"顶呱刮"包含了北京奥运会的会徽、金牌与福娃等众多元素,形式新颖、风格独特、制作精美,既有中国特色又和国家接轨,是一套堪称完美的新型即开型彩票。奥运即开型彩票包括"顶呱刮"7个票种:"勇争第一"、"好运中国"、"奥运金牌"、"激情·梦想"、"加油!中国队"、"奥运之城"和"奥运场所"。票面设计涵盖奥运比赛项目介绍、火炬传递路线、奥运福娃、中国参加往届奥运会所取得成绩等内容。

此次发行的奥运即开型彩票以套票的形式出现,主题则围绕奥运文化展开。其中包括:奥运会全部比赛项目套票;奥运会全部比赛场馆套票;奥运会火炬传递途经的32个省市区的套票;奥运会除北京外,天津、青岛、香港等共7个奥运分赛场的套票。此外,还有新中国成立后中国1984年首次参加洛杉矶奥运会至今,中国在历届奥运会上夺得所有金牌的套票。其中,更有许海峰实现奥运会金牌零突破的画面,具有收藏价值和纪念意义。以奥运为主题内容:"勇争第一"票种涵盖了所有奥运比赛项目;"好运中国"将备受国人喜爱的北京奥运吉祥物"福娃"和奥运标志"中国印"搬上票面;"奥运金牌"的主体是"金镶玉"的奥运奖牌;"激情·梦想"以奥运火炬在国内传递为载体;"加油!中国队"则记录了中国体育代表团在前6届奥运会上的表现。区别于传统的即开型彩票,"顶呱刮"一张彩票将有多次中奖机会,奖级多,返奖率65%,最高奖金达25万元。

奥运即开型彩票在票面规格、票面价格上做了新的突破和尝试。据悉,票面分为3元、5元、10元3种价格,而10元的票面规格更是扩大到了10厘米×15厘米,好似一张精美的明信片。据有关人士透露,之所以作这样的尝试,就是希望奥运即开型彩票,能够打破以往即开型彩票给大家的印象,在视觉上、手感上、内涵上更上一个档次,令这次的奥运即开型彩票既能带给彩民娱乐,又能成为大家的收藏对象,同时还可以吸引更多的人参与到即开型彩票的购买当中。从目前的准备情况看,奥运即开型彩票将肯定成为奥运年体彩市场的一个新热点。而且相信这一系列创意、设计、制作均堪称完美的奥运即开型彩票,将给所有关心奥运、参与奥运的中国人带来一份惊喜和一份美好的回忆。

三、奥运会竞猜型彩票

奥运会竞猜型彩票包括"奖牌连连看"、"赛事天天彩"、"第一名过关"、"金银铜牌竞猜"、"胜负过关"等竞猜型彩票。奥运主题竞猜型彩票"奖牌连连猜"游戏是一种乐透与竞猜相结合的彩票游戏。彩民购买彩票时在指定的12个奥运会比赛项目中任选5个,竞猜这5个项目中每个项目中国代表团获得的金、银、铜奖牌总数。"第一名过关"游戏选择奥运会期间,以8人或8人以上参与的分道竞速类比赛场次为竞猜对象,如游泳、赛艇等。彩民对指定比赛中至少1场、至多6场的第一名获得者进行投注,可单场竞猜,也可多场过关竞猜。例如,彩民如选择田径比赛女子100米、400米,男子1 500米和游泳女子50米自由泳等4个比赛项目,可进行1~4场串关投注,投注时只需要选择每场比赛中获得第一名选手的道数(跑道、泳道等)。"胜负过关"游戏以奥运会拳击、击剑、手球、曲棍球等对抗竞胜类比赛为竞猜对象,彩民对指定比赛中至少3场、至多15场比赛的获胜者进行投注,每一场比赛只有胜、负两种预测结果,没有平局。"金银铜牌竞猜"游戏是以体操、举重、跳水、射击等角逐金、银、铜牌类比赛场次为竞猜对象,彩民对每个比赛项目的金、银、铜牌获得者进行投注,如果竞猜的比赛场次出现奖牌并列情况,则包含并列者的投注均为猜中。

四、奥运彩票的营销策略

奥运彩票的发行在除了沿用传统宣传外,还开辟了自身特色的渠道,吸引各类潜在消费者的关注,扩大奥运彩票的销量。

利用美观、大方、新颖的设计吸引消费者的注意力。奥运会彩票设计上元素比较丰富,颜色鲜艳。奖牌连连看的图案设计:5个福娃分别踩着一个金牌形状圆形球,球外面写着5个体育项目的编号和简称。同时在彩票上注明总奖池的数目和每注奖金的数额,这对吸引彩民购买彩票有直观的吸引力。

利用价格差异满足不同层次消费者的购彩需求。奥运会彩票在价格上的设置比较灵活,针对不同类型的彩票返奖率、地区等采用不一样的价格,便于消费者进行参照选择适合

第六章 体育赛事彩票市场开发

自己的彩票。从3元到15元不等,如"顶呱刮"系列彩票的价格是3～5元,而"勇夺第一"的价格是15元。在价格上的调整有利于吸引不同层次消费者的需求。

合理设置购彩渠道布局,满足不同消费者购彩方式的需求。为扩大奥运会彩票的销售,方便消费者的购彩需求,奥运会彩票的销售除了沿用传统的销售渠道,如各地区的彩票销售点、超市、便利店、体育馆、比赛现场等,还采用了线上的销售路径,如搜狐体育关于奥运彩票的专栏服务区。通过多样化的彩票渠道设置,让彩票销售贴近消费者,从而更方便消费者的购彩。

在奥运彩票的宣传上除了沿用传统的广播、电视、报纸、杂志之外,还充分利用现代可见,充分利用先进的互联网和手机的技术,在国内各大门户网站均开辟了专栏对其进行宣传报道。国内搜狐、新浪、腾讯等三大门户网站均成立的网站彩票中心,对奥运彩票进行24小时海量的宣传报道,从而扩大了奥运会彩票的宣传报道范围。

资料来源:奥运竞猜彩票. http://news.aibo123.com/focus/abgg/200807/47238.shtml

案例思考问题

1. 奥运会彩票的开发主要利用了奥运会的哪些资源?
2. 奥运会彩票的营销策略主要包括哪些?

推荐阅读

[1] 朱玲.体育博彩论[M].成都:四川科学技术出版社,2008
[2] 李海.体育博彩概论[M].上海:复旦大学出版社,2004

第七章 体育赛事主题活动市场开发

 本章内容提要
- 体育赛事主题活动概述
- 体育赛事主题活动市场开发的资源和对象
- 体育赛事主题活动市场开发的策略

第一节 体育赛事主题活动概述

一、体育赛事主题活动市场开发的定义

（一）体育赛事主题活动的定义

体育赛事主题活动是指在集体性体育赛事活动中，以相关主题为线索，围绕主题进行的活动与交流。在这个定义中，首先，活动一定具有与体育赛事相关的主题，这是决定该活动是否为体育赛事主题活动最重要的判断依据；其次，活动一定是集体性的，是由某一单位或个人组织并且有多人并非个人参加的活动。

（二）体育赛事主题活动市场开发的定义

1. 体育赛事主题活动市场开发的定义

体育赛事主题活动市场开发是体育赛事管理机构立足于赛事所拥有的各种主题活动资源，通过以平等交换为原则的市场行为，尽一切可能增加赛事效益的过程。市场开发是众多赛事举办经费的主要来源之一。市场开发的成效直接影响到赛事能否顺利运作，在赛事筹备和举办过程中发挥着重要的资金保障作用。同时，由于市场开发是对赛事的形象品牌体系进行市场推广的活动，其运作过程及结果也会对赛事的品牌和形象产生至关重要的影响。

2. 体育赛事主题活动市场开发的组织机构

体育赛事市场开发的组织机构及人员设置随赛事规模、性质、历史传统等因素的不同而有所差异。体育赛事运作管理机构如果是公司性质，一般会在公司内部设立市场开发部门；如果是由政府行政部门组建的委员会，则可能会另设直接受组委会领导的市场开发公司。无论是市场开发部门，还是市场开发公司，在内部的架构上一般都是根据职能及业务进行划分。体育赛事主题活动的市场开发工作，通常是由赛事组委会下设的市场开发部门负责统筹管理，还需要与赛事组委会其他部室进行良好的沟通与协助，相关部室之间的合作对主题活动市场开发工作至关重要。如主题活动的组织，就需要与大型活动部、新闻宣传部等部门密切合作。因为体育赛事主题活动的组织主体往往是大型活动部或新闻宣传部，对这些活动的市场开发则是对这些活动本身拥有的资源进行开发，没有这些活动也就无所谓主题活动的市场开发。因此，只有各部门的密切配合才有可能实现对主题活动的市场开发。

二、体育赛事主题活动市场开发的意义

(一) 丰富赛事内涵

体育赛事是一种特殊的社会文化现象。随着赛事商业化运作的深入,体育赛事的内涵和外延都发生了很大变化。原有"运动竞赛"的概念逐渐被打破,体育赛事活动再也不是纯粹由运动员、裁判员参与的活动,观众、媒体、赞助商等其他主体纷纷加入其中。体育赛事主题活动的开展,在传递体育精神及赛事文化的同时,通过有别于运动竞赛的活动形式,更为贴近观众的活动内容,为社会大众带来不一样的赛事体验。

例如第11届全运会举办期间,国家体育总局和第11届全运会组委会共同举办、国家体育总局体育文化发展中心承办的大型展览——"中国体育60年辉煌成就展"就是从文化的软实力,特别是体育软实力的角度体现出赛事的历史和内涵,同时成为赛事亮点及人们竞相参与的活动。

(二) 丰富赛事市场开发资源

首先对于赛事组委会而言,体育赛事本身的赞助资源是有限的,有时赛事赞助不能够满足赛事运营的需要,此时如何更大程度地挖掘赛事的衍生资源为赛事服务是其考虑的重要问题。赛事主题活动作为体育赛事的重要伴生资源,为赛事组委会筹集资金创造了条件。对赞助商来说,增大了其参与赛事的可能性,扩大了赞助范围与路径,赞助商不仅可以赞助赛事本身的竞赛活动,还可以选择性地赞助赛事主题活动,赞助商也可以自行组织一些与赛事相关联的配套活动。

对于赞助商而言,随着体育赛事市场开发的不断完善,越来越多的赞助商通过赞助体育赛事的形式,以达到宣传企业形象,提升产品及企业知名度、美誉度,提高产品销量的目的。而且,体育赛事赞助以其受众广、宣传效果自然等特点受到众多赞助商的青睐。赞助商赞助体育赛事,需要相关的配套活动进行激活以取得预期的赞助效果。体育赛事主题活动市场开发的不断完善,不仅为赞助商提供了更多展示企业及其产品的机会和平台,也满足了赞助商吸引更多社会关注的需求。

(三) 塑造举办城市的赛事氛围

体育赛事主题活动的开展,一方面能够提升城市民众对于体育赛事的感知和兴趣,从而调动城市民众了解赛事、参与赛事的积极性和热情度;另一方面,在调动民众积极性之后,也可以整体提升城市的赛事氛围,为赛事的圆满举办提供前提保障。当赛事举办城市中的每一位居民、每一个角落都洋溢着赛事的色彩和气氛时,作为赛事组委会、赛事观众、赛事报道媒体而言,都相信赛事的成功举办是十拿九稳的事情了。

例如,2011年3月25日,在距离第12届全国运动会开幕还有两年之际,在志愿者标志发布当天,"奉献全运会,给力新辽宁"社会志愿服务主题活动同时启动。十二运会将有各类社会志愿者总数达到200万人以上,社会志愿者服务站(V站)达到1 000个左右,努力实现辽宁省每个城市社区都有志愿服务项目。这一活动的开展得到了全省人民的热情参与,在全运会开幕之前进行了很好的城市氛围的预热。

(四) 宣传推广赛事

赛事主题活动的开发,对于赛事的赞助商、合作伙伴或者其他形式的合作企业来说,都是一个非常好的展示平台。赛事的主题活动是赛事相关的系列活动,它必然受到赛事观众

和赛事报道媒体的关注。企业可以借助赛事的主题活动在一定的市场内得到宣传的机会，同时赛事自身可以借助企业的品牌效应展示赛事形象，宣传赛事理念。这其实是一种相互的作用，双方合作开发，积极开展活动，受益者还包括赛事组委会及其合作伙伴。

例如，鸿星尔克公司连续几年冠名上海ATP1000上海大师赛，2011年根据赛事推广公司上海久事国际赛事管理有限公司及鸿星尔克公司的赛后调查统计显示，球迷选拔活动共有全国数万名青少年参与，而活动受到全国多家媒体以报纸软文、杂志发文、电台广播、网络论坛发帖、网络社交网站发文、门户网站新闻等形式进行了报道。在媒体报道中鸿星尔克及上海ATP1000大师赛都得到了广泛的传播，更在青少年心目当中对大师赛留下了深刻的印象。

三、体育赛事主题活动市场开发类型

（一）按照时间划分

体育赛事的运作阶段可以分为：选择、申办、筹备、举办和收尾。根据这样的顺序和每个阶段的工作任务，可以将体育赛事主题活动的时间分为赛前、赛中和赛后3个阶段。赛前的大型活动，主要包括一些赛事的倒计时和预热活动；赛中的主题活动，包括一些群众性的草根推广活动，如展览、展示、论坛等文化活动等；赛后的主题活动，包括诸如冠军见面会和答谢酒会等。

（二）按照规模划分

这里的规模是指活动想要达到的效果，比如一般的大型赛事的主题活动可能会按照几个维度进行划分。首先是根据参与人数进行划分，参与人数达到1万人以上为大型活动，1 000人以上为中型活动，1 000人以下为小型活动。其次是按照地域的维度进行划分，比如涉及跨省的活动一般列为一级活动，省内跨市的可以分为二级活动，市内几站的可以分为三级，一站式的为四级活动。

（三）按照承办主体划分

1．赛事组委会组织的活动

这一类活动主要是由赛事组委会进行组织和开展，组委会对自身拥有权利和资源进行开发。这一类活动的主题性也非常突出，一般都是以相关赛事为主题进行公益、展览等活动。

2．赞助商发起的活动

赞助商在赞助赛事之后，组委会会提供相关的权利和义务。一般来说，赞助商在体育赛事主题活动方面可以获得相应的许可和权利，即赞助商有权利在赛事举办期间，在规定的地点有计划地开展体育赛事主题活动。

例如，鸿星尔克在2010年成为了上海ATP1000大师赛球童选拔活动的冠名赞助商，并在长三角地区开展了球童服装设计大赛以及"谁是下一个大师"等系列活动。球童选拔活动于2010年9月24日～10月3日在上海市仙霞网球中心展开，吸引了大量的青少年网球爱好者及媒体的到场。

3．中介第三方发起的活动

中介第三方发起的活动通常是指在受到赛事组委会的批准和许可之后，在不侵犯其他赞助商利益、违反赛事有关规定的情况下开展的一系列活动。

第七章 体育赛事主题活动市场开发

第二节 体育赛事主题活动市场开发的资源和对象

一、体育赛事主题活动的分类

（一）火炬传递活动

火炬传递是许多大型综合性体育赛事举办前最为重要的一个主题活动，包括圣火采集、火炬传递、网上火炬传递等活动，这些活动由于其丰富的文化象征与广泛的群众参与，成为许多企业竞相参与赞助的活动之一。火炬传递活动中，赞助合作企业还拥有品牌展示和宣传的权利。例如，2008年北京奥运会火炬传递期间，官方的合作伙伴为可口可乐、三星和联想集团。

相关链接

奥运火炬传递三星全球火炬手接待项目

项目时间周期：从2007年8月～2008年4月为该项目的准备时期，项目的执行时间为2008年4月～2008年8月。

【案例描述】

三星作为2008年北京奥运会及火炬接力的合作伙伴和赞助商，每个城市有15名火炬手名额。三星全球总部在100多个国内的接力城市中，为来自海外各个国家的250多名VIP火炬手，选择了20多个接力城市作为三星奥运火炬接力全球接待项目。接力城市覆盖8个省，接待项目也被分为8个。其中，上海作为江苏及浙江两个项目的接待城市。参与人员包括：火炬手及其家属、三星总公司管理层、三星中国总公司管理层、三星分公司VIP和媒体。

任务主要有以下几个方面：①活动计划与管理：包括执行方案策划、前期勘查、时间进度控制、人员招募及管理、供应商管理、各地政府及相关机构沟通、语言服务；②接待安排：包括酒店接待、入住、旅游、用餐；③特别活动：包括活动创意设计、现场布置、晚宴管理及演出内容安排；④火炬接力管理：包括火炬手路段沟通协调、火炬手及家属的交通安排、接力当日家属观看安排。

1. 面对的挑战

（1）第一个奥运项目　无论对于三星，还是供应商，甚至三星需要沟通联络的相关机构都是第一次接触一个奥运火炬传递项目，其中的复杂程度是在开始之初无法设想的。

（2）时间跨度最长　这个项目的时间跨度是有史以来最长的，从项目启动到结束整整1年的时间，光是前期的现场勘查就包括与客户、与供应商、火炬传递试演等多次。

（3）项目相关人众多　整个项目相关人众多，包括来自韩国三星总部的客户及合作伙伴、三星中国公司及合作伙伴、北京奥组委及负责火炬传递的各地负责人、各城市体育局及其他相关机构、包括合作伙伴，背景不同、语言不同、甚至目的也不同，客户需要的帮助不仅仅是语言上的，各个相关人士之间在沟通和协商时，需要争取最大的理解和配合。

（4）潜在风险大　因为项目的特殊性，在火炬传递的过程中，经历了许多突发事件，汶川地震带来的心理冲击和随之而来的行程变化，每个城市都会遇到的天气变化，火炬手路段的不确定和更改（因为安全原因，各个城市的火炬手路段都会在最后公布）等。

无论情况有多特殊,必须让每一个参与火炬传递的来宾顺利愉快地完成火炬传递,留下终身难忘的回忆。对于这个项目来讲,最重要的是火炬手和家属们在火炬传递过程中的体验,他们在中国的短短几天里体会到的来自三星的热情接待和中国的文化。

2. 解决方案

根据此项目的特点和要求,执行公司组成了一支20多人的优秀团队,团队成员经验丰富,有各自擅长的专业领域,如供应商管理、酒店协调、计划管理、体育营销、创意设计、节目制作等。他们均有良好的沟通能力,除英文外,还有韩、法、日等其他语言能力,能够应对跨文化的工作环境。对于奥运项目的热情参与度,使大家在心理与生理双重压力之下,还能保持良好的心态。

对于一个时间跨度长、陌生、复杂的项目来说,时间、预算、质量、细节的管理尤其重要。周密科学的项目计划保证了项目的质量。项目相关人员的沟通计划目的性强,灵活度高,能够对情况进行预判。在准备阶段的计划、预演和各种风险的预估,保证了在执行期间,现场的人员能够随时应急、应变,有效处理了突发问题。

3. 活动结果

在项目最初设立的目标是带给所有参与人员一个终生难忘的回忆,这个目标达到了。火炬手们的感受是,在火炬传递过程中,他们清楚下一步会发生什么,在陌生的环境中也很安心。作为火炬手,他们体验激动和惊喜。从火炬传递中家属在路旁的鼓励,旅途中的冰毛巾,到丽江夜空中美丽的焰火。他们在中国,无时无刻不能感受到作为三星火炬手的自豪,接待人员的热情和微笑,博大的中国文化和奥运精神。从第一站开始,一封封来自火炬手的感谢信就从三星转发过来。

(二) 赛事相关征集活动

大型体育赛事往往会组织一系列围绕赛事的相关征集活动,其中包括了赛事会徽的征集、会歌的征集、口号的征集等活动。例如,2008年北京奥运会会歌征集活动,从2003年开始共开展了4届,共征集作品15 000余件,其中专业作品1 500余件。这些作品在征集后,由中宣部文艺局、文化部艺术司、广电总局宣传司、中国音乐家协会、北京奥组委文化活动部、中央电视台文艺中心和北京人民广播电台等8家专业协会和组织进行评审,同时进行优秀作品的发布活动。

相关链接

2008年北京奥林匹克运动会歌曲征集评选活动简介

【第1届】

2003年4月15日第1届歌曲征集评选活动启动,2008年北京奥运会歌曲征集评选活动组委会办公室,向海内外专业音乐机构和唱片公司发放本次征歌活动的报名表和委托创作合同等文件。

截止2003年10月23日活动结束,征歌办共收到全国各地群众来信共计751封,电子邮件75封,均已给予回复,其中有效作品304首。

活动期间,主办单位于9月初举办了奥运歌曲创作研讨会,研讨会邀请到了在京的各大唱片公司代表以及知名的作词作曲者近百人。北京奥组委执行副主席蒋效愚在会上对作者和唱片公司的代表进行了奥运精神的讲解和奥运歌曲创作的动员,得到了音乐界人士的大力支持。

从本次征集活动的过程来看,北京2008奥运会奥运歌曲的征集评选活动得到了社会各界的强烈反响和广泛支持,尤其是许多业余作者表现出了极大的创作和参与热情。

【第2届】

为了更好地宣传推广征歌活动,征歌办公室于11月30日召开新闻发布会正式宣布第2届征歌活动启动,并分别召开了征集评选活动专业作者恳谈会和唱片公司代表恳谈会。此外,还定向邀请了140多位专业作者参与奥运歌曲创作,召集了奥运歌曲创作研讨会,并举行了采风创作活动。

与此同时,征歌的宣传工作也是如火如荼地展开,除了每天3档(全国)卫星音乐广播协作网同步播出的节目歌曲播放征集广告,将征歌活动的影响扩大到了全国21家省市电台。中央电视台、北京电视台等媒体对歌曲征集组织了系列报道。

【第3届】

第3届奥运歌曲征集评选活动树立了"社会普遍征集与专业定向征集紧密结合,相辅相成,各有侧重"的工作指导思想。

在专业定向征集方面,加强了与著名词曲作家、知名唱片公司等音乐业界人士和机构的沟通和联系。此外,奥运歌曲征集办公室还进一步加强了面向海外的奥运歌曲征集工作,收到了不少来自海外及香港、台湾的作品。

在做好专业定向征集的同时,奥运歌曲征集办公室也采取有效举措,力争做好社会普遍征集工作。中央电视台、北京电视台的新闻节目对本次活动进行了持续性报道,各大电视台和广播电台轮番播出奥运歌曲征集活动的专题节目。

【第4届】

2008年4月30日在北京太庙举行了盛大的颁奖晚会。在本届征集工作中,社会各界群众踊跃参与,进一步凸显了奥运歌曲的社会效益;同时,经过北京奥组委的广泛和深入的动员,海内外许多著名的音乐人均参与了奥运歌曲创作。

在以征集为手段提升社会各界对奥运歌曲的关注度的基础上,本届征歌活动利用平面、电视、广播、网络、手机等各类媒体广泛宣传奥运歌曲,并注重为奥运歌曲在各界群众中的推广和传唱创造方便条件,一方面加强了奥运歌曲的社会认知和群众传唱度,一方面协助营造了社会各界共盼奥运的热烈氛围。中央电视台、北京电视台以及全国若干省市电视台每天均有专门的奥运歌曲音乐电视时段;北京人民广播电台及全国卫星广播协作网的26家成员电台每天均有半小时的《唱响奥运》栏目;搜狐、百度等国内主流网站也都开设专页提供奥运歌曲的下载视听;中国移动则通过其移动梦网开设了奥运音乐无线行榜进行奥运歌曲宣传和下载。

本次活动不断涌现优秀的奥运歌曲,2008年北京奥运会暨残奥会志愿者主题歌《我是明星》,2008年北京奥运会暨残奥会火炬接力主题歌《点燃激情,传递梦想》、《北京欢迎你》、《We Are Ready(我们准备好了)》等多件作品获得了广大群众的喜爱和传唱,很好地配合了北京奥运会的各次重大节点日庆祝活动,学唱和演唱奥运歌曲已在各类社会活动中蔚然成风。奥运歌曲对营造热烈奥运氛围、净化中国乐坛空气、端正音乐创作导向起到了宝贵的作用。

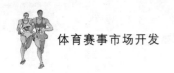

(三) 选拔活动

选拔活动主要是指火炬手的选拔、志愿者的选拔、全民健身形象大使的选拔等。这些选拔活动吸引媒体和赞助商的广泛关注。选拔活动是属于参与性的活动范畴,主要目的是使得更多的群众参与并关注赛事,同时企业也会开展针对自己客户群体的选拔活动,意在对自身品牌进行宣传和推广。

(四) 体育赛事开幕倒计时主题活动

体育赛事的筹备,通常有一个长达数年的周期,而为了引导社会大众对于体育赛事举办的关注,激发群众对于举办体育赛事的热情,体育赛事的举办方,往往会在距离赛事正式开幕之前的一些关键时间节点,进行相关的倒计时活动。如倒计时2周年、倒计时1周年、倒计时100天、倒计时30天系列活动等。在这些倒计时活动中,赛事运作管理机构会举行一些和赛事相关的活动,如群众体育活动,会徽、吉祥物等的征集与发布活动,体育成就展、摄影展等的展览活动,大型文艺晚会等文化活动,并邀请媒体进行广泛宣传报道,从而扩大赛事举办氛围与影响力,起到良好的正面宣传造势成效。

相关链接

青岛 2008 北京奥运会倒计时 1 周年活动

青岛市北京奥运会倒计时 1 周年庆典系列庆祝活动从 2007 年 8 月 4 日开始并逐渐升温,到 8 月 8 日北京奥运倒计时 1 周年之际掀起高潮。

3 月 27 日,由青岛市市文明办、奥帆委、市推进人文奥运工作办公室、青岛出版社主办,"人文奥运 微笑青岛"活动启动,作为重要内容的魅力微笑征集活动,面向全社会征集 2008 张微笑照片,用市民的微笑筑起青岛迎奥微笑墙,展示青岛作为 2008 年奥运伙伴城市的文明、和谐的城市形象。

8 月 8 日早晨,作为全市庆祝活动的高潮之一,在青岛五四广场竖立起一座奥运倒计时牌,市领导与中国帆船队队员、市民代表、志愿者代表等各界人士共同为倒计时牌揭幕,整个活动由中央电视台进行现场直播。

同时,青岛市还举行了志愿者出征仪式,市领导为青岛国际帆船赛赛会志愿者团队授旗,青岛国际帆船赛全体志愿者宣誓。

资料来源:部分摘自《青岛财经日报》,2007-8-1

从这一则报道中我们可以看到,赛事倒计时活动的主题全部围绕着赛事进行展开,活动的形式丰富,并且与民众结合紧密。同时赛事的倒计时活动常常会进行重点标志、方案、节目、吉祥物等相关信息的揭幕和发布,通过倒计时活动,不仅可以增强举办地民众的主人翁意识,同时可以在社会上对赛事进行宣传和造势。

(五) 展览活动

赛事的展览活动多数是赛事组委会自行组织展开的。这一活动主要是将与赛事相关的物品进行展览,例如与赛事历史相关的影像资料、奖杯、奖牌等,与运动员相关运动器械,与火炬传递相关的火炬、吉祥物等。展览活动的主要目的是向民众全方位展示赛事的发展过程,达到宣传赛事的效果。

相关链接

2008年奥运会筹办工作展览活动简介

"2008年奥运会筹办工作展览"是以展示北京2008奥运会建设成果、人文活动风采、奥运城市发展,普及奥林匹克运动为主要内容的全国性大型巡回展览活动。展览旨在通过生动翔实的奥运图片、形式多样奥运场馆模型以及声情并茂的多媒体影像资料让观众近距离接触第29届奥运会,亲身感受北京奥运的时代风尚,把握奥运之城发展的脉搏,从而达到了解北京奥运,感悟奥林匹克精神,展示中国"和谐、发展"的社会风貌和体现中国全民迎接奥运的热情。巡回展览以车队的形式首先在全国6个"奥运协办城市"依次展出,随后分期轮流在全国不同省、市、自治区各大中城市展出,并配合奥运宣传"四个一"工程同期举办"奥运宣讲报告会","奥运图书赠送"和结合当地特色活动开展相关的"奥运主题活动"。

巡展内容包括:

(1) 奥运图片 表现北京奥运筹备、场馆建设、残奥会筹办及北京奥运文化活动风采。

(2) 沙盘模型 北京奥林匹克中心区、北京12个新建场馆、6个协办城市场馆模型。

(3) 奥运实物 奥运火炬、北京2008奥运会申办报告、"水立方"样品、"鸟巢"钢材料样品等代表奥运申办、筹办过程的实物及中国运动员参加奥运会有意义的实物。

(4) 奥运特许商品展示 特许经营商在展场现场展示并销售奥运特许商品。

(六) 新闻发布会

新闻发布会贯穿于赛事举办的各个阶段,无论是赛前的倒计时、火炬传递,还是赛中的运动员相关活动,赛后的报告等都需要新闻发布会来向公众宣布。新闻发布会的作用主要是告知公众,让公众了解赛事过程中的重大事项和活动。例如,鸿星尔克签约罗布雷多的新闻发布会就是在2010年上海ATP1000大师赛期间举行的,这样的活动既为罗布雷多增加了在中国的关注度,同时也很好地将鸿星尔克与网球元素结合,进行宣传。

(七) 科研交流活动

科研交流活动是指大型赛事举办之前由赛事组委会官方举办的相关学术活动,与体育赛事相关的研究都可以通过投稿的方式参加交流活动,例如奥林匹克科学大会、亚运会体育科学大会等。这类活动旨在通过科研学术交流,促进体育的健康、有效发展。

相关链接

2008年广州奥科会

2008年奥林匹克科学大会(奥科会)在广州白云国际会议中心召开,目前各项工作已经全部就绪,尤其是大会的安保工作以"奥运同等水准"来确保平安。

奥科会组委会秘书长王禹平表示,本次大会是北京奥运会的系列活动之一,是一次规模空前的国际体育学术交流活动。会议将用当今世界最新的科学理论、研究成果和实践活动,向全世界阐明体育及奥林匹克运动的文化功能和文明价值。大会的主题是"21世纪的体育科学与和谐社会",充分体现体育事业在促进世界和平与发展方面的重要意义。广东省省长黄华华曾批示:"把奥科会办成代表国际一流学术水平、体现奥运特点、中国特色、广东风采的一次具有里程碑意义的大会。"

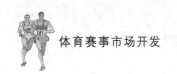

体育赛事市场开发

> 广州奥科会有以下特点：①打破了不同专业、不同学科的狭隘壁垒和边界,拓宽了学术口径;②论文范围包括10个领域的45个学科,涵盖群众体育、竞技体育、体育教育、运动医学等四大学术领域;③大会设置1个主会场和10个分会场,其中大会主报告12人12篇,特邀专题35个175篇;④共征集到论文3166篇,正式录取论文2148篇,超过了以往历次奥科会的论文征集数量,有近70个国家和地区的2000多位体育科学学者、专家将出席会议;⑤中国体育科学工作者第一次登上体育科学领域最高讲台。著名体育科学工作者田野和任海入选为大会主报告人;⑥设立资助计划,突显科学发展、构建和谐社会;⑦表彰体育科学领域杰出专家与学者。
>
> 奥科会是世界最大规模的体育科学大会,是奥运会的重要组成部分。广州奥科会是首次由4个国际组织联合主办的。从1960年开始,在每届夏季奥运会前,国际体育科学与教育理事会组织召开奥林匹克科学大会,国际奥委会于下一届奥运会前一年也举行科学大会,国际残奥会则在残奥会举行前召开科学大会。2004年8月,4个国际组织达成共识,决定于每届奥运会开幕式前,在奥运会举办国联合召开国际体育科学、教育和医学大会。2006年9月1日决定由国家体育总局和广东省人民政府承办本次大会。

（八）文艺演出活动

体育与文化历来密不可分。为丰富体育赛事内容,烘托赛事氛围,提高赛事的关注度,赛事举办地通常会在赛事筹备或举办期举行一些文艺演出活动。"相约北京—2008奥运文化活动"是文化部为配合北京奥运会,组织举办的迄今规模最大、水平最高、持续时间最长的一次文化盛事,该活动搭建起一个宏大的国际文化交流平台。在迎来第11届全运会倒计时100天之际,2009年6月份在主赛场——济南奥体中心体育场举行了"欢乐中国行"大型综艺晚会,7月11日,在奥体中心体育馆由十一运会济南赛区组委会、济南高新区主办了"《同一首歌》相约全运,相聚泉城"大型演唱会,为全运盛会放歌。在赛事举办阶段,开闭幕式是体育赛事的标志性活动与仪式,集中体现了体育赛事的体育价值、文化价值、经济价值与社会价值。格吉诺夫·瓦西尔在《奥运会的起源与发展——解读奥林匹克运动会》一书中,指出:"奥运会开幕式与闭幕式被视为一个可以展现庆典、纪念运动会内涵元素和艺术的场合"。这些文艺演出活动本身拥有可被开发的资源,如冠名权、具名权、礼遇权（出席开闭幕式的权利,在主席台、贵宾区就座的权利）、门票资源、场外广告资源等,可以借助这些资源通过市场开发行为为赛事筹集资金。

二、体育赛事主题活动市场开发的资源

体育赛事主题活动市场开发的资源主要可分为特殊标志使用权、称谓授予权和有形资产使用权。

（一）特殊标志使用权

特殊标志使用权主要是指企业有权使用体育赛事主题活动的名称、主题口号进行宣传、广告和市场营销活动,它包括对于吉祥物、赛事名称、赛事标志、赛事口号等特殊标志的使用权。赛事的特殊标志代表着赛事的品牌。企业品牌如果能够与赛事的特殊标志共同呈现,必然会在社会上传递正面效应,社会对于企业的认知和好感也会因此大大提升。在市场开发时,特殊标志的使用权是作为重点资源进行谨慎和有效的开发使用。

2008年第29届北京奥运会火炬接力传递计划及火炬路线隆重发布会,可口可乐中国公

司宣布,可口可乐将延续与奥运火炬接力合作传统,成为北京奥林匹克火炬接力全球合作伙伴,正式启动可口可乐火炬接力市场营销。可口可乐推出了为火炬接力相关活动专门设计的火炬接力组合标志、纪念罐和纪念章。

火炬接力组合标志很快出现在有关的可口可乐产品包装、纪念章及相关活动中。至此,可口可乐为历届奥运火炬接力设计的组合标志已达6个,以这6个组合标志为主题设计的一套限量版可口可乐纪念章。除了组合标志,可口可乐还推出一款以北京奥林匹克火炬接力为主题的纪念罐。这款纪念罐嵌入了可口可乐火炬接力组合标志,围绕标志排列着火炬接力将经过的国际城市名和中国省名,把火炬接力的关键信息传达给中国的消费者,并在全国限量发行11万只。

(二)称谓授予权

称谓授予权主要是指企业被授予荣誉称号、企业领导被授予名誉职位或企业获得指定称谓(在约定行业中享有排他性和唯一性)。该称谓包括:全球合作伙伴、合作伙伴、独家供应商、赞助商等。这些称谓能够体现出企业的独特性和优越性。企业通过这些称谓能够借助赛事的品牌宣传,对自身的品牌进行推广,提升自身在社会上的认知度和美誉度。

例如,上海通用汽车赞助第9届全运会火炬传递活动的企业赞助方案中指出,上海通用汽车可以得到:①与中央领导一起出席北京天安门点火仪式;②支持九运,支持申奥的荣誉;③支持公益事业,永载九运史册;④成为九运会最高级别的赞助商——主赞助商荣誉称号;⑤在全国31个省、市、自治区宣传企业;⑥获得九运会开幕式入场券。

(三)有形资产使用权

体育赛事主题活动有形资产使用权主要包括特许经营授予权(纪念币、纪念钞、纪念邮票、纪念衫等的特许经营)、活动现场广告资源、活动现场场地使用权、活动印刷品广告资源(宣传画册、秩序册、纪念册、证件等印刷品广告)等。

三、体育赛事主题活动市场开发的对象

(一)赛事赞助商

赛事赞助商是指为了实现自身的既定目标而向某些体育赛事提供资金或其他形式支持的企业。体育赛事组织者以允许赞助商享有某些属于它的权利(如冠名权、标志使用权及特许销售权等)或为赞助商进行商业宣传(如广告)作为回报。

体育赛事赞助具有认可度高、号召力强、效果自然等特点,已经被众多企业列为自身营销计划的重点之一。但由于体育赛事赞助所需的费用较高,超出了一般的中小企业所能承受的范围,所以目前的赛事赞助商一般为大型企业。通过对体育赛事进行赞助将自身与某一体育资产相联系,有效地提高企业的形象和产品品牌的知名度。最典型的例子为在奥运会运作期间的"TOP"计划赞助商。

例如,奥运会的长期"TOP"计划赞助商可口可乐在2008年奥运会时开展了一项特殊的奥运推广项目——可口可乐奥运全球巡回展。它用丰富的史料,包括历届火炬接力的珍贵资料和物品,让人们深入了解奥运会和火炬接力的发展,为北京奥林匹克火炬接力活动造势助威,并展示了可口可乐与奥运会近80年的合作渊源。

(二)非官方赞助商

非官方赞助商是指受自身实力限制,因无法以赞助商名义对赛事进行赞助,而选择赛事运作中的主题活动进行赞助,以实现宣传效果的企业。

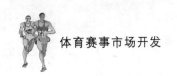

因体育赛事赞助的门槛较高,无形地将许多企业拒之门外。为了分享体育赛事所带来的好处,便衍生出非官方赞助商。这种类型的企业通过对特定的活动进行赞助,凭借赛事本身巨大的影响力,加之对活动赞助效果本身的利用,同样能够起到非常好的效果。

例如,李宁在奥运期间的营销行为:为迎接奥运倒计时100天,2008年4月27日,100位运动员从各地汇聚到北京,与2 155名志愿者一起,组成一张发往全球的巨型明信片,邀请全世界的运动员共享4年一度的体育盛会。在现场千余人组成的巨型明信片上,运动员和志愿者拼出了英文信件,大意为:"致全世界的运动员兄弟姐妹们:这是我们的舞台,现在该我们上场了,运动让我们走到一起,现在就上场,让这比赛开始。"所有运动员和志愿者都穿着李宁品牌运动装。

第三节 体育赛事主题活动市场开发的策略

一、体育赛事主题活动市场开发的原则

(一)合理分配原则

体育赛事主题活动包含众多可供开发的资源。从赛事组织方和整个赛事主题活动市场开发的角度来说,体育赛事主题活动的市场开发行为必须遵循合理分配的原则。

体育赛事所有市场开发工作包括主题活动市场开发在内,一般都是由赛事组委会授权组委会中的市场开发部执行,负责统筹管理体育赛事主题活动的市场开发,大型活动部、新闻宣传部等部门给予协助。

相比一般主题活动而言,对于较大型、具有标志性意义和较高品牌价值的主题活动,组委会应投入较多精力进行市场开发工作,通过对不同的规模主题活动匹配不同力度的支持,合理分配资源,实现赛事主题活动市场开发权益的最大化。

(二)资源统筹原则

市场开发通常不是针对单独某一个可开发资源所进行的,而是对多项资源的整合开发。组委会需要在对体育赛事的主题活动进行市场开发时,对资源进行合理统筹,确认如领导人的出席等核心及重要资源的分配。对于体育赛事中某一个单一的赛事主题活动来说,市场开发要遵循资源统筹原则。

一项体育赛事主题活动包含众多可供开发的资源,包括活动冠名权、供应商、电视转播权等。在对单一赛事主题活动进行市场开发时,应尽可能地将所有可供开发的资源打包出售给赞助商,力求达成资源开发效益的最大化。

(三)服务赛事原则

体育赛事主题活动市场开发的目的是为了为赛事主题活动提供资金支持,在保证赛事主题活动顺利举行的同时,提升主题活动的质量和档次,继而使得整个赛事主题更加鲜明,提升观众的体验。因此,作为整个体育赛事市场开发的一部分,体育赛事主题活动的市场开发行为必须遵循服务赛事的原则,不能为了一时的资金支持而损害了赛事的整体利益。

二、体育赛事主题活动市场开发的策略

(一)"打包"策略

体育赛事主题活动市场开发首先要采用"打包"策略。所谓"打包"策略,就是指资源的

整合策略,即首先从整个体育赛事的宏观角度出发,将体育赛事中所包含的多个主题活动进行组合,将其整合打包出售给赞助商企业,这样可以降低市场开发的成本便于统一调控和管理。其次,从微观上针对一个赛事主题活动,将其所含有的不同资源进行组合。例如,冠名权等无形资源和现场广告牌等有形资源的结合,经过整合打包后的资源更能促成赛事组织方和赞助商企业的合作。

例如,某赛事摄影展冠名赞助商权益包括:①名誉礼遇权:成为赛事唯一总冠名商,并称为赛事特别协办单位;②绝对排他权:赞助商主推产品为赛事在同行业中唯一指定产品;③新闻公关权:在所有赞助商的同等赛事相关新闻发布、公关活动中享有首选权;④广告发布权:赞助商在一年内优先使用本届赛事名称、标志及吉祥物;⑤其他权益:赞助商同时享有双方约定的其他权益。

(二)差异化策略

体育赛事主题活动市场开发的差异化策略主要体现在赛事组织方针对不同的赞助商给予不同的服务和权益回报。这种区别首先体现在赞助商级别上的差异。一般体育赛事会在市场开发中将赞助商分为几个等级。例如,2008 北京奥运会将赞助商分为合作伙伴、赞助商和供应商 3 个级别。不同级别的赞助商的赞助金额不同,针对不同级别赞助商也匹配不同的赞助回报权益。其次,对于某些赞助商提出的个性化诉求,赛事组织方也应适当予以考虑,以实现赞助商服务的差异化,使得赛事主题活动的市场开发工作更加顺畅。表 7-1 示某赛事主题活动冠名赞助商及荣誉赞助商的赞助权益对比。

表 7-1 某赛事主题活动冠名赞助商及荣誉赞助商的赞助权益对比

回报项目	冠名赞助商	荣誉赞助商
赛事荣誉权	①以活动赞助伙伴的名义参与赛事各项公关活动(赛事公关活动包括新闻发布会、媒体见面会、足球嘉年华、赛后酒会等。) ②开幕式致辞 ③为优胜队颁奖	①以活动赞助伙伴的名义参与各项公关活动(包括新闻发布会、媒体见面会、赛后酒会等) ②参与开幕式 ③为优胜队颁奖
印刷品张贴与发放	①DM 单 500 张 ②活动海报(40 厘米×60 厘米)10 张 ③现场广告宣传单 2 000 张 ④赛后纪念册与证书	①DM 单 100 张 ②活动海报(40 厘米×60 厘米)10 张
场边标志牌	VIP(机位)位置对面	场边
现场展台	人流量 30 万次/日	无
现场活动开展权	①在展台周边开展推介活动 ②与赛事主办方合作开展活动 如:职工与选手比拼等,需另计费	在展台周边开展推介活动
媒体回报权益	①新闻发布会 4 次,到会记者 140 多人次 ②国内新闻媒体 36 家,其中中央级媒体 8 家,上海市级媒体 20 家,境外媒体 1 家 ③广播电台、电视台 15 家,通讯社 2 家 ④各类记者总计 80 多名 ⑤采编播发新闻稿件 300 余篇,近 15 万字	①新闻发布会 1 次,到会记者 100 多人次 ②国内新闻媒体 36 家,境外媒体 1 家 ③各类记者总计 80 多名 ④采编播发新闻稿件 300 余篇,近 15 万字
员工礼遇招待	门票 VIP 招待与酒会	VIP 招待

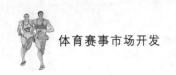

（三）推拉式营销相结合策略

推拉式营销组合策略即"主动加被动"的营销方式。"主动"是指赛事组委会的市场开发部自行寻找和联系赞助商企业洽谈合作事宜；"被动"是指赛事组委会委托经纪公司作为中介进行市场开发事宜，或者向社会发布赛事主题活动市场开发方案等，等待有意向的赞助商企业主动找上门。一般体育赛事主题活动市场开发都会采用推拉结合的营销组合策略，但相比较而言，"被动"策略相对较适合规模和影响力较小的赛事及其主题活动；而规模大、影响范围广的赛事及其主题活动一般是以"主动"+"被动"的营销方式，如奥运会的火炬传递仪式等。

2004年10月13日第5届全国农运会回报赞助、捐赠企业仪式在江西省南昌市滨江宾馆举行。江西省宜春市借鉴广州举办九运会和长沙举办五城会市场化运作的成功经验，通过对农运会所有可利用资源进行优化整合，统一管理，通过大张旗鼓的宣传和积极主动的服务，吸引了大批志在回报社会、开拓农村广袤市场的企业前来赞助。农运会组委会采取"请出来"的方式，将企业家请进组委会进行现场宣讲。中共江西省委副书记、常务副省长为赞助、捐赠企业颁发荣誉证书并讲话，仅此次仪式就筹得实物折价1 007万元。

本 章 小 结

1. 体育赛事主题活动市场开发是体育赛事管理机构立足于赛事所拥有的各种主题活动资源，通过以平等交换为原则的市场行为，尽一切可能增加赛事效益的过程。体育赛事主题活动的市场开发具有重要意义，它不仅可以丰富赛事内涵、完善赛事市场开发体系，还可以塑造城市氛围并宣传推广赛事。最后本节就可供市场开发的体育赛事主题活动的类型从时间、规模和承办方3个维度进行了划分。

2. 体育赛事主题活动主要包括火炬传递活动、赛事相关征集活动、选拔活动、倒计时活动、展览活动、新闻发布会、科研交流活动和文艺演出活动等。体育赛事主题活动中可供开发的资源主要包括特殊标志使用权、称谓授予权和有形资产使用权。

3. 体育赛事主题活动市场开发应遵循合理分配、统筹资源及服务赛事三大原则进行开发，具体的市场开发策略主要包括打包策略、差异化策略及推拉式营销相结合的策略等，这为体育赛事主题活动市场开发实务提供了一定的借鉴。

思 考 题

1. 体育赛事主题活动市场开发对赞助商有哪些重大意义？
2. 除上述几种体育赛事主题活动的分类外还能从哪些维度进行分类？
3. 不同类型的体育赛事主题活动适用的市场开发原则与策略有哪些？
4. 在体育赛事主题活动的市场开发中，如何将赞助商的需求与市场开发的原则与策略结合起来？

第七章 体育赛事主题活动市场开发

案 例 分 析

"火花"世界大学生运动会火炬传递花絮系列项目市场开发方案

一、案例背景

深圳世界大学生运动会(大运会)的火炬传递仪式即将启动,为更好地配合宣传大运会、宣传火炬传递,进一步提升大学生群体以及社会各界对大运会和火炬传递的关注度,更好地调动全国大学生的参与积极性,同时也为更好地向全国和全世界推出深圳"创意之都,设计之都"的城市名片,展现当代中国大学生面向世界的风采,特拟定围绕"大运会火炬传递花絮"而实施"火花"系列宣传推广项目,力争让"火花"成为一个从深圳出发,进而走向全国、面向全球的创意品牌。

二、案例简介

"火花"系列项目简介

1. 主题

(1) 字面意义 "火花",即大运会火炬传递花絮。

(2) 品牌内涵 "火花"象征在短暂的生命中,绽放人生最美华彩。

2. 项目定位

"火花",是围绕"大运会火炬传递花絮"这一核心事件而展开的涵盖视频制作与推广、系列大型活动策划、文艺交流,以及系列媒体营销事件的多方位、立体化的品牌项目。

3. 项目时间

(1) 启动时间 2011年2月(春节后)

(2) 筹备时间 2010年12月~2011年2月(春节前)

(3) 时间跨度 贯穿整个大运火炬传递过程,并在大运会举办期间进行延续。

4. 项目地域范围

以深圳为大本营,覆盖全国各大高校区,与大运会火炬传递所到达地区范围保持一致。

5. 项目参与者

(1) 主办单位 深圳2011世界大学生运动会组委会

(2) 策划、执行团队 深圳××传播有限公司

(3) 主要参与群体 全国在校大学生

(4) 其他参与者 深圳创意设计、文化艺术等领域人士,艺人、制作人、媒体等。

6. 品牌标志

(1) 视觉标志 以"火花"为元素,设计成整个品牌项目的标志图案,体现青春、汇聚、向上的理念。

(2) 宣传标语 I am a PA!(我是一颗火花!)。"PA"是火花绽放时的声音,以此借代"火花"。

(3) 标志性手势 单手从握拳状态,快速的五指张开,就像一颗火花绽放一般,同时说出标语:"I am a PA!"。

7. 活动内容

(1) "火花"主题曲及MV创作 包括:①主题曲创作:以"火花"为主题,创作一首年轻、

时尚、传唱度高的歌曲,拟邀请在大学生群体中较有影响力的音乐制作人进行创作;②拟邀请创作人:音乐制作人×××、超级星光大道固定评审之一×××、台湾著名音乐制作人×××、被称为编曲怪杰的×××、著名作词人×××等;③拟邀请歌手:受大学生欢迎的年轻流行歌手,与国内大学生的优秀代表共同演唱,暂定超级女生:×××;④拟邀拍摄导演:台湾新导演×××。

(2)"火花"系列视频短片　包括:①内容:以一个普通拍客的视角,以大学生为主角,观察和记录火炬传递的背后,那许许多多带给我们快乐、感动、启迪的人和事,同时也向社会公众展现中国各高校及大学生的风采;②发布频次:每一个传递站点,根据拍摄内容,制作1~2集视频,发布频次与传递节奏基本一致,总计20~30部短片。

(3)"火花"系列分站活动　包括:①活动简介:跟随大运会火炬传递,以年轻一族为主要对象,在全国范围选点进行形式多样、全方位、立体化的分站活动;②专题音乐节:活动主题:"迎大运,火花接力音乐节";③活动宗旨:将流行音乐和体育精神有机结合,既包含了"音乐节"的影响力与文化底蕴,又体现了"大运会"的权威性。

该系列音乐节分为全国各分站活动和压轴演唱会两部分进行,通过地面活动、广播电视节目、平面媒体及网络新媒体等传播方式,借助深圳大运会执行局所拥有的资源和社会影响力,集结当红巨星、新生代音乐人及众多演艺界与体育界明星的影响力和号召力,高举大运旗帜,宣扬大运精神。此次音乐节一方面将提高80、90后最广泛的时尚青年群体对深圳大运会的关注度,提升"火花"与"大运会"这两大文化品牌形象;另一方面,它也将成为对深圳经济社会、发展成就、城市形象及人文环境进行宣传推介的一个有效途径。

具体活动1:"迎大运,火花接力音乐节——Let's spark! 一起闪光吧!"

以"Let's spark! 一起闪光吧!"为主题,在举办场地划分音乐舞台、创意市集、分享书房、深圳印象等不同展区。活动当天,在现场展出和销售大学生/独立音乐人的唱片、商品,举办独立歌手或乐团的签名会/歌友会,群星演唱会等活动。每一分站将邀请知名艺人作为活动嘉宾。展区内回响着听不完的好音乐,展现着看不够的创意作品,让人不舍离去。

2011年4月~7月,每一站活动将延续2~3天,暂定出席艺人:×××、×××等知名艺人。

在全国范围内选择10个以上重点校区所在城市(与火炬传递地点保持一致)包括:北京、上海、南京、武汉、长沙、西安、沈阳、重庆、广州、深圳等,选择当地校园广场或大型商业旅游项目广场为举办场地。

具体活动2:"迎大运,火花接力音乐节"——深圳2011首届亚洲新人新歌会

在火炬即将结束传递的前夕,与深圳广电集团、台湾东森电视台、香港无限音乐、MTV电视台、美空网等媒体机构联手,共同打造"火花接力音乐节"之压轴活动——"深圳2011首届亚洲新人新歌会"。

2011年7月下旬,是"迎大运,火花接力音乐节"的压轴项目!以"深圳2011亚洲新人新歌会"作为结束。以万人演唱会的形式邀请知名艺人、制作人、亚洲地区的新晋歌手,"火花"主题曲演唱者,全国大学生的优秀代表。除了各路明星、各个地区的新晋歌手外,届时还将邀请"火花"的代表(大学生代表)、火炬手代表等共同参与,把"火花"系列推向高潮。

活动拟支持媒体包括深圳广电集团、台湾东森电视台、MTV电视台、新浪娱乐、腾讯娱乐、优酷网、美空网等;拟支持单位为金牌大风娱乐、AVEX唱片、SONY音乐、天娱传媒、亚

神娱乐等;地点拟定为深圳世界之窗或欢乐谷;拟明星阵容包括×××、×××等;拟请主持人阵容包括×××、×××等。

三、宣传攻势

以新闻发布会为起始点,进行全国性媒体网络、报纸软文、电视娱乐新闻、时尚杂志、电台等平台的报道,跟踪"火花"分站活动的同时,为亚洲新人新歌会预热。媒体投放周期总计超过4个月,投放周期的长度打破传统媒体宣传周期模式,加大对赞助商的媒体回报力度!

(1)电台覆盖 本次宣传通过全国500家广播电台的联合打榜,能够基本实现全国无盲区覆盖。调频发射功率超过30万瓦,覆盖人口近11亿。地面活动宣传,选择与收听率居前几名的当地广播电台频率合作,形成受众最关注的活动宣传。

(2)电视宣传 在全国主流城市与主要卫星电视台合作进行新闻报道,全国各地重点卫星电视及省市电视台新闻栏目90多家。

(3)网络宣传 包括:①门户网站:新浪、腾讯、搜狐、网易、雅虎、粉丝网、TOM、MSN、千龙网、凤凰网等;②地方网站:华龙网、四川新闻网、陕西西部网、北京文艺网、东北网、北方网、红网、新疆新丝路、贵州信息网、东方娱乐网、江苏电信门户网、大连天健网、山东齐鲁热线、淄博信息网、中国网、云南网等;③视听类:优酷、六间房、酷六、56网、土豆等。

(3)平面宣传 133家全国重点媒体的平面报道;全国性杂志的连续登出;全国性周刊月刊的连续登出。①重点媒体的体育版、娱乐版,重点为娱乐报纸、时尚报刊;②平面媒体的体育、娱乐版块。生活、休闲、时尚版块刊登特稿,以非常规角度宣传。在重点城市的知名杂志及重点报纸刊登宣传:《音乐生活报》、《北京晚报》、《南都》、《深圳商报》、《娱乐信报》、《京华时报》、《卫视周刊》、《音乐周刊》、《生活周末》、《中国文化报》、《中国商报》、《当代歌坛》、《歌迷大世界》、《音乐时空》、《新京报》、《精品购物指南》、《中国音乐报》等。

(4)其他推广手段 包括:①明星微博关注;②专业写手软文支持;③各大主流论坛发帖置顶,如天涯、猫扑、搜狐等;④火炬传递结束后,制作集锦视频;⑤其他。

冠名赞助商合作方案:将用直接投放、资源互换及合作等方式,获得价值超过1 000万元的媒体资源,为"火花"项目以及赞助企业进行推广。其中包括电视广告、广播广告、平面广告、户外广告、互联网广告、短信群发广告等。企业可自行选择搭配赞助方式及回报(宣传计划和媒体选择可以与赞助企业共同协商进行推广投放)。

冠名主办回报:冠名企业享有"火花——深圳世界大运会火炬传递花絮系列项目"的冠名权,并享受此冠名之终身荣誉。包括:①"火花"短片联合拍摄;②"火花"MTV短片产品植入;③"火花"接力音乐节全部活动。

在本次项目所有宣传、各级相关媒体(如电视台、电台、报刊、互联网等)的宣传活动中,突出体现冠名单位名称和标志。自签约日起印制的所有宣传品(宣传单页、门票画册、节目册、海报等)首家醒目位置的广告位均有冠名企业名称和标志,以各种形式、多角度、全方位、大批量地对冠名企业做宣传报道。

四、媒体回报

(1)电视媒体 可于活动期间,由10家以上电视台对活动进行独家采访在电视媒体以软性宣传形式播出最少100次以上投放宣传,同时宣传赞助企业。回报形式:活动宣传每次5秒以上,于本次活动宣传片中穿插部分赞助商冠名信息,或者赞助商标板广告(具体形式有待商议)。

（2）网络媒体　优酷网独家首播"火花"系列短片，其他娱乐视频网站进行配合各大网站如新浪、搜狐、雅虎、TOM、网易等，硬软文专题配合。广告形式：开设音乐节专题，其他网站大幅度报道。广告方式：①出现赞助商企业名称与企业标志，可共同开展活动，制作活动网站；②各大论坛对活动进行推广宣传，并链接到活动网站；③项目视频中出现赞助商企业名称及标志，相关视频将在各大视频网站转载（具体形式可进行商议）。

（3）电台媒体　广告形式：软性与硬性结合；软性：新闻类、娱乐类；硬性：全天每个整点半点投放，全天不少于10次（火花接力音乐节）。广告方式：可以众星口述含冠名信息的方式播出："迎大运，×××（企业名）火花接力音乐节，不见不散"。回报形式：在电台轮番播报本次活动的有关信息，其中活动名称为冠名后的全称，以突出企业的重要位置。投放周期：音乐节活动进行期间。

（4）平面媒体　在重点城市的知名杂志及重点报刊刊登活动宣传。回报形式：活动宣传中均体现冠名主办单位名称和标志。投放周期：活动进行期间，深圳地区活动开始前。

五、活动现场回报

（1）10个城市以上活动现场回报　包括：①新闻发布会背景板体现（冠名赞助商）产品标志；②现场设置指示牌，体现（冠名赞助商）及产品标志；③现场横幅条，体现（冠名赞助商）产品名称，具体尺寸（根据现场暂定）；④活动邀请（冠名赞助商）企业领导人出席并发言；⑤主持人台、席卡等区域设计体现（冠名赞助商）产品形象；⑥摆放（冠名赞助商）宣传易拉，可由（冠名赞助商）提供；⑦活动邀请函中体现（冠名赞助商）产品标志。

（2）深圳演唱会现场回报　包括：①演唱会现场设置横幅，体现（冠名赞助商）企业名称，具体尺寸待定；②演出的舞台背景中突出体现冠名企业名称和标志；③演唱会现场，授权（冠名赞助商）可于场区主要入口处摆放（冠名赞助商）产品展位，作为产品展示，其人员、物资由冠名赞助商提供；④企业可捐赠带有企业名称与标志的纪念品或物品分发给现场观众；⑤演唱会现场，企业广告喷绘（内容由企业自行设计）；⑥演唱会现场，将在演出中对冠名赞助商表示感谢（口头致谢方式，说明企业全称）；⑦演出现场大屏幕滚动播放冠名企业的电视广告、专题片等（由企业提供）。企业可在演唱会现场自组方阵座位，企业方阵可自备手持宣传展板，在不影响演出观看的情况下，自行举牌宣传。

六、其他回报

（1）印刷品回报　包括：①项目活动所有门票封套中均提供广告位，宣传企业名称、主要产（附属企业）标志及图文资料（内容由企业提供或自行设计宣传稿）；②演唱会节目单上印制企业广告；③宣传海报上标注企业名称及标志；④活动节目单上印制企业广告；⑤手提袋上印刷企业名称及标志。

（2）门票回报　企业将获得分站及演唱会门票；活动邀请赞助企业领导在嘉宾席与政府领导、贵宾一同就座。

（3）户外广告（授权广告发布，费用企业自行处理）　户外大型广告牌及灯箱：包括繁华地段、公交车站等投放灯箱广告、分众广告、公车流媒体；配合企业在企业公司进行活动海报信息的张贴、悬挂、发放等。

（4）后续活动　包括：①演唱会活动后举办庆功酒会，邀请企业核心领导与明星共同就餐；②活动实况将制作成一套DVD光盘，赠予企业作永久珍藏；③为企业免费提供1名新人新歌会中的新人作为企业产品代言1年（拍摄制作广告费用另计）。

七、更多回报

（1）**社会回报** 根据赞助商的情况，事前、事后可配合各类促销宣传活动：通过手机短信、来信问答、电话咨询、网站投票、有奖购买等方式，赠送赞助商的商品、演出门票、海报、专辑 CD、签名照片等。在使此项目内容更加丰富的同时，更人性化地推广赞助品牌及产品。

（2）**认知回报** 让中国内地、港澳台地区、乃至亚洲、世界接受到此项目的人群，对企业、品牌有更多的认知。企业与项目的有机结合，让消费者更加具象地感受企业、产品的品牌附加值。

（3）**无形回报** 企业将在常规广告中附加此项目内容，而与项目广告形成呼应，高水准的"火花"项目能与企业宣传形成真正意义上的捆绑；与此同时，企业所获得的宣传效果，也就远非同等金额的常规广告所能比拟。

八、预期效果

包括：①总价值超过 1 000 万人民币以上的广告回报；②赢得高关注度的新闻公关事件；③多达 3 亿人次的传播受众，绝佳营销机会；④参与体育文化事业的美誉，提升品牌高度；⑤明星、名人参加活动，节省单独邀请明星的巨额开支；⑥以文化手段展现实力的成就感。

九、案例分析

这是一个较为完整且质量较高的体育赛事主题活动市场开发方案，方案内容丰富、活动新颖、撰写专业且执行度较高，是体育赛事相关主题活动市场开发的成功策划案例之一。

（1）**整体项目分析** "火花"2011年深圳世界大学生运动会火炬传递花絮系列项目，其全方位立体化的活动形式，以其规模之大、制作之精、场面之炫，已经成为 2011 大运盛事年中的娱乐盛典，已经获得媒体的鼎力支持与关注，掀起新一轮的青春时尚风潮，"火花"已成为一个从深圳出发，进而走向全国、面向全球的娱乐新品牌。

（2）**强大的品牌效应** 此次"火花"大运会火炬传递花絮系列项目，以全方位立体化的活动形式进行，对于商家而言，介入此次活动实现简单快捷、收效迅速的企业形象宣传。

企业与深圳世界大学生运动会相结合，与亚洲最新娱乐机构相结合，便可趁此热潮提升企业品牌形象，赢得更多消费者的关注，进而提高企业产品市场占有率。

为赞助企业度身策划整合推广方案，将企业品牌宣传与深圳大运会紧密结合，通过整合全国乃至港澳台地区及韩等优势媒体，通过大规模、高密度、全方位、立体化的媒体宣传，帮助企业提高并巩固产品品牌在全中国乃至亚洲的知名度，从而占据市场更多的份额。

（3）**准确的消费群体定位** 为明确"火花"世界大运会火炬传递花絮系列项目的目标消费群位，在项目筹备初期，特别是针对深圳的大学生及年轻群体进行了一次系统的专项市场调研，并对数据进行了整合分析。

（4）**关注年龄层调研数据分析表** 在所有受访者中，关注深圳大运会的比例占 62.2%，关注大运＋娱乐明星相结合的比例占 88.7%，可见火花项目引起的一番大运热潮。

（5）**核心概念** "80、90、10 后"是一个追求新鲜的群体。他们渴望放松，他们喜欢新潮。因此，他们对众星的喜爱是最真挚、最忠诚的。

（6）**有力的营销结合点** 此次大运媒体的官方宣传结合"火花"项目宣传，必将引起新闻媒体的大量报道炒作，会使得"火花"成为大学生和社会相关人士关注的焦点，拥有极高的市场曝光率，进而提升企业知名度；①直接有效的广告效果：利用此次"火花"系列项目——

这一独特的媒体将产品、品牌、促销信息传达给目标消费群,更直接、更有效、更具强烈视觉冲击,影响更为深刻;②体育+明星的魅力,提升企业的品牌实力:众星的实力与个人魅力,成为企业塑造、提升高品质品牌形象的有力武器;③抓住核心消费群,赢得最佳商机:歌迷群是一个注重产品品牌、质量与品位的社会群体,他们是社会消费的主力军。抓住这部分客户群,能为企业扩大市场份额、占据消费者首选品牌的主力地位,赢得最佳商机。

案例思考题

阅读案例后你认为,本方案契合了赞助商的哪些需求?这一活动又对赛事的成功举办产生了哪些积极影响?你认为本案例中的方案有哪些需要改进的地方?如何改进?

推荐阅读

耿力中.体育市场营销——决策与运作[M].北京:人民体育出版社,2004

第八章 体育赛事市场开发管理

本章内容提要
- 体育赛事市场开发风险管理的内涵与意义
- 体育赛事市场开发风险识别的种类
- 体育赛事市场开发风险识别与评估方法
- 体育赛事市场开发效益的内涵与意义
- 体育赛事市场开发效益评估的内容和方法

第一节 体育赛事市场开发风险管理

一、体育赛事市场开发风险概述

（一）风险与风险管理的相关界定

1. 风险的概念

风险一般是指客观存在的，在特定的时期与客观条件下，某一事件发生的不确定性。风险的特定含义是指某一事件导致最终损失的不确定性。风险的大小是指某种损失的预期结果与实际结果之间的差异程度。

风险具有3个特性：客观性、损失性和偶然性。风险是客观存在的。风险与损失是相关的。风险是否发生不确定、损失多大不确定。

风险的本质是指构成风险特征，影响风险的产生、存在和发展的因素。可归结为风险的构成要素，即风险因素、风险事故和损失。

2. 风险管理

风险管理是指某一组织通过风险识别、风险估测、风险评价，对风险实施有效的控制和妥善处理风险所致损失，期望达到以最小的成本获得最大安全保障的管理活动。

理解风险管理概念应注意的几个要点：①风险管理的目标是对风险进行处理，降低风险成本，以最小的成本取得最大的安全保障；②在风险管理过程中，风险识别和风险估测是基础，选择合理的风险处理手段是关键；③风险管理是一种全面的管理职能，这个定义中的风险包含所有的风险，不仅针对危害性风险，也针对金融风险。

3. 体育赛事风险

体育赛事风险与体育赛事的既定目标相联系，只有那些一旦发生会延误体育赛事或者导致体育赛事损失，甚至失败的不确定性事件，才是体育赛事风险。也就是说，如果那些不确定性事件与体育赛事的目标并不相关，它们就不属于体育赛事风险范围。例如，如果一场羽毛球赛在某市体育馆内举行，那么当天是否下雨与现场能否举行比赛就是不相关的，但是如果是在体育场举行的田径比赛,则当天下雨的概率就不仅仅是不确定性事件,它将对比赛产生影响。因此在前一种情况下,下雨只是一个不相关的不确定性,而在后一种情况下,下雨就成为影响比赛能否顺利举行的一个风险。因此,不要把风险与不确定性事件等同起来,两者是不同的。

4. 体育赛事市场开发风险管理

体育赛事市场开发风险管理是指在体育赛事市场开发过程中所面临的不确定性,并由此进行的预案与相关处理。

(二)体育赛事市场开发风险管理的意义

体育赛事的风险客观存在。任何体育赛事都存在风险,风险是体育赛事所固有的且是不能完全规避的,体育赛事常见的风险事件包括:①自然灾害:体育赛事中可能遇见的自然灾害主要是指赛事筹备及举行过程中可能发生的极端天气事件,如高温、暴雨、雷电、冰雹等。这些极端天气事件对参赛运动员及观众的身体是不利的,会阻碍赛事的顺利进行。除了对举办地的气象规律作充分了解,对举办时间进行审慎选择外,还要做好应急预案,做好准备工作。②交通事故:体育赛事期间人流车流较大,一旦发生交通事故需及时查明原因,迅速疏通,否则会出现意想不到的后果,可能成为其他赛事风险事件的导火索。③体育骚乱:赛事期间特定群体自发、有诱因或趁机的动乱,具有极大的煽动性、从众性,处理不当会引发其他突发事件的发生。④其他:食物中毒、政治事件、恐怖主义等风险。赛事市场开发风险有其特殊性,风险管理意义重大。

1. 控制与减少赛事市场开发损失

赛事市场开发风险管理为赛事经营目标的顺利实现提供重要的保障。赛事市场开发风险管理的实施,可以使管理机构组织者面临的风险损失得到控制或将其减少到最低限度,预见可能发生的风险,并做好规避、转移等工作,使得在风险事件和损失发生后,及时合理地采取经济补偿措施,从而促使赛事市场开发增加收入和减少支出,并获取稳定的、尽可能多的赢利,保障市场开发目标的顺利实现。

2. 总结赛事市场开发风险应对策略

赛事市场开发风险管理的意义体现在风险管理评价上。风险管理评价是指对风险管理控制的效果进行检查和评估,看风险管理方案是否恰当,方案的执行是否取得了预定的效果,注重测定市场开发的效果,总结风险管理中存在的弊病,写出总结报告和改进策略,为下次市场开发风险管理的各个方面打下基础、提供应对策略。

3. 保证赛事市场开发的顺利运行与可持续发展

赛事市场开发风险管理能提高运作机构组织者决策的科学化、合理化、减少决策的风险性。风险管理利用科学系统的方法,规避和处置各种赛事风险,有利于组织者减少和消除各种经济风险、决策失误风险等,有力地保证了赛事市场开发的顺利进行与可持续发展。

(三)体育赛事市场开发风险管理的基本思路

1. 制订体育赛事市场开发风险管理计划

对赛事市场开发来说,制订一个有效的风险管理计划是十分必要的。但是这项工作常常被忽视。如果一切顺利,当然无妨;但是如果出现问题,没有一个可行的计划,即使是一个小失误也会演变成突发危机。制订风险管理计划是第一步,以便开展后续的确定风险(即风险识别)、分析风险和确定风险优先级(即风险评估)等工作。

2. 体育赛事市场开发风险识别

体育赛事市场开发风险管理的第一步就是要识别风险。风险管理是一种主动的预防性过程,用以尽可能减少可能导致损失的不确定性事件的发生,并使一旦不确定性事件发生所引起的负面后果最小化。识别风险的重要性还在于处理风险事件的成本通常随着赛事运作的推进而逐渐增加。因此,最好在市场开发初期尽早识别风险,避开风险或者尽可能使风险的负面影响最小化。如果市场开发运作已经开始,门票进入设计与制作阶段才发现隐患,再更换实施方案将会产生很大成本以及影响时间进度。赛事市场开发存在赞助商不按时支付赞助款项,向赛事提供比赛器材的供货商无法按期交货,广播电视中心设计方案中存在缺陷等可能的风险,赛事运作管理机构的市场开发管理部门应尽早识别这些可能存在的风险。

3. 体育赛事市场开发风险评估

经过市场开发风险识别阶段会得到一张详尽的风险清单,包括所能设想到的可能会给赛事运作和市场开发带来负面影响的不确定性事件。但这些风险出现的概率及可能产生负面影响是不同的,并非所有的风险都应该给予一视同仁的关注和重视,这就涉及风险管理过程的第二个阶段——风险评估。风险评估中定性分析和定量分析要相结合。可以依据历史数据列出风险清单及风险初步排序,再由有经验的赛事开发管理者在风险清单基础上进行评估,并根据风险对市场开发目标的影响程度,对风险由大到小进行分级排序。因为对于整个赛事来说,可用于减轻风险的资源是有限的,因此分清风险的轻重,把资源用于最急需解决的风险上是必要的。

4. 体育赛事市场开发风险处理

对赛事市场开发中的风险进行识别和评估后,必须根据实际情况,做出相应的风险应对决策,制订不同的风险应对计划及措施。降低风险是管理机构优先采取的应对措施,如大型赛事开闭幕式、赞助商答谢晚会都会举行彩排和预演,试图通过测试,发现其中存在的系列问题,那么正式举行时仍存在的风险事件就会减少。为了降低点燃火炬不成功、广播电视中心和新闻中心通信故障等风险,通常会准备若干备用方案以减少风险事件发生后的负面影响。其他风险处理措施在后文介绍。

二、体育赛事市场开发风险识别与评估

(一) 体育赛事市场开发风险识别的种类与评估

1. 组织管理风险

市场开发组织管理风险是指在赛事开发运作过程中由于规划、维护水平不高或疏忽等原因导致的市场开发一系列活动可能中断、延误或取消。包括招标、采购、票务、协作活动、规范审核、执行风险、人员风险等。

票务:作为举世关注的大型体育赛事,公众购票热情高涨,争相购买门票的现象可能会使订票系统因超出负荷而陷入瘫痪状态,无法进行正常的订票工作。如 2008 年北京奥运会就出现了网站访问流量大增而使购票系统出现无法登录的状态。因此,一定要做好技术准备和准备好应急预案以规避此类风险的发生。

人员风险:人是最积极、最活跃的因素,对人的控制是组织管理过程中一项比较复杂和困难的工作。人员具有较大的主观能动性,其中人员的道德风险是一种隐蔽的行为,很难测量、预见和控制。人员风险包括人员缺席风险、人身安全风险、形象代言人风险和观众骚乱

风险等。

2. 现场执行风险

一系列的商务活动和宴请晚会是市场开发中不可缺少的回报权益，但是存在一定的现场执行风险，对此要制订翔实的执行时间表和人员配置图。分工及工作内容要落实到位，要对活动现场所有搭建、安装、摆放的物料数量、安全程度、使用情况、电路安全以及演职人员的就位情况等进行检查，以免发生突然变故。最重要的是所有工作人员间的沟通要通畅，避免发生沟通中的理解偏差。公共关系商务活动中的任何一环节出错都会导致整个活动面临巨大的风险。

3. 隐性营销风险

赞助大型体育赛事（以2008北京奥运会为例）是"贵族"游戏，只有少数在本行业脱颖而出的企业排头兵才能拿到赞助的入场券，其他企业则是心有余而力不足。但奥运会带来的巨大商机与不可复制的广告效应，是众多企业期盼的，倘若失之交臂不少企业会为此惋惜。因此很多企业会走差异化路线，打奥运会擦边球，围绕奥运会开展企业、产品宣传，这种营销方式被称作隐性营销。例如，无缘奥运赞助商的蒙牛就独辟新径，成为NBA官方合作伙伴，有效提升了和奥运的关联度，也提升了企业的品牌形象。除了NBA，世界杯等关注度高的体育赛事都可以纳入企业的视野之内。因此，必须设计翔实的赞助商识别条款，以配合实施反隐性市场营销计划，大力保护赞助商利益，最大限度规避这类风险的发生。

4. 违约风险

市场开发违约风险主要是指与赛事主办方达成协议的客户、合作伙伴、供应商和赞助商等因毁约或不履行义务等原因使协议未能兑现，使得原计划的收入不能实现。北京2008奥运会电视转播权销售数额的49%，约8.33亿美元，同时，组委会从第6期TOP计划中将获得约2亿美元的分成，这些收入折成2000年价格，相当于7.09亿美元与1.3亿美元。此外，组委会赞助收入1.3亿美元，正式供货商收入2 000万美元，共9.89亿美元。这些客户、供应商和赞助商都是实力雄厚的大公司，尤其是TOP赞助商。因此，这方面的预算收入不能实现的可能性较小，但如果发生意外，损失可谓大矣。

5. 财务风险

财务风险有狭义与广义之分。狭义的财务风险仅仅是指市场风险，即由于利率、汇率等市场因素的不确定变动而引起赛事市场开发收支的不确定性；广义的财务风险不仅包括狭义的市场风险，而且涵盖间接可能引起财务收支不确定变动的风险。实际上，赛事所面临的风险，很多都会最终体现在财务上。例如，赛场器械的财产损失风险，虽然风险事故的发生直接造成的是财产价值的减少或灭失，但究其根源，将会导致赛事主办方在支出上承受了超乎预期的资金，赛事市场开发要求的筹资和投资额就会作相应调整，也会影响到收入回收和收益分配等环节。收入回收风险是资金转化过程中时间和金额的不确定性所带来的风险。收益分配风险来自两个方面：一是收益确认的风险；二是收益对投资者分配的时间、形式和金额的把握不当所产生的风险。

6. 客户信用风险

赞助合同的签订有助于确保赞助双方的利益，有助于促使赞助得以落实并为法律纠纷的解决提供了依据。体育赛事市场开发中客户在条约履行时不按约定时间、地点支付相应款项或服务所造成的风险，称为信用风险。在市场开发中客户、运作管理机构任何一方无信用,都会阻碍体育赛事的圆满完成,都有可能损害到对方的利益。

7. 其他风险

体育赛事市场开发中的其他风险主要包括:①因转播设备、卫星设备故障或损毁,造成的不能转播的风险;②运动员、电视新闻工作者因为道路堵塞而不能到达运动赛场,致使比赛本身无法举行,电视转播不能如期进行,赞助商曝光程度达不到权益回报要求的风险;③因恶劣天气造成的比赛中断或改期;④因地震、恐怖活动或其他未可知因素造成整个比赛的取消、延期或易地举行而发生的一切风险等。

（二）体育赛事市场开发风险识别与评估方法

1. 体育赛事市场开发风险识别常用方法

头脑风暴法是将市场开发各个项目的负责人、外聘风险管理专家、赛事市场开发的干系人(赞助商、供应商、媒体等)、部分员工等组成小组,根据各自经验列出市场开发所有可能遇到的风险事件。全面地了解风险发生情况,以发现被遗漏或被忽视的风险,提高各部门的协同能力。

德尔菲法也被称为专家意见法,是指在决策过程中采用集中众人智慧进行科学预测的风险分析方法。在识别风险时,先要组成专家小组,一般由有风险管理经验的专家组成,采用信函的形式向专家提出要解决的问题,并提供所需要的资料;专家依据这些资料,提出自己的意见;得到这些答复后,将回答的各种意见汇总,列成图表,归纳分析,并匿名再次反馈给有关专家,据以征求其意见;然后再次综合反馈,这样如此反复多次,直到得到比较一致的意见为止。优点是简便易行,可以避免传统会议讨论时产生的随声附和现象,所得结论具有一定综合性,得出的意见也比较客观。

现场检查法即通过直接检查赛事市场开发的组织管理和具体业务活动,具体了解和掌握市场开发过程中各环节面临的风险。

2. 体育赛事市场开发风险评估方法

（1）风险可能性评估　一旦风险或损失内容已经确认,接着就要进一步区分风险,评估风险发生的可能性。风险发生的可能性依据风险或损失可能发生的次数而定。运作管理者要将已确认的风险或损失发生的可能性归纳为"经常"、"普通"或者"很少"等几类。

（2）风险等级确定　风险的严重性即风险等级依损失程度而定,可以区分为"高度"、"中度"或是"低度"。值得注意的是,如电视转播权销售的客户都是实力雄厚的大公司,这方面预算收入不能实现的可能性很小,但一旦发生,损失很大。可见,风险可能性和风险等级是相互交叉的,可以构建风险矩阵,横坐标为风险等级,纵坐标为风险可能性,大型体育赛事市场开发矩阵可分为 $5\times5=25$ 个方块,每个方块代表一定风险事件发生的可能性和等级。

（3）建立科学评估指标体系,并进行风险后果的评估　赛事市场开发风险评估体系复杂,根据内容建立相应的一级、二级与三级指标,并进行等级与程度确认,有利于科学化与精细化管理。市场开发风险后果一般从经济效益、社会效益与环境效益三个方面进行考量,也可建进行指标建立与评定。

三、体育赛事市场开发风险管理处理

（一）体育赛事市场开发风险处理的基本原则

1. 树立正确风险观念,强化风险意识

赛事运作管理机构所有人员都要强化风险意识,克服麻痹大意思想,要明确风险的危

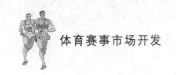

害。由于赛事市场开发风险的影响是多方面的,忽视任何一方面都需要为此付出高昂的代价,应加强危机意识,最好对人员进行有针对性的培训。

2. 建立健全风险管理沟通与预警机制

健全的风险管理沟通渠道应该是双向的信息传输渠道。一方面,危机出现的苗头要能够很快传递到管理机构内部,并能够被管理机构内部所察觉。机构越早意识到风险,就越能保证处理危机时间上的充裕性。另一方面,管理机构要把处理信息迅速传递到外部,及时化解风险带来的不良影响。建立完善的预警机制,由主管领导人担任总指挥,对突发事件统一领导、统一指挥,以提高效率。

3. 提高决策化水平

我国体育赛事市场开发大部分由体育经纪公司组织运作。由于公司规模的限制,市场开发诸多事务都是公司高层凭经验主观决策的,这就增大了决策失误的可能性。为防范风险的发生,必须提高决策化水平。在决策过程中,应充分考虑影响决策的种种因素,尽量采用定量计算及分析的方法并运用科学的决策模型进行分析评价,从中选择最优方案,切忌主观臆断,使市场开发风险的预计、防范、控制和处理趋于合理和有效。

4. 强化审计监管

对赛事市场开发的审计监督可以分为内部审计和外部审计。通过外部审计可以减少赛事运作管理机构内部可能发生的误差和舞弊行为,使信息更准确地反映机构的实际状况;内部审计是运作管理机构成立独立的审计部门对财务控制的再控制、对赞助商资格和客户信用的再审核,督促各环节不断地改进和完善相应的控制,力求减少误差和风险。

5. 加强人员管理

要加强和市场开发密切相关的体育赛事运作管理机构管理者、组织者、工作人员的管理,防止工作人员由于工作上的失误和偏差给市场开发的一系列活动带来损害。2007年底,李宁作为大学生体育协会的赞助商,按照协议,在赛事举办期间,所有工作人员均要着装李宁特定的服装,而该协会的一名工作人员却不按规定着装,在赛事期间穿戴了耐克的服饰,并多次出现在直播镜头中,给赞助商造成了极大的损失。

(二) 体育赛事市场开发风险避免

风险避免是指在体育赛事市场开发时分析该赛事是否存在重大事故的隐患,如果存在重大事故发生的可能性,重大事故发生后将造成筹资、投资无法收回的后果,明星运动员不出席活动而赞助商撤资等事故,或者赛事举办方不能或不愿意承担相关事故的责任,那么就应该采取风险避免的措施,放弃该赛事,或者改变原来赛事的性质,如举办地点、时间等。例如,为了避免恶劣天气的影响,从1948年伦敦奥运会开始,体操比赛改在室内场馆进行。

(三) 体育赛事市场开发损失控制

1. 损失预防

电视转播权收入和赞助收入是赛事市场开发的重头戏。对于电视转播收入来说,汇率、利率风险是不容忽视的。以2008年奥运会为例,由于电视转播权等的收入要经过一段时间以后才会付给北京2008奥运组委会,奥运会电视转播权的付费方式为,北京奥运会电视转播商NBC将分6次付费,并预留35%尾款,其他电视转播商的付费方式也基本如此,付款的次数比NBC略少。其他项目的预算也都是按2000年美元对人民币的兑换率——1美元兑换人民币8.27元计算的,人民币持续对美元升值,仅以电视转播权收入和TOP赞助计划收入为例,汇率降至7.7时,以人民币计算的收入将损失 $10.33 \times (8.27 - 7.7) = 5.888$ 亿元。因此,2005年5月18日,中国银行间外汇市场正式推出外币买卖业务。中国人民银行宣布人民币汇率不再盯住单一美元,开始实行以市场供求为基础,参考一篮子货币进行调节、有管理的浮动汇率制度。此项措施有效地预防了损失的发生。此外,对于面临的汇率风险,可以通过经纪公司在国际市场上进行期货或期权的套期保值,将汇率风险转移到国际资本市场上,从而避免赛事运作管理机构和举办地收入的减少。对于赞助收入而言,进行合乎调查规范的市场调查,严格选择赞助项目和审定,设计可操作的市场推广计划,提供责权利明晰的赞助合作合同都能有效地预防损失的发生。

2. 损失抑制

损失抑制并不降低损失发生的概率,而是力图减少损失的发生。比如在赞助活动中,当违约责任发生时,双方应当采取措施防止损失扩大;在市场一系列开发活动出现危机时,采取多种手段,进行危机公关,防止事态进一步扩大。

(四)体育赛事市场开发风险转移

1. 保险转移

体育赛事市场开发中,即便做了一系列风险控制,还是很难消除一些风险,如果风险事件不可避免地发生了,对于自己不能承担的部分,保险是一种较好的风险转移措施。比如奥运会中可能发生的可保风险,通过向保险公司缴纳保险费,举办方可以将风险转移给保险公司。可为体育赛事市场开发风险进行保险的险种有:①财产保险:是对有形财产的损失及相关利益损失导致的赛事取消进行保险;②责任保险:是对赛事举办方因违反责任而付出的赔偿进行保障的保险。

2. 签订法律合同

体育赛事市场开发中钱款是以分期的方式支付,双方要明晰各自权益。赛事运作管理机构应与赞助商、供应商、服务商、电视转播商等签订相应的法律合同,双方在秉承"公平、公正、公开"原则基础上写明各自权利和义务范围,明确规定钱款、服务支付的时间节点、并严格按照合同执行,一旦发生纠纷或者不可控事件,之前签订的法律合同将是处理这些事故的重要依据,也是保证赛事各阶段收入回收和进行权益分配的重要保障。

3. 寻求经济担保

体育赛事不仅是体育盛会,更会带动举办城市经济、社会发展。运作管理机构在承担其社会责任的同时,由于体育赛事市场开发风险的固有性,应积极与政府协商、沟通、合作,最好能够寻求政府的支持和介入进行经济担保,如果能获得政府财政担保更能在一定程度上增加赛事吸引力和诚信程度,吸引更多的关注和投资。

(五)体育赛事市场开发风险自留

应用风险自留的情况主要有两种。一是主动自留:对于损失概率和损失幅度均较小的风险,可以进行主动自留,损失一旦发生,自行承担;一种是被动自留:一些事先没有考虑到的,或者由于发生概率小而心存侥幸,没做损失控制和未采取损失融资措施。风险自留是一种融资型风险管理措施,重心是在损失发生后筹集资金来弥补损失。市场开发前建立财务风险基金、坏账准备金等内部应急基金就显得尤为重要,可以在风险发生时及时调动应急资金。

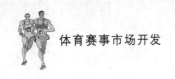

第二节 体育赛事市场开发效益评估

一、效益与效益评估

效益是指资源消耗与产出成果之间的比较关系,效益又可解释为效果与利益。根据产出成果的不同类别,可将效益分为社会效益和经济效益。经济效益,是指经济资源消耗与经济产出之间的比较关系,主要通过现金、物资和有价服务等形式表现出来,是有形的,可测量的。社会效益,是资源消耗与满足人们物质文化生活需要之间的比较关系,是无形的,可感知的,不易测量的。经济效益和社会效益相辅相成,互为补充,互为依托,共同成为管理工作的总体目标。

效益评估是衡量资源消耗价值与其产出成果价值之间关系的过程。如果资源消耗得到了预期的产出成果,或产出成果的价值超过了资源消耗的代价,就说明效益好。同样多的资源消耗获得的产出成果越多,则效益越高;反之,则效益越低。效益的高低,反映了一个组织管理能力的好坏。

二、体育赛事效益

体育赛事市场开发活动是体育赛事活动的组成部分,体育赛事市场开发效益是体育赛事效益的深化。因此,要了解体育赛事市场开发的效益,首先要了解体育赛事的效益。

(一)体育赛事的经济效益

体育赛事的举办一般需要消耗大量的社会资源,带动大量的经济投资,具有明显的经济特征。在"注意力经济时代",体育赛事为商家们提供了一种有效的营销和销售途径,帮助商家维持或拓宽市场,使商家获得更多的利润,成为众多商家角逐的对象。商家的参与为体育赛事的主办者带来了可观的经济收入,为体育赛事的存在提供了物质保障。

1. 体育赛事主办方的经济效益

赛事主办方为了赛事的举办需要进行一定的经济投资,主要包括:赛事硬件投资(如体育场馆的改扩建或租赁、体育比赛器材的购买安装、赛场周边环境的美化、赛事停车场的安排、比赛的水电消耗等)、赛事人力投资(如赛事技术官员、工作人员、裁判员、志愿者等的招募和聘用)、赛事运营投资(如赛事营销、市场开发、门票印制发行、交通运输等)、安保费用投资、运动员的出场费及奖金等,对于市场基础不好的运动项目,还需要媒体报道投资。

赛事主办方的收入主要通过体育赛事市场开发获得,主要包括:商业赞助收入、门票收入、电视转播权收入、特许商品售卖收入、社会捐赠收入和其他相关资源开发收入等。

2. 利益相关者的经济效益

体育赛事主办方所获得的收入基本上都是来自于利益相关者,也就是说体育赛事主办方的收入即是利益相关者的体育赛事投资。另外,利益相关者为了达到投资体育赛事的目的,一般还需要额外的营销费用,这些额外的营销费用也属于利益相关者的体育赛事投资。利益相关者的经济利益,主要是通过投资体育赛事来提升品牌的影响力,保持和改善品牌的知名度、美誉度等,进而保持或增强品牌的盈利能力。

3. 对社会的经济效益

体育赛事的举办除对体育赛事主办方和利益相关者产生经济影响外,还会引起社会经济发展的联动效应，带动多行业、多领域的经济消费，拉动社会经济增长，如建筑业、基础设施建设业、体育器材制造业、环保行业、传媒业、博彩业、旅游业、餐饮业和交通业等，尤其是大型综合性体育赛事在这方面有着巨大的影响力，对社会的经济发展起着巨大的推动作用，从而带动本地 GDP 的增长。

（二）体育赛事的社会效益

体育赛事的社会效益是体育赛事社会公益属性的价值体现，是体育赛事存在的根本原因。

体育赛事是以提供体育竞赛及相关服务为核心产品的一种特殊活动，是人类社会文明进步的产物，集中体现了人类不断挑战极限的精神力量，是社会进步、文明程度及社会实力的标志之一。欣赏高水平竞赛表演已经是现代人精神生活的重要组成部分，满足了人们的物质文化生活需要，是文化大繁荣大发展的重要组成部分。体育赛事还会为社会留下宝贵的文化遗产，如体育场馆成为城市的标志性建筑，体育志愿者精神内化为市民行为等。

体育比赛需要遵循一定的规则进行，运动员面对规则是完全平等的，这种理念对人们的社会行为起到了示范作用，对人们具有社会教导与行为规范作用。体育赛事的举办往往会引起民众对比赛项目的了解和参与，促进体育文化的传播，促进全民健身运动的开展。这是体育赛事的社会引导功能。

参加体育比赛的运动员一般都有身份归属，是某一团体或组织的代表。体育赛事成为了这些团体或组织成员的联系纽带，增加了这些团体或组织成员的共同语言和沟通渠道。体育赛事的举办需要调动多方面人员的共同参与，需要不同行业、不同领域人员的团结协作。体育赛事为不同国家、民族的人们提供了平等交流的机会，使不同意识形态和不同政治信仰的人走到一起，增进他们之间的沟通和相互了解。这是体育赛事的社会团结功能。

激烈的体育比赛满足了人们寻求刺激的心理需求，为人们提供了合理发泄情绪的场所，可以改善人们的心理承受能力和心理健康水平。体育赛事还可以为民众提供额外的就业岗位，降低社会失业率，减少社会的安全隐患。这是体育赛事的社会稳定功能。

大型综合性体育赛事的举办，从赛事的申办、筹备到举办，都需要动用政府的行政力量，体育赛事的举办水平能从侧面反映当地政府的执政能力。体育赛事为赛事举办地的民族传统文化、人民形象等提供了展示平台，可以提升体育赛事举办地的知名度、美誉度和社会竞争力。这是体育赛事的社会提升功能。

但是如果体育赛事中的某些问题处理不当，也会产生社会负面影响，使体育赛事的社会效益大打折扣，甚至出现负的社会效益。比如假球、黑哨问题，使体育比赛观赏性降低，成为部分别有用心者的牟利工具，使体育比赛丧失了其本质意义；比如服用兴奋剂的问题，既损害运动员的身体健康，又违背体育公平竞争的原则，使体育赛事的社会引导功能丧失；比如球场暴力、球迷骚乱问题，使体育赛事成为社会的不稳定因素。

在体育赛事的举办过程中，要处理好体育赛事经济效益和社会效益的关系。如果只注重经济效益，而忽视社会效益，会使体育赛事丧失其本质属性，最终远离观众，失去其市场价值，导致经济效益无法保障；如果只注重社会效益，而忽视经济效益，会给体育赛事主办方带来沉重的经济包袱，导致赛事无以为继。所以，我们在赛事运作，尤其是在体育赛事市场开发的过程中，既要考虑为体育赛事获得收入，又要尽量维护体育赛事的纯洁性，使其社会属性不致受到损害。

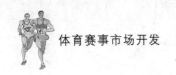

三、体育赛事市场开发效益

(一) 体育赛事市场开发的经济效益

体育赛事市场开发是一项经济活动,经济特征是体育赛事市场开发的本质特征,经济效益是体育赛事市场开发最本质的效益。

对于赛事主办方来说,在体育赛事的市场开发的过程中,体育赛事是其资源和产品,其通过出售体育赛事无形资产及其衍生品而获得收益,是体育赛事市场开发的直接经济效益,也是体育赛事市场开发最核心的效益。体育赛事获得的直接经济效益通过现金、物资、服务3种形式呈现,这也是体育赛事举办的客观需要。体育赛事的举办需要大量的资金以满足日常运转,保证赛事的吸引力和精彩程度。在如今体育职业化的年代,赛事奖金的高低直接影响着高水平运动员是否参赛,也就决定了体育赛事的水平和吸引力,同时资金是否充足也直接影响着赛事的规模、组织水平和影响力。因此,通过体育赛事市场开发获得现金收入是体育赛事市场开发的主要任务。体育比赛需要特殊的体育器材、场地条件,需要可靠的饮用水、运动饮料、运动食品等,这些都需要专业的物资支持。如果体育赛事市场开发可以解决这些物资需要,将保障体育赛事的成功举办。另外,不同的体育比赛需要不同的技术服务支持,体育比赛还会吸引大量观众参与,观众的组织与服务也是必要的。因此,体育赛事市场开发也需要引进相关的专业服务。

体育赛事的市场开发调动了大量企业等利益相关者参与经济活动,促使他们进行经济投资,但体育赛事只是其投资的对象、营销的工具,并不是其产品,通过投资体育赛事不能为他们带来直接的经济利益,他们还需要将获得的利益进行转化以获得经济效益,这是体育赛事市场开发的间接经济效益。例如,赞助商通过赞助体育赛事获得体育赛事无形资产的使用权,但这种使用权不能直接为赞助商带来经济收入,它需要将体育赛事的无形资产与其品牌或产品进行有机结合,通过适当的营销途径,提升其品牌或产品的知名度、美誉度,扩大其产品的销售量,增强品牌的盈利能力。

另外,体育赛事市场开发也会引发更多的社会经济效益。例如,体育特许商品的生产和销售,繁荣了制造业市场;体育赛事门票销售,吸引了观众的参与,带动了交通业、餐饮业、旅游业等的发展;电视转播权的销售,使传媒业有了新的更广阔的拓展空间。这些也是体育赛事市场开发的间接经济效益。

(二) 体育赛事市场开发的社会效益

体育赛事市场开发丰富了社会经济活动内容,繁荣了市场经济,无形中对企业进行了分类评定,有利于消费者对企业实力的甄别,规范了市场秩序。赞助商通过参与体育赛事的投资,能够更加细分目标市场,注重企业文化和企业形象的塑造,促进企业社会责任意识的提升。例如,在奥运会的市场开发中,成为 TOP 赞助商,说明该企业在同行业中具有最雄厚的国际实力,为企业树立了良好的社会形象。这些赞助商,为了能够保持自己 TOP 赞助商的身份,也需要增加社会责任意识,树立良好的企业形象,以获得国际奥委会的认可和支持。

体育特许商品的市场开发繁荣了文化市场,满足了观众更广泛参与赛事的需求。比如奥运会吉祥物、特许商品的开发,职业体育联赛纪念品的开发,这些特许商品一般都非常精美,富有丰富的寓意,是很好的文化产品,同时使观众在观看体育比赛之余,还可以感受体育文化,满足了观众更广泛参与体育比赛的精神需求。

体育赛事门票的市场开发,满足了更多观众现场观看高水平体育比赛的需求。首先,体育赛事门票一般都细分为多个价位,使不同经济水平的观众都能够承受观看体育比赛的消费。其次,体育赛事门票销售渠道的广泛性和多样性,使不同地域的人们都可以顺利购买到门票。

电视转播权的开发,使更多的观众能够欣赏到高水平体育比赛,并且使体育赛事成为社会宣传的综合平台,使体育赛事的社会效益达到最大化。

四、体育赛事市场开发效益评估的内容和方法

体育赛事市场开发效益评估是指对体育赛事带来的各种收益进行评定,并与体育赛事消耗资源的价值进行比较的过程。体育赛事市场开发的直接经济效益、间接经济效益和社会效益的要素指标不同,体育赛事主办方对不同效益要素的掌握情况不同,不同效益对体育赛事主办方的意义也不同,因此需要对不同效益分别进行评估。

(一)体育赛事市场开发直接经济效益评估

1. 体育赛事市场开发直接经济效益评估的内容

在体育赛事市场开发效益评估的过程中,最主要的是对体育赛事市场开发直接经济效益进行评估,即对体育赛事主办方以体育赛事为主要产品进行市场交换、获得的各种收益进行统计,并与体育赛事消耗的资源价值进行比较,以确定体育赛事市场开发的效益。

不同类型的体育赛事,赛事主办方所追求的体育赛事效益目标不同,体育赛事市场开发直接经济效益评估的标准也不同。以政府为主导的体育赛事,一般以赛事的社会效益为主要目标,以经济效益为次要目标。大型综合性体育赛事一般为此类赛事,比如奥运会、全运会、城市运动会等,这些赛事举办的主要目的是为了满足社会公共体育需求,赛事的举办一般会有公共财政拨款的支持。尤其是比赛大型场馆的改扩建、为比赛而进行的基础设施建设等,一般会作为城市建设的内容由政府出资实施,或通过其他方式融资获得资金。对于赛事主办方来说,体育赛事消耗的资源不包含场馆建设、使用等费用。体育赛事市场开发收入只要满足体育赛事运营过程中的资源消耗,即说明体育赛事市场开发直接经济效益为正效益。以企业为主导的体育赛事,一般以赛事的经济效益为主要目标,以社会效益为次要目标。西方职业体育联赛、商业性体育赛事等一般为此类赛事,如英格兰足球超级联赛、美国职业篮球联赛、一级方程式赛车世界锦标赛及意大利足球超级杯中国赛等。这些赛事满足了人们欣赏高水平体育比赛的需求,具有重要的社会效益,但其体育赛事资源的消耗,不仅包括体育赛事运营过程中的资源消耗,还包括体育场馆建设、租赁等的费用,所需要的资金都是由主办方自筹获得。赛事主办方举办赛事的最终目的是通过赛事获利。因此,此类体育赛事市场开发的直接经济效益评估,要求体育赛事市场开发的收入要多于体育赛事的资源消耗总价值。

2. 体育赛事市场开发直接经济效益评估的方法

体育赛事市场开发直接经济效益评估一般由体育赛事主办方负责进行,具体由体育赛事市场开发部门实施,这也是体育赛事市场开发部门的本职工作。

体育赛事市场开发直接经济效益评估的基础工作,是整理汇总体育赛事市场开发过程中的所有数据资料,主要包括:①体育赛事市场开发目标资料,包括总体目标以及不同市场开发渠道的分目标;②体育赛事市场开发过程中的所有文书资料,主要是指相关的合同书、

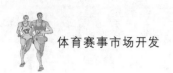

协议书、意向书及其执行情况的记录等;③体育赛事主办方的运营成本资料。体育赛事市场开发目标资料和体育赛事市场开发过程中的文书资料可以由体育赛事市场开发部门提供,体育赛事主办方的运营成本资料由体育赛事的财务部门提供。

体育赛事市场开发直接经济效益评估的主要指标包括:体育赛事市场开发收益率、体育赛事市场开发收入目标完成率、体育赛事市场开发资金到账率和体育赛事市场开发贡献率等。

(1) 体育赛事市场开发收益率

体育赛事市场开发收益率 = 体育赛事市场开发实际收入/体育赛事资源消耗价值

体育赛事市场开发实际收入,是体育赛事市场开发获得的到账资金的总和,由体育赛事市场开发部门直接汇总得出,包括赞助收入、门票收入、电视转播权收入、特许产品收入、主题活动收入和社会捐赠收入等,可以是现金、物资和服务等形式。为了便于统计,需要根据物资或服务的市场价格和数量,将物资收入和服务收入进行价值折算,统一以货币形式呈现,在折算过程中,一般根据物资的出厂价和服务的市场价的70%进行折算。体育赛事资源消耗价值,由体育赛事财务部门统计体育赛事的整体运营成本得出。

如果体育赛事市场开发收益率≥1,体育赛事市场开发的直接经济效益为正效益;如果体育赛事市场开发收益率<1,体育赛事市场开发的直接经济效益为负效益。

体育赛事市场开发收益率,是商业性体育赛事直接经济效益评估最重要的衡量指标。

(2) 体育赛事市场开发收入目标完成率

体育赛事市场开发收入目标完成率 = 体育赛事市场开发实际收入/体育赛事市场开发目标收入

体育赛事市场开发收入目标包含赞助收入目标、门票收入目标、电视转播收入目标、特许商品收入目标、主题活动收入等分目标。为了更好地对体育赛事的经济效益进行评估,还需要对每个分目标的完成率进行计算。体育赛事市场开发收入目标完成率是衡量体育赛事市场开发成功与否的关键,也反映了体育赛事市场开发直接经济效益的好坏。

如果体育赛事市场开发收入目标完成率≥1,说明体育赛事市场开发成功;如果<1,说明体育赛事市场开发失败。

另外,体育赛事市场开发收入目标完成率,也反映了体育赛事市场开发者对体育赛事市场价值的认识水平。如果收入目标完成率接近1,说明对体育赛事的市场价值认识合理;如果明显<1,说明高估了体育赛事的市场价值;如果明显>1,说明低估了体育赛事的市场价值。

(3) 体育赛事市场开发资金到账率

体育赛事市场开发资金到账率 = 体育赛事市场开发实际收入/体育赛事市场开发账面收入

体育赛事市场开发账面收入,是体育赛事市场开发过程中签署的所有合同的经济价值的总和。合同履行过程中,签订合同的双方都可能出现违约行为,导致体育赛事主办方不能够获得合同中规定的所有收入,使实际收入少于账面收入。体育赛事市场开发资金到账率反映了体育赛事市场开发的效率。

(4) 体育赛事市场开发贡献率

体育赛事市场开发贡献率指的是不同的体育赛事市场开发渠道对整体体育赛事市场开

发工作的贡献值,即赞助市场开发收入、门票市场开发收入、电视转播权市场开发收入、特许产品市场开发收入、主题活动市场开发收入、社会捐赠市场开发收入等,在体育赛事市场开发总收入中所占的比重。不同类型的体育赛事,各种体育赛事市场开发途径的贡献率一般会有较大差异,这也为未来同类型体育赛事的市场开发工作提供了借鉴。

(二)体育赛事市场开发间接经济效益评估

1. 体育赛事市场开发间接经济效益评估的内容

体育赛事市场开发间接经济效益评估,是对体育赛事市场开发利益相关者通过投资体育赛事所获得的收益,与其资源消耗价值所进行比较的过程。利益相关者所进行的体育赛事投资不仅包含直接作用于体育赛事上的投资,还包含为此所消耗的其他相关营销费用。利益相关者所获得的收益一般周期较长、涉及面广、信息不易被体育赛事主办方所掌握,不易统计,评估难度大。体育赛事市场开发间接经济效益评估对体育赛事市场开发的延伸工作具有重要意义。

另外,体育赛事市场开发所引起的社会经济效益,涉及多个行业和领域,评估过程涉及相关社会投资、消费需求、赛事举办地边际消费倾向等问题,根据国内的实际情况,目前这些内容都很难做到定量统计,评估难度大,一般只做定性分析。

2. 体育赛事市场开发间接经济效益评估的方法

由于体育赛事主办方不易掌握体育赛事市场开发利益相关者赛事投资和产出的情况,对其进行评估的难度很大,也为了使评估能够客观、公正,体育赛事市场开发间接经济效益评估一般由第三方组织机构进行,委托方可以是体育赛事主办方,也可以是体育赛事市场开发的利益相关者。体育赛事市场开发间接经济效益的评估指标主要包括:媒体曝光度、品牌知名度的变化和产品销售收入的变化等。

(1) 媒体曝光度　获得更多的媒体曝光,是利益相关者,尤其是赞助商,投资体育赛事的主要目的,也是其参与体育赛事投资的主要收益。媒体曝光包括电视、广播、报纸、杂志、网络、新媒体等多种媒体以体育赛事为载体,对利益相关者所进行的宣传、报道。媒体曝光度的统计,需要由专业机构进行跟踪调查。

媒体曝光度价值的评估,需要根据利益相关者获得的媒体曝光的时长、次数,按照不同媒体的广告费用标准,对利益相关者获得的媒体曝光情况进行价值折算,折算的价值相当于利益相关者通过体育赛事投资获得的收益,这是利益相关者所获得的最直观、易衡量的收益。

(2) 品牌知名度的变化　利益相关者品牌知名度的变化,可以通过投资体育赛事前的品牌认知度调查和投资体育赛事后的品牌认知度调查对比获得。如果投资体育赛事后的品牌认知度比投资体育赛事前的品牌认知度有提升,利益相关者获得的效益就是正效益,提升的水平越高效益水平越高,体育赛事的投资越成功;如果认知度没有提升,甚至下降了,说明利益相关者获得的效益是负效益,投资体育赛事是失败的。

通过投资体育赛事,利益相关者品牌知名度的提升有两个途径:①以体育赛事为载体获得的媒体曝光度;②利益相关者利用获得的体育赛事无形资产所进行的营销宣传。两者对品牌知名度提升的贡献值也可以通过市场调查获得,这对利益相关者进一步优化体育投资具有重要意义。

(3) 产品销售收入的变化　产品销售收入的变化,可以用投资体育赛事之后的产品销

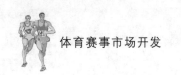

售平均收入与投资体育赛事之前的产品销售平均收入比较得出,对于季节性强的产品来说,还需要用投资体育赛事之后的产品销售平均收入与上一年度同期的平均销售收入相比较。投资体育赛事对产品销售收入的影响是长期的,并且往往具有滞后性,只统计体育赛事期间的产品销售收入变化不能真正反映体育赛事为产品销售收入作出的贡献。因此,投资体育赛事之后的产品销售收入一般需要统计1~2年的情况。

产品销售收入的增加是利益相关者投资体育赛事所追求的最终目标。但是引起产品销售收入变化的原因是多方面的,需要通过对消费者的调查,进一步了解促使他们消费的原因是什么,以确定体育赛事投资对产品销售收入的增加是否有贡献。

如果产品销售收入的增加额多于利益相关者投资体育赛事消耗的成本额,说明投资体育赛事是成功的。利益相关者投资体育赛事消耗的成本包括参与体育赛事活动所付出的现金、物资、服务等,其所进行的物资、服务等投入要根据市场价格和数量进行价值折算,以货币形式呈现,在折算过程中,一般按照物资的出厂价和服务的市场价直接进行折算。其所投入的资源还包含利益相关者为了达到投资体育赛事目的所进行的其他相关投资,这些资料都需要利益相关者的财务部门提供。

(三)体育赛事市场开发社会效益评估

1. 体育赛事市场开发社会效益评估的内容

体育赛事市场开发社会效益评估,是指对体育赛事市场开发所带来的社会效益进行评定的过程,即对体育赛事市场开发所诱发的人们物质文化生活感受体验的评估。社会效益的作用对象分散,调查统计难度大,难以定量计算,一般只做定性分析。

2. 体育赛事市场开发社会效益评估的方法

为保证客观性,体育赛事市场开发社会效益评估一般由第三方组织机构进行,主要采用问卷调查法,调查各方对体育赛事市场开发工作的满意度,如利益相关者对市场开发工作的满意度、观众对体育赛事门票销售方式和途径的满意度、观众对体育赛事电视转播的满意度、观众对体育赛事纪念品种类及质量的满意度等。

五、体育赛事市场开发效益评估的意义

(一)是衡量体育赛事市场开发是否成功的手段

衡量体育赛事市场开发是否成功的标准,是体育赛事市场开发的收入是否完成预定的体育赛事市场开发目标。如果完成了目标就说明体育赛事市场开发是成功的,否则就是失败的。体育赛事市场开发收入目标一般根据体育赛事运作预算成本、同类体育赛事以往市场开发经验、赛事举办地经济发展水平等情况综合考虑制订。以政府为主导的体育赛事和以企业为主导的体育赛事,由于其追求的效益目标不同,其体育赛事市场开发目标也不同。以政府为主导的体育赛事市场开发目标以体育赛事运营所消耗的资源价值为准绳,而以企业为主导的体育赛事市场开发目标则以体育赛事资源消耗的总价值为准绳,这与体育赛事市场开发直接经济效益评估的标准是一致的。也就是说,如果体育赛事市场开发直接经济效益是正效益,就说明体育赛事市场开发是成功的,否则就是失败的。

(二)是评估体育赛事市场价值的途径

体育赛事市场开发效益评估的基础工作,是对体育赛事市场开发的收入情况进行统计,体育赛事市场开发的收入总值相当于将体育赛事作为一件商品售出的价格,也就是体育赛

事的市场价值。影响体育赛事市场开发收入的因素有很多,如比赛项目的市场化程度、赛事级别、赛事影响力、赛事举办地的经济发展水平等。这些因素都是客观存在的,需要市场开发工作者正确分析所面对的客观环境,拓宽体育赛事市场开发工作的思路,制订科学合理的市场开发工作方案,采取有效的市场开发渠道和方法,增加体育赛事市场开发收入。体育赛事市场开发工作者的工作成效直接影响着体育赛事市场开发的收入水平,也决定了体育赛事的市场价值。

(三)是体育赛事市场开发可持续发展工作的要求

1. 为未来体育赛事市场开发工作总结方法

体育赛事市场开发效益评估是对体育赛事市场开发工作内容、成果的汇总和梳理,在此过程中可以发现体育赛事市场开发工作的重点和难点,总结体育赛事市场开发工作的成败经验,为未来体育赛事市场开发工作提供借鉴。

2. 为未来体育赛事市场开发奠定市场基础

通过体育赛事市场开发间接经济效益评估,可以了解利益相关者通过参与体育赛事投资是否得到应有的回报,如果他们的效益评估为正,说明他们投资体育赛事是成功的,这将成为体育赛事市场开发未来寻求社会合作的重要支撑,可以吸引更多的、更有实力的企业参与体育赛事投资。如果体育赛事间接经济效益评估为负,说明利益相关者的利益没有得到满足,需要调整利益相关者的投资额度,或增加利益相关者获得的权益。这些都是未来体育赛事市场开发工作的基础资料。

本 章 小 结

1. 风险管理是指某一组织通过风险识别、风险估测、风险评价,对风险实施有效的控制和妥善处理风险所致损失,期望达到以最小的成本获得最大安全保障的管理活动。体育赛事市场开发风险管理是指在体育赛事市场开发过程中所面临的不确定性,并由此进行的预案与相关处理,能够控制与减少赛事市场开发损失,总结赛事市场开发风险应对的策略,从而保证赛事市场开发的顺利运行与可持续发展。阐述了市场开发风险识别的种类,以及识别与评估的方法,最后介绍了体育赛事市场开发风险的处理。

2. 体育赛事的效益由经济效益和社会效益组成,在体育赛事的举办过程中,要做到经济效益和社会效益兼顾。经济效益是体育赛事市场开发最本质的效益特征。体育赛事市场开发直接经济效益评估的指标主要包括:体育赛事市场开发收益率、体育赛事市场开发收入目标完成率、体育赛事市场开发资金到账率、体育赛事市场开发贡献率。体育赛事市场开发间接经济效益评估的指标主要包括:媒体曝光度、品牌知名度的变化、产品销售收入的变化。

思 考 题

1. 体育赛事市场开发风险识别与评估的方法有哪些?
2. 体育赛事市场开发风险管理的处理方法有哪些?
3. 体育赛事市场开发经济效益评估的方法指标有哪些?
4. 以政府为主导的体育赛事和以企业为主导的体育赛事,体育赛事市场开发直接经济

效益评估的标准有什么区别?

案 例 分 析

悉尼奥运会市场开发

一、澳大利亚奥林匹克市场开发规则简述

澳大利亚奥委会是国际奥委会成员之一,必须遵守国际奥委会宪章。

国际奥委会、澳大利亚奥委会、悉尼市和悉尼奥组委之间签订《主办城市合同》,合同中不仅包括了奥运市场开发,还涵盖了所有与奥运会有关活动的实施。

联合市场开发项目分两个阶段实施:

1. 1993～1996年,由澳大利亚奥委会负责联合市场开发项目的实施,在此期间可以利用澳大利亚奥委会及申办标志(有别于组委会标志),并保留所有资金收益,用于澳大利亚参加亚特兰大奥运会。

2. 1997～2000年,悉尼奥组委负责联合市场开发项目的实施,可使用澳大利亚奥委会(包括澳大利亚代表团)及组委会自己的标志,并保留所有收益。

有关奥运活动的所有权利属国际奥委会所有。

从全球赞助商(TOP计划)中所获得的利润按比例分配——国际奥委会获得10%,组委会获得50%,美国奥委会获得20%,其他199个国家奥委会获得20%。

国际奥委会决定电视转播权的出售,并执行奥运赛事的转播工作。电视转播收入的49%归组委会所有,其余51%由国际奥委会通过"团结计划"在发展中国家进行分配,以促进当地体育及健康事业的发展。

本地赞助商有权使用奥运会标志,为奥运会及国家队提供商品与劳务费赞助。例如,福特在澳大利亚的汽车制造商霍顿公司提供交通工具,耐克公司提供国家队队服。在悉尼的联合市场开发项目中,一个赞助商可同时为国家队和奥运会提供赞助,两者不存在冲突。

商业赞助商具有商品类别排他性,即生产同类商品的企业只能有一家成为赞助商。但有一个例外,即媒体类赞助商可以有两家以上。

二、澳大利亚奥委会市场开发活动

澳大利亚奥委会于1985年成立了市场开发委员会,于1987年加入奥运会全球赞助商TOP计划。

赞助商市场开发的理念和原则:①同类产品排他性。②力求让较少的赞助商提供较大的赞助额。③与赞助商合作开展促销活动,帮助他们实现目标。④在卖出赞助权之前,先确定产品类型和市场规模,并确认赞助商的目标,以满足他们的需要。⑤赞助商应积极参与市场开发活动,通过广告宣传、促销活动等方式提高其商品在消费者中的知名度。⑥可通过选择一个市场开发代理商的方式出售赞助权,根据其赞助权的出售情况付给该代理商一定数量的佣金;同时,代理商提供有关赞助权的全套服务,与赞助商进行接洽、商谈。⑦所有花费应少于赞助收入的20%。

赞助费高低由市场规模、产品种类、竞争激烈程度,以及为赞助商带来利润的潜力来综合决定。

帮助赞助商提高综合实力的方式有:赞助商接待、筹资餐会、新商品开发、促销活动、现场销售/示范产品和员工激励机制等。

澳大利亚奥委会组织有赞助商参与的活动主要有:悉尼青年奥林匹克节、奥林匹克午餐周、青年团体早餐会、冬季运动机构、为队员家属提供门票和膳宿、奥林匹克金牌梦奖励会、国家队队歌、奥运教育材料发放、市场调查、奥林匹克之旅、火炬接力、相关教育活动、奥林匹克工作机会项目和庆祝游行活动等。

三、特许经营政策

特许经营商合同期限为4年。特许经营者有权销售带有奥运会标志的商品,同时向澳大利亚奥委会缴纳为销售额一定百分比的标志使用费。特许经营者不得利用奥运会标志进行广告宣传。在选择特许经营商品时,要注意特许经营权只出售给中高价位的商品,低价位的商品不授予经营权,以保护奥运标志的形象。特许经营商品采用了DNA防伪技术。将一定比例的资金用于特许经营计划的宣传与推广。标志使用费的比例因商品类别的不同而有所不同,一般为10%,特殊商品可达15%,甚至20%。企业之间的竞争也决定着比例的确定。赞助商若要销售带有奥运会标志的商品,需向特许经营商购买,并向澳大利亚奥委会缴纳标志使用费用。有的赞助商可同时作为特许经营商对某些商品进行市场开发,例如耐克和吉百利公司,它们需缴纳专利使用费。采取将一定比例的销售所得给予国家队的促销政策有利于得到消费者的认同,从而增加销售。

四、政府支持

企业如向国家队做出捐赠,或为国家队筹资而不从中谋利,就可享受政府的减税政策。澳大利亚人会认为他们为国家队作出了贡献。政府为少部分运动员提供训练经费,而大多数运动员还是由澳大利亚奥委会或赞助商提供经费。一些年龄在18~20岁的运动员能获得由澳大利亚体育学院提供的奖学金,用于进行特殊训练。各州政府向国家队中来自该州的运动员提供支持。

五、悉尼奥组委的市场开发活动

悉尼奥组委的活动受联合市场开发计划的制约。悉尼奥组委成立了市场开发部专门负责市场开发活动。

悉尼奥组委的所有活动须经国际奥委会认可。其市场开发活动开始于1995年,这时悉尼奥组委可选择赞助商,但赞助商权益从1997年1月1日起才能兑现。

1996年,悉尼奥组委允许各赞助商和竞争者在同一天递交申请书。由总经理、悉尼奥组委市场开发部、商务部经理、财务主管兼澳大利亚奥委会市场开发部主任组成的市场开发小组负责接收赞助申请书并进行评议。

通过分析,悉尼奥组委最终确定了赞助商的基本格局:①赞助费在2500万澳元以上的企业为"合作伙伴",包括11家国际奥委会的全球合作伙伴及10家组委会自己选定的本地合作伙伴;②出资在1000万~2500万澳元的企业称为"支持商",共计15家;③出资在100万~1000万澳元,以商品和劳务的形式为澳大利亚奥运会提供赞助的企业为实物赞助商,也称"供应商",共计40家。它们或为奥运会、奥运村提供技术及体育设备,或为某一单项赛事提供体育器械。

各级赞助商享有的权益:①出资2500万澳元以上的"合作伙伴"可通过电视、广播、杂志、电影院等各种宣传媒体进行广告宣传,并获得一定数量的运动会门票和住宿房间;②"支持商"不能在电视上做广告,允许通过电影院、广播、报纸杂志做宣传,并获得少于"合作伙

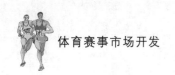

伴"的运动会门票和住宿房间;③"供应商"只能利用本行业杂志或自身宣传材料进行商业广告宣传,获赠的门票和住宿房间数更少。

赞助商获赠的门票和住宿房间数按等级依次递减。最高等级的"合作伙伴"可获得200个住宿房间,每个房间配给4张门票。

处理TOP赞助商和本地赞助商关系的原则:TOP计划中的赞助商在各国都拥有对国际奥委会及组委会标志使用的权力,他们的权益受优先考虑。但澳大利亚奥委会不允许TOP赞助商的产品范围涉及太广,本地赞助商可赞助TOP赞助商不涉及的产品类别。

六、特许经营产品的市场开发

悉尼奥组委负责该项目的实施,决定特许经营的商品,确定商品价值。选择中上水平的产品,但同时又要保证商品价格是游客和大多数人所能够接受的。要选择声誉良好、商品质量有保证的商家进行特许经营。

某些类别的产品不具排他性,例如T恤,若只有一家生产就无法满足大量游客的需求,因此,悉尼奥组委选择了3个T恤生产厂商,不同厂商生产的T恤样式不同,如有领和无领之分。但T恤的原材料只由一家厂商生产,并在纤维中含有DNA防伪技术。

标志使用费在正常情况下为10%,特殊商品为15%,甚至更高。

在城区和机场设立奥林匹克商店,出售特许经营商品,但在郊区未找到非常有效的销售途径。

根据奥林匹克宪章的规定,在别国出售特许经营产品所应缴纳的标志使用费,由该国国家奥委会与悉尼奥组委商定。如与美国奥委会的分享比例是五五分成,不同国家可有所不同。

销售最成功的产品类别(标志使用费百分比)为:服装(35%)、纪念币(25%,最为成功)、信息手册、书籍(18%)、玩具、礼品(13%)。此外,直销公司的标志使用费为销售额的6%,奥林匹克商店为3%。

七、澳大利亚奥委会与悉尼奥组委之间的合作

澳大利亚奥委会中有4名委员任悉尼奥组委中的常任理事。

澳大利亚奥委会主席和秘书长领导的体育委员会负责奥运村的开发(地点、设备等),每2周1次集中了解入住奥运村的运动员及其需求信息,以获得第一手材料,使运动员生活舒适满意。澳大利亚奥委会控制悉尼奥组委中的一部分事务。

市场开发活动按照联合市场开发计划进行,澳大利亚奥委会在组委会的活动开展中扮演重要角色。澳大利亚奥委会的许多委员具备奥运会运作的丰富经验,这正是组委会所缺少的。

悉尼奥组委付给澳大利亚奥委会6 000万澳元而获得使用国家奥委会和国家队标志的权力。因此,悉尼奥组委对澳大利亚奥委会的标志及国家队标志均有使用权。

悉尼奥组委是政府的代表,因此除4名常任理事外,悉尼奥组委的成员随政府人员任免而做相应调整。

联合市场开发计划分两阶段进行并得到了国际奥委会的认可:①1993~1996年,由澳大利亚奥委会负责实施,收益归澳大利亚奥委会;②1997~2000年,由悉尼奥组委负责实施,收益归组委会。

由悉尼奥组委市场开发部经理和澳大利亚奥委会市场开发部主任组成的顾问委员会对

赞助商的选择做出最后决定。

对各种权力的法律保护由澳大利亚奥委会(1993~1996年)和悉尼奥组委(1997~2000年)分别负责。

八、市场开发的收益与支出

澳大利亚奥委会的支出:1993~1996年,收益为1 900万美元(均由澳大利亚奥委会保留),支出为390万美元。悉尼奥组委的收支情况见表8-1。

表 8-1　悉尼奥组委的收支表

收支项目	实际收入(百万美元)	预期收入(百万美元)	市场开发费用(百万美元)
赞助	315	207	18.97
广播	798	488	92.4
门票	356	139	46.3
TOP 计划	221	90	—
特许经营	66	51	包含在赞助费之中
合计	1 756	975	157.67

从表8-1可以看出,悉尼奥组委的实际收入几乎是预期收入的2倍,获得了大量盈余。组委会利用盈利资金进行奥运会运作,最后还有3 000万澳元(约合1 500万美元)的盈利。

案例来源:纪宁,巫宁.体育赛事的经营与管理[M].北京:电子工业出版社,2004

案例思考题

1. 奥运会的市场开发工作中,奥组委和奥委会之间的关系是什么?它们的市场开发活动有什么区别?它们的收益分别有哪些内容?

2. 如果要进行悉尼奥运会市场开发直接经济效益的评估,还需要了解哪些材料?需要怎么收集相关材料?

推荐阅读

1. 小罗宾·阿蒙,理查德·M.索撒尔,大卫·A.巴利尔.体育场馆赛事筹办与风险管理[M].沈阳:辽宁科学技术出版社,2005

2. 周雪云,陈林祥.我国综合性体育赛事资源开发[M].北京:人民体育出版社,2008

参 考 文 献

[1] 白喜林.中国职业篮球俱乐部的经营现状与发展对策[J].中国体育科技,2000,5(1):35-37

[2] 鲍明晓.我国体育市场投资前景分析[R].国家体育总局政策法规司,2008

[3] 蔡俊伍,赵长杰.体育赞助——双赢之策[M].北京:人民体育出版社,2001

[4] 陈宏辉.利益相关者管理:企业伦理管理的时代要求[J].经济问题探索,2003,16(2):68-71

[5] 陈清斌.体育市场及其市场细分[J].内江科技,2010,31(2):124

[6] 陈书睿.大型体育赛事赞助合同排他性权利的法律研究[J].天津体育学院学报,2010,25(1):64-68

[7] 丁桑岚.环境评价概论[M].北京:化学工业出版社,2001

[8] 董杰.奥运会的财务风险管理[M].北京:经济科学出版社,2008

[9] 杜丛新.对职业篮球产权制度的研究——兼论中国职业篮球产权制度创新[D].北京:北京体育大学博士论文,2002

[10] 菲利普·科特勒.市场营销原理[M].亚洲版·第2版.北京:机械工业出版社,2011

[11] 弗里曼.战略管理:一种利益相关者方法[M].波士顿:皮德曼出版社,1984

[12] 顾亮.大型体育赛事的运作范式与营销策略[J].体育文化导刊,2006,(6):4-6

[13] 国家体委训练竞赛综合司.运动竞赛学[M].北京:北京体育出版社,1999

[14] 胡屹.策划学全书[M].北京:中国社会出版社,2000

[15] 黄道名,王秋萍.试析第16届亚运会门票定价问题[J].体育科学,2011,31(1):69-74

[16] 黄海燕,张林.体育赛事利益相关者分析[J].体育科研,2008,29(5):25-28

[17] 纪宁,巫宁.体育赛事的经营与管理[M].北京:北京电子工业出版社,2004

[18] 江和平,张海潮.中国体育产业发展报告(2008～2010)(2010年版)[M].北京:社会科学文献出版社,2010

[19] 李昌麒.经济法学[M].第2版.北京:法律出版社,2008

[20] 李刚.中国彩票业现状的实证分析及未来发展对策的研究[D].上海:复旦大学博士论文,2000

[21] 李海.体育博彩概论[M].上海:复旦大学出版社,2004

[22] 李鸿双,班玉生.北京奥运会特许商品营销策略及实施计划比较[J].中国商贸,2011,(06):29-31

[23] 李南筑,缪意丽,姚芹.体育赛事创新研究:赞助资源的分割与组合[J].上海体育学

院学报,2007,11(6):6-10

[24] 李南筑,袁刚.体育赛事经济学[M].上海:复旦大学出版社,2006

[25] 李万来.体育经营管理概论[M].北京:人民体育出版社,2006

[26] 李小兰.现代大型体育赛事的内涵、特征与社会功能[J].体育文化导刊,2010,(4):147-150

[27] 李晓芸.从社会效益和经济效益角度审视北京奥运营销主体[J].体育与科学,2007,28(4):44-46

[28] 刘超,姜同仁.我国体育赛事市场发展现状及营销策略问题研究[J].军事体育进修学院学报,2008,27(2):42

[29] 刘卉.体育营销:企业营销新领域[J].西南民族学院学报(哲社版),2003,24(4):207-211

[30] 刘建和.运动竞赛学[M].成都:四川教育出版社,1990

[31] 刘俊还.公司的社会责任[M].北京:法律出版社,1999

[32] 刘清早.体育赛事运作案例精选[M].北京:人民体育出版社,2007

[33] 刘清早,李南筑,曹可强,等.关于提升全国运动会无形资产价值的研究[J].体育科学,2005,25(12):87-91

[34] 刘清早.体育赛事运作管理[M].北京:人民体育出版社,2006

[35] 楼言昌.我国彩票的营销创新探索[J].科技经济市场,2010,(1):45-46

[36] 罗彦.北京奥运会特许商品退市后的经济学思考[J].企业经济,2009,(07):84-86

[37] 骆雷.基于体育赛事多维属性下的赞助行为[J].体育科研,2011,32(3):25-30

[38] 马斯特曼·G.体育赛事的组织管理与营销[M].沈阳:辽宁科学技术出版社,2006

[39] 曼弗雷德·布鲁恩,多米尼克·乔治.服务营销——服务价值链的卓越管理[M].北京:化学工业出版社,2009

[40] 曼昆.经济学原理[M].北京:北京大学出版社,2009

[41] 毛国华.北京市足球彩票营销模式研究[M].北京:北京体育大学硕士论文,2009

[42] 孟少华,魏磊.CBA与NBA门票市场的比较研究[J].北京体育大学学报,2009,(4):39-41

[43] 〔英〕彭罗斯(著).赵晓(译).企业成长理论[M].上海:上海人民出版社,2007

[44] 秦椿林,石春健.体育营销案例分析[M].沈阳:辽宁科学技术出版社,2005

[45] 邱招义.奥林匹克营销[M].北京:人民体育出版社,2005

[46] 任天平.全国排球联赛门票市场营销策略研究[J].安徽体育科技 2008,(6):20-23

[47] 申丽萍,王跃.大型体育赛事经济效益评估体系的构建[J].企业经济,2007,(3):94-96

[48] 师耀武,柳伯力.我国体育彩票业发展中的问题与建议经济理论研究[J].全国商情,2009,(3):13-14

[49] 史凤云.2010年亚运会篮球比赛门票定价的理论分析[J].北京体育大学学报,2009,(8):30-33

[50] 宋保安.大型体育赛事后期门票营销策略研究[J].山东体育学院学报,2010,(12):26-30

[51] 孙健.体育赛事联合营销探究[A].第六届全国青年体育科学学术会议摘要集,2011,72-75

[52] 孙伟伟.中国篮球彩票市场营销策略研究[M].苏州:苏州大学硕士论文,2007

[53] 万鸿亮.大型体育赛事市场运作的本质及有利环境探析[J].黄冈师范学院学报,2009,(S1):147-148

[54] 王凤仙,雷波,杨丽芳.我国体育竞赛表演市场的现状及开发研究[J].武汉体育学院学报,2005,(5):29-31

[55] 王家宏.CBA联赛电视转播经营问题研究[J].成都体育学院学报,2009,(2):15-18

[56] 王守恒,叶庆晖.体育赛事的界定及分类[J].首都体育学院学报,2005,17(2):1-3

[57] 王先林.知识产权与反垄断法[M].北京:法律出版社,2008

[58] 王晓东.体育赛事门票经营开发策略的研究[D].北京:北京体育大学博士学位论文,2005

[59] 王晓曦.论我国职业体育联赛特许产品的经营策略[J].运动,2010,(07):135-136

[60] 王郓.中国职业篮球竞赛市场的运行机制研究[D].北京:北京体育大学博士论文,2006

[61] 威廉姆斯.效率、权力、权威与经济组织.见:约翰·克劳莱维.交易成本经济学及其超越[M].上海:上海财经大学出版社,2002

[62] 魏淑芬.环境概论[M].上海:上海人民出版社,2000

[63] 温继怀.体育彩票产业融合现象析因及其发展对策[J].上海体育学院学报,2011,35(4):46-50

[64] 吴灿.策划学——基本原理及高级技巧[M].成都:四川人民出版社,2001

[65] 小罗宾·阿蒙,理查德·M.索撒尔,大卫·A.巴利尔.体育场馆赛事筹办与风险管理[M].沈阳:辽宁科学技术出版社,2005

[66] 肖平,张强弓.国外足球彩票管理模式比较研究[J].武汉体育学院学报,2003,37(6):76-77

[67] 熊茂湘.体育环境导论[M].北京:北京体育大学出版社,2003

[68] 徐淑斐,徐培文.体育赛事特许产品的经营与开发[J].武汉体育学院学报,2008,(09):38-40

[69] 杨介帅.试述体育市场的属性和潜能[J].科技信息,2011,(17):416

[70] 杨涛.中国职业篮球联赛供应链的利益相关群体的关系解析[J].天津体育学院学报,2011,(10):422-426

[71] 杨铁黎,李良忠,陈文倩.商业性体育赛事风险管理[M].北京:北京体育大学出版社,2010

[72] 杨欣.我国体育赛事特许商品的开发浅析[C].第18届中国国际体育用品博览会体育产业与体育用品业发展论坛文,2006

[73] 杨修法,许刚.利益相关者理论及其治理机制[J].湖南商学院学报,2004,11(5):10-12

[74] 杨耀华.我国体育彩票发展策略研究[J].体育文化导刊,2009,(2):43-46

[75] 易剑东.大型赛事报道与媒体运行[M].杭州:浙江大学出版社,2008

[76] 郁佳敏,王浣尘.彩票的效用分析与定价[J].系统工程理论方法与应用,2002,11(2):150-152

[77] 曾兴.策划学概论[M].北京:中国广播电视出版社,2008

[78] 张建国.苏州市举办大型体育赛事的环境分析研究[M].苏州:苏州大学硕士学位论文,2010

[79] 张景亮.体育组织营销赛事赞助研究[J].山东理工大学学报,2010,(04):5-7

[80] 张连凯.基于消费差别的商业体育赛事门票动态定价模型构建[J].西安体育学院学报,2010,(04):428-430

[81] 张陵,王湧涛.大型体育赛事市场化运作模式的思考[C].第22届中国国际体育用品博览会暨体育产业与体育用品业发展论坛,2008,120-125

[82] 张象.中国足球彩票发行问题研究[J].成都大学学报(社会科学版),2007,21(1):32-33

[83] 钟天朗.体育经济学概论[M].上海:复旦大学出版社,2010

[84] 钟天朗.体育经营管理——理论与实务[M].上海:复旦大学出版社,2004

[85] 周三多.管理学——原理和方法[M].上海:复旦大学出版社,2007

[86] 周学云,陈林祥.我国综合性体育赛事资源开发[M].北京:人民体育出版社,2008

[87] 朱玲.体育博彩论[M].成都:四川科学技术出版社,2008

[88] 朱小明,张勇,沈华.体育营销[M].北京:北京大学出版社,2007

[89] Watt C. Event management in leisure and tourism[M]. Boston:Addsion Wesley Longman Ltd,1998

[90] Donald G. Event management and event tourism[M]. New York:Cognizant communication corporation,2005

[91] Allen J. Festival and special event management[M]. New York:John Wily and Sons Ltd,2002

图书在版编目(CIP)数据

体育赛事市场开发/刘清早主编.—上海:复旦大学出版社,2013.3(2021.8重印)
(竞攀系列教材)
ISBN 978-7-309-09409-1

Ⅰ.体… Ⅱ.刘… Ⅲ.运动竞赛-市场开发-教材 Ⅳ.G80-05

中国版本图书馆 CIP 数据核字(2012)第 295685 号

体育赛事市场开发
刘清早 主编
责任编辑/肖 芬

复旦大学出版社有限公司出版发行
上海市国权路 579 号 邮编:200433
网址:fupnet@fudanpress.com http://www.fudanpress.com
门市零售:86-21-65102580 团体订购:86-21-65104505
出版部电话:86-21-65642845
江苏句容市排印厂

开本 787×1092 1/16 印张 12 字数 271 千
2021 年 8 月第 1 版第 3 次印刷

ISBN 978-7-309-09409-1/G·1153
定价:38.00 元

如有印装质量问题,请向复旦大学出版社有限公司出版部调换。
版权所有 侵权必究